LUMEA DIGITALĂ
Concepte esențiale

I0010506

Vasile Baltac

LUMEA DIGITALĂ
Concepte esențiale

Ediția doua

2016

Prima ediție:

Editura **Excel XXI Books**
Calea Foreasca 167 Etaj 4
Sectorul 1
București
www.exxibooks.ro
exxibooks@softnet.ro

Coperta: Alice Vasiloiu

PREFAȚA

Cartea urmărește sprijinirea unui număr cât mai mare de oameni în folosirea cât mai eficientă a tehnologiilor informației. Lumea digitală este parte din viața fiecăruia și nu o putem neglija fără a ne crea singuri un handicap față de cei din jur. Competențele digitale sunt recunoscute ca absolut necesare nu numai la locul de muncă, dar și ca element de cultură generală digitală.

În societatea modernă fiecare dintre noi este confruntat cu momente în care trebuie să interacționezi online, să folosești dispozitive digitale diverse, să comunici prin mijloace din ce în ce mai variate, să practici forme noi de comerț și banking, să partajezi informație. Locurile de muncă sunt tot mai informatizate, chiar se afirmă în studii ale Uniunii Europene că peste 90% dintre ele necesită competențe digitale la nivel de utilizator. Tinerii nu au probleme. Sunt expuși din școală tehnologiilor digitale, li se par normale, le asimilează ușor. Cei trecuți de tinerețe au anumite rezerve, sunt timorați de efectul lipsei de competențe digitale și manifestă rețineri față de folosirea lor cu probleme atât la locul de muncă, dar și în afara lui.

Stăpânirea a numai a unor instrumente digitale cum sunt poșta electronică, navigarea web, procesarea de texte sau tabele nu mai este suficientă. Tehnologiile digitale evoluează mai rapid decât oricare altele și ceea ce înveți ca utilizator azi se poate dovedi insuficient după foarte scurt timp. Este bine ca utilizatorul să posede noțiunile de bază ale tehnologiilor digitale. Odată înțelese noile proceduri și tehnici vor fi asimilate relativ ușor.

România se confruntă cu probleme cunoscute în domeniul digitalizării economiei și societății. Statisticile ne plasează încă pe ultimele locuri la majoritatea indicatorilor societății informaționale. Dacă pentru mulți dintre aceștia numai programe concertate guvernamentale pot conduce la ieșirea din această situație, în cazul competențelor digitale se poate gândi un salt înainte și pe baza inițiativelor personale sau private. Școala noastră a recunoscut importanța pregătirii pentru lumea digitală. La bacalaureat există o probă de competențe digitale, dar cei care trec de ea sunt în prea multe cazuri departe de nivelul minim cerut de viață. Adulții se plasează în expectativă sau respingere din motive prezentate pe larg în capitolul referitor la competențe digitale. Rezultatul este că un studiu publicat de în anul 2014 de Comisia Europeană (European Union Measuring Digital Skills, 2014) menționează că 85% din populația României nu are deloc sau are competențe digitale la nivel foarte scăzut. La celălalt pol se află Suedia cu numai 6% din populație analfabetă digital.

Am încercat să explic anumite mecanisme ale lumii digitale în speranța că voi putea demonstra celor ce se tem de ea că nu au motive să se teamă. Lumea digitală a evoluat spre simplitate în interfața omului cu ea, spre facilități de învățare prin efort propriu fără instruire complicată și îndelungată. Pentru cei 15% dintre noi care stăpânesc tehnologiile digitale cartea poate fi un ghid de actualizare a competențelor.

Cartea se bazează pe experiența mea didactică și managerială, cu un mare număr de studenți, masteranzi, manageri și alte categorii de oameni, cu constatări privind lacunele teoretice care duc la practici nepotrivite. Foarte multe noțiuni şi mulţi termeni au intrat în uz curent în societate, iar cel ce foloseşte tehnologiile informaţiei este bine să cunoască aceste lucruri.

Această carte reprezintă o a doua ediţie a cărţii „Tehnologiile informaţiei - Noţiuni de bază" publicată de Editura Andreco Educaţional în anul 2011. Schimbările faţă de prima ediţie sunt numeroase. Ele au fost necesare în primul rând pentru că tehnologiile informaţiei au evoluat în continuare rapid în timpul scurs de la elaborarea primei ediţii şi, în al doilea rând, pentru a face cartea accesibilă unui spectru cât mai larg de cititori interesaţi utilizatori ai tehnologiilor digitale, de la persoanele de vârsta a doua şi a treia care au nevoie să înţeleagă noţiuni de bază ale lumii digitale până la nativii digitali, care doresc să-şi lărgească cunoştinţele peste automatismul unei utilizări facilitate de interfeţele prietenoase ale aplicaţiilor digitale. Înţelegerea fenomenelor catalizează sporirea cunoaşterii şi eficienţa folosirii instrumentelor digitale.

Faţă de prima ediţie am modificat şi actualizat multe capitole, adăugând capitole noi. Am modificat şi titlul cărţii pentru a reflecta mai bine audienţa spre care tinde aceasta. Capitolele pot fi citite şi separat în funcţie de interesul cititorului. Tabla de materii şi indexul permit localizarea facilă a unor concepte, noţiuni şi termeni.

Cartea poate fi utilă atât pentru cei care se iniţiază în tehnologiile informaţiei şi nu au le-au studiat în şcoală, cât şi elevilor, studenţilor, masteranzilor etc. Am urmărit utilitatea cărţii şi pentru cei trecuţi de faza de iniţiere, dar care doresc să-şi revadă unele cunoştinţe de tehnologia informaţiei. O recomand celor care dau testele ECDL, atât înainte de test, cât şi după o perioadă de timp pentru consolidarea cunoştinţelor. Evoluţia rapidă a tehnologiilor informaţiei m-a determinat să nu insist asupra descrierii unor echipamente şi programe, căutând mai mult să explic principalele concepte şi direcţii de evoluţie.

Adresez mulţumiri tuturor celor care mi-au transmis sugestii la prima ediţie, celor care au comentat pe blog diversele mele postări şi m-au ajutat să înţeleg mai bine ce se întâmplă în România în contextul lumii digitale.

Mulţumesc doamnei Cristina Vasiloiu pentru imboldul de a finaliza acest volum şi pentru numeroasele observaţii menite să îmbunătăţească stilul şi conţinutul cărţii. Se cuvine să mulţumesc echipei ECDL România pentru sprijinul acordat la publicarea primei variante în anul 2011.

Prof. dr. Vasile Baltac

www.vasilebaltac.ro
Bucureşti, noiembrie 2015

ERA DIGITALĂ

Motto:
Tehnologiile digitale pot fi o forță naturală
conducând oamenii spre o mai mare armonie
Nicholas Negroponte

În ultimele decenii societatea a fost așa de puternic influențată de tehnologiile digitale încât se vorbește de o nouă eră în dezvoltarea omenirii, era digitală. Activități care în urmă cu puțini ani erau poate numai subiecte de lucrări de ficțiune au intrat în cotidian. Telefonul mobil este pretutindeni cu sau fără acces la Internet. Este un fapt comun că oamenii se sună pe telefonul mobil dintr-o cameră în alta sau pe post de sonerie de la poarta locuinței. Numărul de telefoane mobile a depășit global pe cel al oamenilor încă din octombrie 2014 (The Independent, 2014). Telefonul mobil de tip GSM generalizat azi a fost lansat pe piață numai în 1992. Mesajele scurte numite și *sms* au apărut tot atunci în 1992 și în prezent se trimit zeci de miliarde zilnic. Legislația s-a adaptat și există țări unde se poate anunța divorțul prin sms sau trimite decizii de destituire. Google a devenit extrem de popular cu 40 mii căutări pe secundă și 3,5 miliarde pe zi (Internet Live Stats, 2015) înlocuind cel mai des căutarea în biblioteci sau alte surse de informație. Google a fost lansat numai în anul 1998. Folosiți probabil pentru comunicare Facebook ca și alte 1,5 miliarde de oameni și multe instituții și organizații publice și private. În România anului 2015 Guvernul și Președinția comunică prin Facebook. Doar că Facebook a aniversat recent 10 ani și nu era cunoscut înainte de anul 2004.

Lista poate continua. Foarte multe dintre instrumentele lumii digitale moderne au apărut în ultimele două decenii: transmisia bluetooth în 1994, comerțul electronic în 1995, Wi-Fi în 1999, Wikipedia în 2001, Skype în 2003, YouTube în 2005, primul iPhone în 2007, Twitter în 2008, conceptul de cloud computing în 2001 și lista poate continua cu primul spam în 1994, primul atac cibernetic în 2007 etc. Mai multe exemple în figură.

2012		
2011	Cloud computing	
2010	iPad	
2009		
2008	Twitter	
2007	iPhone	Cyber attack
2006		
2005	YouTube	
2004	Facebook	
2003	Skype	
2002		
2001	3G	Wikipedia
2000		
1999	Wi-Fi	
1998	Google	
1997	Blog	
1996	Chat	
1995	eCommerce	
1994	Bluetooth	Spam
1993		
1992	SMS	GSM
1991	www	
1990		
...		
1972	E-mail	
...		
1969	Prima rețea	

Cronologia erei digitale

Evoluția tehnologică

Un prim ferment al erei digitale a fost evoluția tehnologică. Primele calculatoare electronice digitale au fost realizate în anii 1940-1950 cu tuburi electronice. Spre exemplu MECIPT-1 construit la Politehnica din Timişoara între anii 1958-1962 avea 2000 de tuburi electronice, zeci de mii de componente pasive, memoria era un tambur magnetic cu 1024 cuvinte a 30 biți, viteza de calcul de 50 ope-

De la tuburi la circuite integrate de complexitate foarte mare

rații pe secundă şi puterea consumată era de 10 KW. Numărul mare de tuburi electronice făcea ca zilnic să apară un defect care trebuia înlăturat mai ales prin schimbarea unui tub electronic. În numai 50 ani, în principal prin creşterea densității circuitelor integrate conform legea lui Moore[1] s-a ajuns ca o tabletă iPad lansată în anul 2011 să aibă circuite electronice echivalente cu 200 miliarde de tuburi electronice şi să consume 2,5W cu o durată medie între defecțiuni de ani de zile. Putem vizualiza cumva amploarea evoluției tehnologice încercând să ne imaginăm cum ar arăta un iPhone (similar cu iPad din punct de vedere al complexității circuitelor electronice) realizat cu tuburi electronice. Volumul instalației ar fi de 4 milioane metri cubi, echivalent cu de 4 ori Empire State Building din New York. Un astfel de calculator nu ar putea funcționa datorită numărului imens de tuburi electronice şi probabilitatea de defectare ar fi practic de 100%.

O evoluție rapidă au avut şi dispozitivele de memorare, de intrare şi extragere de date, procesul de miniaturizare fiind o constantă a evoluției domeniului.

Odată cu miniaturizarea s-a produs şi o distribuire a puterii de calcul, mai întâi sub formă de calculatoare personale şi în numai 25 ani sub formă de diverse dispozitive de uz personal cum sunt telefoanele inteligente sau mai nou ceasurile inteligente.

---

[1] Conform legii lui Moore, densitatea de tranzistori într-un circuit integrat se dublează la fiecare 2 ani

Caracteristică ultimului deceniu este și tendința spre mobilitate însoțită de conectare generalizată în special prin emisie radio (wireless).

Distribuirea este însoțită și de un proces de concentrare a puterii de calcul în centre extrem de puternice care poate fi accesată de pe dispozitivele staționare sau mobile distribuite. Fenomenul este cunoscut sub numele de cloud computing.

Mediile de stocare au evoluat de la scump la ieftin, iar transmisia datelor de la lent la rapid.

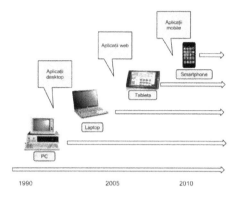

Evoluție echipamente digitale

Evoluția aplicațiilor

Odată cu evoluția dispozitivelor digitale sau dezvoltat într-un ritm similar aplicațiile majore ale lumii digitale. Aplicațiile clasice au trecut printr-un proces de eficientizare și creștere a performanțelor, fie că este vorba de cele de birou, calcule științifice, proiectare sau conducere de procese.

Caracteristică este însă apariția de tipuri noi de aplicații necunoscute sau imposibile în urmă cu nu mulți ani.

Blog

Blogurile au permis trecerea de la utilizarea informație disponibile pe Internet la crearea informației. Oricine poate deveni astfel autor cu toate implicațiile acestui fenomen. A apărut și o nouă ocupație, aceea de blogger.

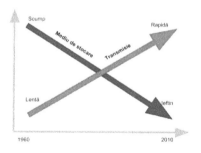

Transmisie vs. Medii de stocare

Agregare

Agregarea permite adunarea informației utile într-un anumit loc, o trecere de la informație existentă la informație utilă. Desigur, agregarea naște și controverse privind drepturile de autor care în lumea digitală are noi conotații. Existența de copii electronice ieftine sau gratuite face posibilă teoria sfârșitul proprietății intelectuale, în ciuda unor inițiative de stopare a pirateriei digitale cum este SOPA (Wikipedia).

Stephen Fry: Cărțile nu sunt mai mult amenințate de Kindle decât scările de ascensoare[1]

---
[1] Vezi (Fry, 2000)

Transmitere virală

Transmiterea virală a devenit element de bază al culturii digitale prin răspândire de linkuri web și documente și este favorizată de generalizarea poștei electronice și a rețelelor sociale. Prezintă pericolul răspândirii nu numai a informației reale, dar și a celei false sau periculoase (malware).

Rețele sociale

Rețelele sociale sunt fenomen de masă și au viitor cert în lumea digitală. Prin ele se s-a trecut de la căutarea și partajarea informației la căutarea și relaționarea cu oameni, inclusiv în afaceri. S-au impus Facebook (apărut în anul 2004) și Twitter (apărut în anul 2006), dar există sute de alte rețele și se creează mereu unele noi.

Streaming media

Emisia multipunct cu utilizarea unui fișier fără a fi descărcat complet a revoluționat media audio și video. S-a produs convergența televiziunii cu Internet, se prefigurează sfârșitul programării din timp a emisiunilor, utilizatorul devenind decident privind conținutul. Internetul devine emițător universal larg accesibil și având ca receptoare cele 4 ecrane: monitorul digital, telefonul inteligent (smartphone), tableta și televizorul conectat la Internet (smart TV). Primul impact major în streaming media l-a avut YouTube lansat în anul 2005.

Cele 4 ecrane

Cloud computing

Prin cloud computing puterea de procesare și stocare devine utilitate universală, așa cum sunt centralele electrice în domeniul energiei electrice. Fenomen mai vechi a fost relansat în anii 2010 când Google și Microsoft și-au reproiectat produse ca Google Docs (2007) sau Windows Live (2010), urmat de mulți alți jucători globali pe piața digitală.

Implicații sociale

Implicațiile în societate sunt profunde ceea ce face să se considere că trecem de la *Avuția națiunilor* descrisă de Adam Smith (Smith, Editia 2011) la *Avuția rețelelor* (Benkler, 2006).

Exagerare sau nu, dar asistăm la o mai mare democratizare a societății, la reducerea decalajelor digitale, la necesitatea de competențe digitale pentru toți, la proliferarea sistemelor de eGuvernare, la schimbări rapide în structura profesiilor etc. Instruirea în folosirea instrumentelor tehnologiilor digitale devine o necesitate, mai departe de navigare web și e-mail care au devenit elemente de cultură generală., mai ales că noi instrumente apar aproape zilnic.

Pe de altă parte, potenţialul instrumentelor lumii digitale şi mai ales a plat-formelor de colaborare este încă puţin exploatat. Pericolele cibernetice sunt reale şi malware-urile devin din ce în ce mai inteligente, educaţia digitală trebuind să includă elementele de securitate a utilizării reţelelor. Reţelele sociale sunt utile, dar şi periculoase. Intimitatea devine din ce în ce mai limitată, furtul de informa-ţii şi chiar de identitate proliferează. Multe ţări îşi dezvoltă capacităţi pentru răz-boaie cibernetice. Viteza schimbărilor creează probleme de adaptare.

> *Intervalele de timp între schimbări radicale in tehnologiile digitale scad exponenţial, fiecare schimbare vine de două ori mai repede ca precedenta, ajungându-se la o singula-ritate un Punct Omega, unde se va schimba ceva radical, un sfârşit pentru început, punct totuşi îndepărtat din pricina existenţei unor factori de frânare[1].*

Prezenţa pe Internet este totuşi o necesitate, iar lumea cu Internet va fi per-manent alta.

Noua economie a informaţiei

O nouă economie s-a născut urmare impactului tehnologiilor informaţiei şi transformă economia existentă. Schimbarea afectează toate domeniile şi toate organizaţiile. Fenomenul Internet joacă un rol central în această transformare, punând la dispoziţie pe scară largă resursele informaţionale.

Dacă electricităţii i-a trebuit un secol pentru a pătrunde în întreaga lume, reţelele Internet sunt astăzi folosite de peste 3 miliarde oameni[2] şi aplicaţiile lor tranzacţionale, în special comerţul electronic şi eGuvernarea, se răspândesc ra-pid. A fost construită o nouă infrastructură tehnică.

> *Industriile legate de tehnologiile informaţiei şi comunicaţiilor creează locuri de muncă într-un ritm de două ori mai rapid decât celelalte industrii.*

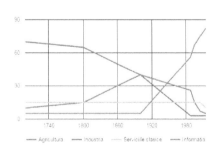

Populaţia ocupată în SUA

În timp ce cheltuielile de resurse fizice pe unitatea de produs fabricat au scăzut constant în ultima sută de ani, volumul de informaţie şi cunoştinţe înglobate în produse a crescut rapid în ultimele decade.

Informaţia se constituie ca o resursă no-uă, un adevărat capital al economiei moderne.

Impactul TIC asupra afacerilor conduce la schimbarea percepţiei asupra informaţiei ca factor de producţie. Dacă înainte o afacere era echivalentă cu *oameni + tehnologii + capital,* în prezent vorbim de *oameni + tehnologii + capital + informaţie.*

Se produce un efect de transformare a resurselor informaţionale asupra in-dustriei şi o dispariţie gradată a graniţelor între produse şi servicii. Managemen-

---

[1] Vezi (Baltac, From the invention of transitor to the Internet: What is next?, 2008)
[2] Iulie 2015

tul informaţiei se dezvoltă ca funcţie a afacerilor şi ca o nouă funcţie în organiza-ţie, apar oportunităţi noi de afaceri şi eficientizare bazate pe TIC. Organizaţiile sunt diferite pentru persoane diferite. Diferenţele individuale contează şi luarea lor în consideraţie poate ridica performanţele organizaţiei. Tehnologiile noi fac ca vechile reguli de organizarea să fie depăşite şi este necesară o abordare nouă a organizării. Putem fi aparent dezorganizaţi, dacă există un acces performant la informaţia necesară. Personalul ocupat cu informaţia devine din ce în ce mai nu-meros.

Dimensiunea acestei industrii se reflectă şi în alte sectoare economice. Indus-tria TIC atrage cel mai mare nivel al investiţiilor, în cea mai mare parte nu spre companiile informatice, ci spre clienţii acestora.

Cheltuielile globale pentru TIC ating 6,2-6,4% din produsul brut al întregii planete. Cheltuielile TIC la nivel de organizaţie, ramură economică, ţară, regiune geografică au ajuns să fie considerate ca relevante pentru comportamentul eco-nomic al entităţii respective. Datorită impactului tehnologiilor informaţiei în această nouă eră, noua economie se mai numeşte adesea Economia Digitală.

Globalizarea

Un al factor nou cu impact în economie şi societate este fenomenul globaliză-rii, care conduce la o tot mai accentuată concurenţă, dar şi la o calitate mai bună a vieţii prin accesul la informaţiile disponibile în format electronic indiferent de locaţia geografică şi la noi oportunităţi într-un mediu de afaceri caracterizat de reducerea ciclurilor economice. Revoluţia produsă de TIC este fundamentală şi schimbă modul de derulare a afacerilor şi activităţii administraţiei. Folosirea TIC devine sursă de avantaj competitiv.

Se produc schimbări în organizaţie, organizaţiile devin mai flexibile şi adap-tabile, managerii nu mai sunt numai relee de informaţie, ei sunt mai mult un diri-jor decât un comandant de oşti, organizaţiile se aplatizează, echipa şi nu ierarhia devin importante, informaţia devine disponibilă în timp real, determinarea cos-turilor aferente diferitelor activităţi se face eficient.

Era digitală şi organizaţiile

Putem discerne etape distincte în scurta istorie a erei informaţiei. Descrierea succintă a etapelor ne permite să evidenţiem mai bine uriaşul impact pe care l-au avut tehnologiile IC asupra managementului organizaţiilor. Aceste etape au fost până în prezent:
- Etapa contabilă
- Etapa operaţională
- Etapa calculatoarelor personale
- Etapa reţelelor
- Etapa Internet

Etapa contabilă

Începând cu anii '1930 cartelele şi benzile perforate şi-au găsit loc în organiza-ţii, inclusiv echipamentele aferente de introducere şi prelucrare. Departamentele financiar-contabile au fost printre primele care au sesizat oportunitatea prelucrării datelor cu echipamente specializate. Apariția calculatoarelor electronice din generația 1 și 2 a mărit gama de aplicații financiar-contabile și a generat primele utilizări în marketing, producție, resurse umane. Procesarea informației se făcea de regulă în centre de calcul cu specialiști formați cu cheltuieli mari și care aveau influență în definirea aplicațiilor. Pe plan mondial aceasta etapă a durat până spre sfârșitul anilor '1960.

Etapa operațională

Etapa operațională a început odată cu folosirea calculatoarelor în regim on-line și proliferarea terminalelor. Folosirea calculatoarelor s-a extins spre producție, marketing, proiectare, servicii. Prelucrarea informației a devenit linie de afaceri și organizațiile au început să-și prelucreze în exterior informația. Au apărut primele sisteme informatice pentru management. Etapa a fost caracterizată printr-o dispută între adepții conceptului prelucrării centralizate cu calculatoare foarte puternice și cei ai conceptul prelucrării distribuite cu minicalculatoare.

Etapa calculatoarelor personale

Apariția calculatoarelor personale în anii '1980 a tranșat disputa în favoarea calculatoarelor mici ca dimensiuni, care devin din ce în ce mai performante ca putere de procesare și transferă la nivel de persoane responsabilitatea prelucrării unui volum crescând de informație. Diseminarea calculatoarelor personale a complicat controlul costurilor TIC în organizație, dar a mărit considerabil numărul persoanelor cu cunoștințe de folosire TIC.

Etapa rețelelor

Anii '1990 s-au caracterizat prin apariția serverelor, rețelelor și stațiilor de lucru, parte din sisteme integrate puternice de management a organizațiilor. Multe organizații au fost restructurate pentru a folosi pe deplin noile tehnologii. Centrele de calcul au fost înlocuite de departamente de management al informației.

Etapa Internet

Răspândirea Internet în a doua decadă a anilor '1990 a făcut posibilă apariția afacerilor de tip comerț electronic, tranzacționare de tip eBusiness, interacțiunea cu autoritățile (eGuvernare sau eGovernment) etc. Au apărut comunități de afaceri virtuale și sisteme deschise (open-source). S-a produs reproiectarea sistemelor interne sub formă de intraneturi.

Etapa serviciilor web

Începutul decadei '2000 anunță o etapă nouă a serviciilor TIC cu servicii web, prelucrarea de rețea , furnizori externi de aplicații TIC etc. Sistemele informatice devin element de infrastructură.

Potopul informațional

Cantitatea de informație în rețele și în primul rând în Internet crește exponențial. Senzorii, o sursă principală de date în rețele se multiplică spre o valoare de 10^{12} bucăți. Vom ajunge la 4 miliarde oameni și 400 milioane severe în Internet. Oamenii devin generatori de date importanți. Universul digital se extinde de la 3500 exabaiți (35×10^{20} baiți) către 35 zettabaiți (35×10^{21} baiți). Volum de date dintre care 50% este în mișcare, 40% local și 10% răspândit. Pentru comparație dimensiunea creierului uman este 100-1000 terabaiți. Mai multe detalii sunt prezentate în capitolul Date.

Natura muncii cu informația

Munca se schimbă mult în contextul revoluției produse de tehnologia informației. Câteva aspecte ale acestei schimbări se cer subliniate.

Omul poate obține cu siguranță informația necesară luării deciziei numai prin accesul direct la ea și *nu prin intermediari*. Informația necesar a fi disponibilă la diverse nivele de decizie nu este aceiași și sunt necesare ierarhizări bine definite ale accesului la informație. Managementul cunoștințelor este, fără îndoială, principala tendință a viitorului. Tehnologiile Internet și intranet au astăzi un impact maxim, nu doar în întreprinderi, ci și în toate celelalte domenii ale vieții economice și sociale și trebuie stăpânite.

Este evident că o cale sigură către succes este aceea de a adopta noile tehnologii. Alternativa este de a pierde pe termen lung.

Fenomenul principal de frânare este probabil neînțelegerea importanței TIC. Consecința este nu numai că nu sunt folosite sisteme informatice, dar nu se fac nici investițiile necesare în tehnologia informației și comunicațiilor. Motive sunt mai multe printre care lipsa de stimulente pentru investiții într-un domeniu mai puțin înțeles, lipsa de resurse și de priorități pentru TIC, prețurile mari comparativ cu puterea de investiții, lipsa de instruire privind utilizarea și avantajele TIC, efectul de respingere a noului.

Lucrătorii cu informație și cunoștințe

Era informației a generat un nou tip muncă, aceea cu informația, și un nou tip de lucrător: *lucrătorul cu informația*[1]. Acesta se caracterizează prin capacitatea de a raționa și cunoaște la un nivel ridicat, educație, experiență, personalitate și motivare diferite de muncitorul erei industriale. Se prefigurează transformarea lucrătorului cu informația în *lucrătorul cu cunoștințele*[2]. Dacă lucrătorul cu informația produce, procesează, înmagazinează, transmite și compară informația, lucrătorul cu cunoștințele va proiecta informație care produce valoare, deci cunoștințe. Este de la sine înțeles că lucrătorii din ambele categorii trebuie să fie alfabetizați digital.

[1] Information Worker
[2] Knowledge Worker

Era digitală și instituțiile publice

Noile tehnologii pot în mod esențial ajuta la transformarea instituțiilor publice. Imaginea instituțiilor publice, se îmbunătățește prin creșterea vitezei și calității interacțiunii cu cetățeanul sau persoana juridică.

Activitatea funcționarilor publici devine mai eficientă, începând cu eliminarea hârtiei și continuând cu platforme mai bune de comunicare. Aplicațiile de eGuvernare pot câștigă încrederea cetățenilor și eficientizează serviciile publice. Se poate transforma birocrația greoaie și complicată pentru cetățean în proceduri administrative transparente și dinamice.

Decalajele digitale (Digital Divide)

A apărut însă un decalaj între cei care *stăpânesc utilizarea* acestor tehnologii și *au acces* la ele și cei care fie nu le cunosc, fie nu au acces la ele. Decalajul se numește decalaj digital, sau alternativ prăpastie digitală sau digital divide. Un astfel de decalaj se constată între țări, regiuni geografice, vârste, categorii sociale etc.

România ca și alte țări din Europa de sud-est este confruntată cu fenomenul Digital Divide, adică decalajul care există în folosirea TIC de către persoane, în organizații și la nivelul țării. Desigur că în multe țări din regiune accesibilitatea TI, alfabetizarea digitală și disponibilitatea de conținut adecvat sunt încă problematice. Dar nu numai în Europa de Est întâlnim acest fenomen. Peste o treime din populația Uniunii Europene nu avea cunoștințe de bază în domeniul informaticii în anul 2012 (European Union Measuring Digital Skills, 2014).

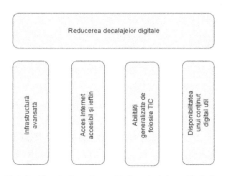

Cei 4 piloni ai reducerii decalajelor digitale

Dezvoltarea TIC este o condiție a progresului economic și social. Pentru a reduce decalajul față de țările avansate cele mai multe țări, inclusiv România, trebuie să consolideze cei 4 piloni (Baltac, The Digital Divide: Inhibitor of Growth? , 2005):

- infrastructură avansată;
- acces Internet accesibil și ieftin;
- abilități generalizate de folosire TIC;
- disponibilitatea unui conținut digital util.

Tehnologiile ajută acest proces: legea lui Moore va ieftini în continuare echipamentele electronice, noi dispozitive apar permanent, tehnologiile wireless oferă șanse (Wi-Fi, WiMax, GSM/CDMA, software-ul open-source devine mai performant.

Cu toate eforturile, decalajele digitale se adâncesc în loc să se reducă. Apare o a doua generație de decalaj produsă de limitările în răspândirea accesului de bandă largă și a educației digitale. Accesul este important, dar nu totdeauna relevant. Sunt ţări care ca România oferă 95-99% posibilitate de acces la Internet, dar puterea de cumpărare limitează acest acces în multe ţări. Educaţia rămâne un factor esenţial de reducere a decalajelor digitale. Iniţierea digitală este un prim pas important, dar nu suficient. Este necesară trecerea la alfabetizare şi competenţă digitală.

Aplicaţii Internet diverse, cloud computing. securitate IT, eGuvernare, eCommerce, eBanking sunt folosite în grad redus, nu datorită inaccesibilităţii lor, ci deseori din lipsă de acces de bandă largă şi mai ales de instruire.

România şi era digitală

România are un sector puternic al industriei de tehnologia informaţiei şi comunicaţii. Această industrie are tradiţie şi rădăcini puternice în trecut. România a fost prima ţară în Europa Centrală şi de Est în care s-au creat calculatoare electronice din prima generaţie : CIFA-1957, MECIPT–1961, DACICC-1962.

Un puternic sector industrial a fost creat în anii 1970 cu licenţe şi tehnologii vestice de la CII - Franţa, Friden - Olanda, Ampex, Memorex, Control Data –SUA etc. având unităţi de cercetare, producţie, service, comerţ, centre de calcul cu peste 40.000 oameni. Calculatoare 'Made in România' au fost exportate in Cehoslovacia, Germania de Est, China, Orientul Apropiat etc. Tehnologiile moderne în anii 1970 au devenit uzate moral în anii 1980 datorită politicii de autarhie şi reducere a importurilor practicată de regimul acelor ani.

După 1989 toate companiile importante din domeniul TIC au investit în România şi au descoperit rapid cele mai importante active ale domeniului: forţa de muncă foarte calificată şi o piaţă foarte dinamică.

Învăţământul românesc din TIC este apreciat ca unul dintre cele mai bune din lume cu peste 9000 absolvenţi intrând pe piaţa forţei de muncă în fiecare an[1].

Există în prezent peste 8000 firme de software şi servicii IT în România. Cele mai multe sunt mici, dar un proces de concentrare şi achiziţii a început de câţiva ani şi intrarea în UE a accelerat acest proces. Centre mari de servicii şi dezvoltare software au fost create de multinaţionale ca Alcatel, Siemens, IBM, Oracle, HP, Microsoft etc.

Analiza celor 4 piloni demonstrează însă progrese al României în reducerea decalajului digital.

- *Asigurarea unei infrastructuri digitale performante*
  Este un pilon in care România a făcut si face progrese considerabile an de an. Acoperirea Internet este competitiva, peste 50% din punctele de acces sunt broadband, dar costurile limitează încă folosirea acestora.
- *Asigurarea unui acces convenabil pentru majoritatea populaţiei*
  Progresele sunt si aici mari. Accesul prin cablu si ADSL a devenit mult mai uşor de acceptat. Vom putea aprecia însă ca pilonul este

[1] Cunoscuta firmă Brainbench pune România pe primele locuri în lume ca număr de programatori calificaţi

consolidat când vom atinge penetrare Internet si implicit TI de 70-80% fata de 30% în prezent.

- *Asigurarea unui conţinut digital util si adaptat cerinţelor Româ-niei*
  Se fac paşi mari, dar limitaţi in câteva domenii. Se aşteaptă încă o politică guvernamentală in domeniu
- *Asigurarea unor abilităţi minimale de folosirea a tehnologiilor digitale*
  Progrese există, dar suntem departe de un minim necesar. Pro-gramul ECDL are un rol de prim ordin

În ansamblu deficienţe de politici industriale şi mai ales a implementării lor fac ca România să se situeze în coada celor 28 ţări ale Uniunii Europene din punct de vedere al digitalizării ţării (European Union Digital Single Market, 2015). Indexul Economiei şi Societăţii Digitale - DESI ţine seama de 5 factori: conectivitatea, capitalul uman, folosirea Internet, integrarea tehnologiilor digitale şi serviciile publice digitale.

În anul 2015 indicele DESI pentru Uniunea europeană în ansamblu a fost de

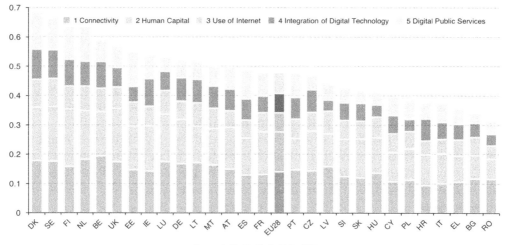

Scorul digitalizării în UE

0,48 (European Union - DESI, 2015), al capului de pluton Danemarca 0,68 şi al României 0,32. Poziţia ţării noastre în funcţie de factorii amintiţi este[1]:

- conectivitate: locul 23 din 28 cu scor 0,47 (media UE 0,56);
- capital uman: locul 28 din 28 cu scor 0,27 (media UE 0,57);
- folosirea Internet: locul 28 din 28 cu scor 0,31 (media UE 0,43);
- integrarea tehnologiilor digitale: locul 27 din 28 cu scor 0,19 (me-dia UE 0,33);
- servicii publice digitale: locul 24 din 28 cu scor 0,31 (media UE de 0,47).

---

[1] În anul 2015, vezi (European Union - DESI, 2015)

Datele se schimbă an de an şi cititorul poate însă urmări evoluţia pe site-ul Uniunii Europene (European Union - DESI, 2015) cu speranţa unor scoruri mai bune.

COMPETENȚE DIGITALE

Motto:
În anul 2015peste 90% dintre locurile de muncă
vor necesita cel puțin competențe digitale de bază
Agenda Digitală a Uniunii Europene

Alfabet și alfabetizare

Am reflectat de-a lungul anilor asupra a ceea ce înseamnă alfabetul pentru om. Fără îndoială fără alfabet omul nu ar fi ceea ce este acum. Alfabetul a fost primul mare pas înspre comunicarea în comunitate, între mai mult de doi oameni. Și a fost un pas decisiv spre transmiterea informației și cunoștințelor către cei din jur. Un pas spre difuzarea luminii cunoașterii.

Diversitatea este opera naturii și alfabetul nu-i scapă. Lumea de ieri și de azi cunoaște multe expresii ale noțiunii de alfabet. Unele bazate pe reprezentarea sunetelor pe care le folosim și noi, popoarele indo-europene, și altele mai sofisticate care se bazează pe ideograme, pictograme, hieroglife etc. Alfabetul chinez se bazează pe ideograme, un simbol reprezentând o noțiune indiferent de modul de pronunțare, și este mai puternic ca instrument de comunicare.

Alfabetul exprimă identitatea unui popor sau grup de popoare, trecutul și prezentul lui. Nu rareori alfabetul a fost și este folosit politic. Nu este necesar să le căutăm exemplele prea departe de noi. Ne putem gândi oare la țara noastră așa cum este acum, fără trecerea în secolul XIX la alfabetul latin? Sau putem uita noul început al Moldovei de peste Prut fără adoptarea politică a grafiei latine? Sau problemele unor popoare ale fostei Iugoslavii care vorbesc aceiași limbă dar folosesc alfabete diferite.

Odată cu alfabetul a apărut și alfabetizarea, adică stăpânirea bazelor comunicării scrise. Și tot odată cu primul alfabet a apărut și o nouă prăpastie între oameni, aceea dintre cei care stăpâneau alfabetul și aceia care trăiau în întunericul nestăpânirii lui. Secole întregi alfabetizarea și perfecționarea ulterioară a accesului la cunoștințe evoluate au fost destinate unor pături și categorii sociale restrânse. Marea majoritate a populației ducea o viață în care nu era nevoie și nici nu existau resurse de acces generalizat la cunoaștere. Ceea ce era nevoie să li se transmită celor simpli se făcea prin viu grai și prin imagini sau muzică. Oare dacă oamenii de rând ar fi știut să citească Biblia am mai fi avut minunatele picturi de pe pereții mânăstirilor din Bucovina sau operele magnifice al picturii Renașterii ?

Generoasele principii preluate de Revoluția Franceza: *Libertate, Egalitate, Fraternitate* nu puteau să nu se reflecte si într-o largă acțiune de alfabetizare în masă, desfășurată cu precădere în țările Europei de Vest și Americii de Nord. Procentul scăzut de analfabeți a devenit o măsură a gradului de modernizare al unei țări. Prăpastia individuală a generat o nouă prăpastie, de data aceasta între țări sau popoare. România a intrat în secolul XX cu un mare număr de analfabeți. Eram copil când prin 1947-1950 am asistat la campania națională de alfabetizare ai cărui eroi au fost învățătorii și profesorii din mediul rural. Cu ochii de acum nu cred că procentul de alfabetizare de 100% raportat atunci a fost chiar real, dar incontestabil împreună cu obligativitatea învățământului general a fost un proces care a răspândit cunoașterea adânc în masa întregii populații. Și este nedrept că pe glob 14% din populație este analfabetă, dar și mai trist este că și România secolului XXI are încă 2,7% analfabeți (World Factbook, 2015), indiferent de cauze și seriozitatea lor.

Uneori trăiești inerent sentimentul de a fi analfabet. Descifrez alfabetele latin, chirilic și grec și chiar dacă nu înțeleg limba popoarelor care le folosesc, trăiesc senzația a ceva familiar. În Japonia, China, Iran, Israel, în țările arabe am trăit sentimentul pe care îl are o persoană handicapată de lipsa stăpânirii elementare a alfabetului.

Pe cu totul alt plan trăim azi emulația celor ce s-au implicat în alfabetizare în România în urmă cu 70 ani. La începutul secolului XXI trăim evenimentele unei noi alfabetizări care va cuprinde întreaga populație a planetei: alfabetizarea digitală.

Intrăm in societatea bazata pe informație și cunoaștere. Societatea nouă nu este construită pentru un grup mic de privilegiați, ci mai devreme sau mai târziu pentru întreaga planetă. Tehnologiile informației și comunicațiilor creează un nou mediu, cel digital, în care se înmagazinează și transmit cantități imense de date și informație cu un conținut de cunoștințe inestimabil. Viața în prezent și mai ales în viitor nu mai poate fi concepută fără Internet și fără interacțiunea zilnică cu această nouă lume virtuală, dar incredibil de reală. Accesul la ea este din ce în ce simplu, tehnologiile ajută.

> *Peste 3 miliarde de oameni din întreaga lume se bucură deja de acces la lumea digitală și peste 11 milioane dintre ei sunt în România*[1].

Lumea Digitală a născut și ea o nouă prăpastie, pe lângă cele multe pe care omenirea le cunoaște: *prăpastia digitală*. Prăpastia digitală[2] ridică o barieră între cei care *au acces la Internet și îl pot avea* și cei care *nu au acces sau nu își pot permite acest acces*. Pilonii de bază ai unui pod durabil peste prăpastia digitală sunt (Baltac, The Digital Divide: Inhibitor of Growth? , 2005):

- accesul la Internet;
- posibilitatea de a ți-l permite;
- existența unui conținut social util;
- existența unui nivel minim de alfabetizare digitală.

În principal este datoria guvernanților să se ocupe de primii doi piloni. De conținut și îndeosebi de puritatea destinației lui și de diseminarea cunoașterii alfabetului digital se ocupă societatea în ansamblul ei. Nivelul de alfabetizare digitală este deci preocupare și colectivă și individuală.

Am avut șansa să fiu implicat de foarte tânăr în această lume a calculatoarelor care încă mă fascinează și surprinde după zeci de ani de evoluție. De la început am simțit că nu mă realizez complet dacă nu propag și în jurul meu această nouă undă a cunoașterii umane. În ultimii ani am fost în prima linie a unui vast proiect internațional (ECDL Foundation Digital Proficiency, 2011), inițial cu precădere

---

[1] Vezi (Internet World Stats, 2015)
[2] Digital Divide

european, de a aduce cât mai mulţi semeni la nivelul alfabetizării digitale, un prim pas spre accesul la valorile lumii digitale şi implicit o viaţă mai bună.

Alfabetul şi alfabetizarea pot fi văzute şi ca o metaforă de acces la cunoaştere. Forţa ideilor poate fi transpusă într-un alfabet superior, acela al simbolurilor de viziune înaltă. Ele te conduc către lecţii morale şi etice şi te ajută să-ţi găseşti propriile răspunsuri la întrebările majore ale existenţialităţii. Şi primul pas este cunoaşterea propriilor imperfecţiuni pentru a le putea corecta. Este începutul unui drum lung spre autocunoaştere şi iluminare. Competenţele digitale ajută pe acest drum.

Competenţe digitale la nivel de profesionişti

Profesioniştii tehnologiilor digitale au o gamă largă de noi specializări care reflectă complexitatea proiectelor şi aplicaţiilor digitale. În cadrul Uniunii Europene au fost identificate 40 specializări diferite la nivel de profesionişti în 5 sfere de activitate: planificarea, dezvoltarea, exploatarea, implementarea şi managementul sistemelor informatice (European e-Competence Framework, 2015).

Dintre acestea au fost extrase profile de specialişti TIC cum ar fi: analist de business, Chief Information Officer, administrator baze de date, consultant TIC, arhitect de sistem, manager de proiect, dezvoltator, manager de securitate, trainer, specialist de reţele, manager de calitate, administrator de reţele, analist de sistem, arhitect de sistem, manager de service, specialist în teste etc.

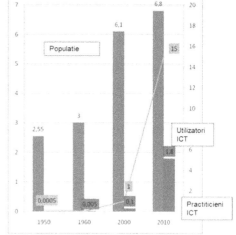

Competenţe digitale la nivel de utilizator

Nu mai este o noutate că societatea modernă se bazează pe folosirea pe scară largă a tehnologiilor digitale. Aceste tehnologii sunt folosite de un număr mare de persoane şi nu mai sunt de mult timp doar apanajul unor profesionişti.

Dinamică 1950-2010

În 2015, 90% din locurile de muncă vor necesita cel puţin competenţe digitale de bază (European Union ICT for jobs, 2010).

Din acest motiv, competenţele în folosirea tehnologiilor informaţiei şi comunicaţiilor au devenit o provocare a societăţii moderne. Sunt necesare competenţe digitale diferenţiate de la cele necesare pentru folosirea aplicaţiilor de tip eBusiness, la cele pentru folosirea curentă a TIC, până la cele caracteristice profesioniştilor. În 60 de ani între 1950 şi 2010 populaţia planetei a crescut de 2,6 ori, în timp ce numărul profesioniştilor TIC a crescut de 4000 ori, iar numărul utilizatorilor TIC de 400.000 ori.

Competenţele digitale sunt cerute pe scară largă şi cele mai multe ţări prezintă un deficit al acestora.

Necesarul de persoane cu competențe de utilizare TIC se dublează la fiecare 2 ½ doi ani[1]

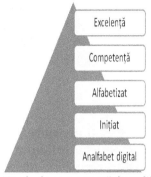

Nivele de competență digitală

Sunt definite 5 nivele de competențe digitale la nivel de utilizare (ECDL Foundation Digital Proficiency, 2011) :

- *Analfabetism digital*, lipsa completă de competențe digitale
- *Expunere(inițiere) digitală*, înțelegerea utilizarea personală a TIC, abilitatea de a efectua operații de bază web, citi și scrie emailuri etc.
- *Alfabetizare digitală*, posedarea competențelor de bază de folosire a sistemelor digitale, Internet, baze de date etc.
- *Competență digitală*, un grad ridicat de cunoaștere a unui loc de muncă informatizat cu aplicații diverse
- *Excelență digitală*, posedarea unui nivel foarte înalt de competențe digitale.

Răspândirea competențelor digitale continuă să preocupe multe țări, fiind un factor important de modernizare economică și socială. Printre ele chiar și cele foarte avansate din punctul de vedere al revoluției digitale. Un sondaj în Times Square în New York a arătat că numai 8% dintre participanți au putut spune ce este un browser (navigator web) (YouTube, 2009).

Competențe de cultură generală[2] digitală

Folosirea tehnologiilor digitale este generalizată și a intrat în viața de zi cu zi. Indiferent de profesie fiecare persoană cu un nivel chiar minim de instruire, va fi necesar să posede pentru viața în societate care implică acces la multe instrumente digitale, un minim de competențe digitale, care corespund în mare nivelului de expunere digitală descris mai sus.

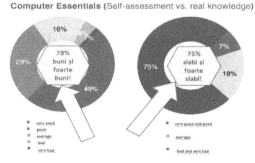

Autoevaluare competențe digitale (Austria, 2014)

Competențe pentru locul de muncă digital

Cele mai multe dintre locurile de muncă actuale pretind un nivel de competențe digitale specific care poate fi de la alfabetizare digitală la excelență digitală.

---

[1] Vezi (Baltac, CEPIS President Speech at the ECDL Forum 2010, Bonn, 2010)
[2] Lifestyle

Diverse sondaje arată că în majoritate angajații consideră că au aceste competențe, realitatea fiind că majoritatea nu le au. Această situație se întâlnește și în țări europene avansate din punct de vedere al erei digitale. Un studiu din Austria a arătat că în timp ce angajații au declarat în proporție de 78% că sunt buni și foarte buni în privința competențelor digitale pentru locul de muncă, în realitate testele au arătat că 75% erau slabi și foarte slabi. În Marea Britanie angajatorii consideră că 81% dintre angajați trebuie să posede competențe digitale, dar numai 52% le și au (O'Sullivan, 2014)

Incompetența digitală și costurile ei

Mulți manageri și funcționari publici din România nu au încă o instruire suficientă în folosirea noilor tehnologii informatice. Aceiași situație o întâlnim în unele organizații private. Cei mai în vârstă au uneori cunoștințe depășite despre utilizarea sistemelor digitale. Când acceptă să facă investiții TIC, sunt de acord doar cu aplicații simple (procesare de text, contabilitate, e-mail pentru a face economie la faxuri etc.). În multe cazuri pretind ca alții să acceseze informațiile în locul lor. Managerii și funcționarii tineri au cunoștințe mai bune despre echipamentele și aplicațiile informatice moderne și pot fi considerați "parțial alfabetizați" în TI (procesare de text, utilizarea calculului tabelar, "expunere" la Internet) și își folosesc calculatoarele personale. Dar nici ei nu au întotdeauna o instruire corespunzătoare în privința sistemelor informatice pentru management și nu dispun de suficientă putere de decizie.

Nativ digital

Există studii (AICA, 2009) care arată că instruirea insuficientă în utilizarea tehnologiilor informației conduce la un cost al ignoranței digitale care poate fi cuantificat prin productivitate mai slabă cu circa 20% și creștere considerabilă a timpilor de execuție a sarcinilor curente sau proiectelor.

Imigranți digitali

Nativi digitali și imigranți digitali

Decalajul digital între generații este mare. Tinerii au crescut cu acces din primii ani de educație la tehnologiile informației și la Internet și le consideră ca normale în mediul în care trăiesc. Nu întâmplător acestora li se mai spune *nativi digitali*. Persoanele de vârsta doua și a treia constată că trebuie să învețe să folosească aceste tehnologii. Prin similitudine cu cei care își schimbă țara de reședință pe parcursul vieții, cei care nu au crescut în școală cu tehnologiile digitale sunt desemnați ca *imigranți digitali*.

Nativii digitali sunt cei sub 25 ani în lume și aș zice cam sub 25 ani și în România. Ceilalți peste această vârstă se confruntă cu tehnologiile noi, greu digerabile, și denumirea de imigranți digitali nu se vrea cât de cât peiorativă. Ea reflectă o similitudine. Imigrantul într-o altă țară se confruntă cu o nouă lume cu care dacă nu se adaptează suferă, imigrantul digital se confruntă cu lumea digitală cu tastaturi, cu ecrane tactile, dar mai ales cu aplicații pe care trebuie să le învețe și cu un vocabular plin de jargon tehnic și cuvinte în limba engleză. Fenomenul de imigranți digitali este temporar. Va dispărea în 30-40 ani când biologia își va spune cuvântul și toți adulții vor intra în categoria de nativi digitali.

Vârsta medie a managerilor și funcționarilor publici din România este de peste 40 de ani. O persoană la această vârstă va accepta mai greu să înceapă să utilizeze un calculator sau Internet. Aceasta nu este o particularitate românească. Statisticile arată că vârsta medie a utilizatorilor Internet este de 32 de ani în SUA, în timp ce vârsta medie a utilizatorilor de computere este de 39 de ani. Cu toate acestea, în SUA și alte țări dezvoltate mediul social și economic induce oamenilor o atitudine favorabilă introducerii tehnologiilor informatice.

În România și în multe dintre țările Europei Centrale și de Est, atitudinea oamenilor mai în vârstă se caracterizează încă prin reluctanță la apropierea de computere, din teama de a pierde respectul celor mai tineri sau din alte motive. Rezultatul este ceea ce se poate numi "efectul de respingere". Ca urmare a acestei respingeri, computerele încă sunt adesea considerate un fel de "jucării moderne", având totuși "anumite merite" și uneori acceptate ca și " modă ". Fenomenul nu are o fundamentare tehnică reală, tehnologiile informației sunt ușor de asimilat, ceea ce și urmărește să demonstreze această carte.

Competențele digitale: necesare?

Întrebarea este retorică. Progresul economic și al societății în general nu mai poate fi separat de generalizarea competențelor digitale. Uniunea Europeană, din care face parte și România, și-a propus un program clar pentru o *Agendă Digitală pentru Europa* (European Union Digital Agenda 2020, 2015) (MCSI, 2015) ca are ca obiectiv să aducă beneficii economice și sociale durabile datorită unei piețe unice digitale bazate pe internetul rapid și ultrarapid și pe aplicațiile interoperabile.

Agenda identifică fără echivoc "Nivelul scăzut de alfabetizare digitală și lipsa competențelor în materie" ca una dintre problemele Europei și desigur ale României și își propune creșterea gradului de alfabetizare digitală, dezvoltarea competențelor digitale și a incluziunii digitale.

De aceea acțiunile cheie 10: *Propunerea competențelor și alfabetizării digitale ca prioritate în Regulamentul privind Fondul Social European (2014-2020)* și cheie 11: *Elaborarea, până în 2012, de instrumente de recenzare și recunoaștere a competențelor tehnicienilor și utilizatorilor TIC*, se referă direct la necesitatea competențelor digitale generalizate.

Alfabetizarea digitală

Disponibilitatea tehnologiilor informatice și accesul la Internet rămân deci factori principali ai reducerii acestui decalaj. Dar nu sunt singurii. Dacă analfabetismul clasic este în România sub 3% conform statisticilor, analfabetismul infor-

matic poate fi evaluat la 60-70%. Un răspuns la această provocare este programul
ECDL[1] descris mai jos. Alfabetizarea digitală este, de aceea, abordată cu seriozita-
te în cele mai multe țări ale lumii și în organizații.

> *Peter Drucker, autor considerat "părintele managementului", crede că "al-
> fabetizarea informatică" va fi curând un concept demodat, la fel de depășit ca și
> acela de" alfabetizare în telefonie", deoarece calculatoarele devin ceva comun în
> organizații. și abilitatea de a le folosi se presupune că există.*
> *După Drucker organizațiile suferă deoarece managerii la nivel înalt nu sunt
> alfabetizați în tehnologiile informației și comunicațiilor. Această alfabetizare în-
> seamnă și că ei înțeleg cerințele TIC la diverse nivele în organizație și în acțiuni-
> le întreprinse și nu se mai bazează pe personalul tehnic pentru a afla ce trebuie
> întreprins. În loc de aceasta ei trebuie să își asume "responsabilitatea informa-
> tică."*

Nivel minim de competențe digitale

Orice persoană adultă trebuie să posede un nivel minim de competențe digita-
le, care conform studiilor Uniunii Europene (European Union Measuring Digital
Skills, 2014) este necesar să acopere 5 domenii:

- Informație
- Comunicații
- Creare de conținut
- Securitate informatică
- Rezolvare de probleme

care sunt detaliate după cum urmează:

Informație	Căutare și găsire informații despre bunuri și servicii Obținere informații de la autorități Citire și descărcare știri online Copiere și mutare fișiere Solicitare de informații medicale
Comunicații	Trimitere și primire emailuri Comunicare audio și video (webcam) prin internet Participare la rețele sociale Postare mesaje pe site-uri de chat Postare de conținut propriu pe site-uri pentru partajare
Conținut	Crearea de site-uri web și bloguri Scrierea de programe cu limbaje specializate Folosirea de instrumente copy/paste în documente Crearea de prezentări cu instrumente specializate in- cluzând imagini, sunete, video și grafice Folosirea de operații aritmetice într-o foaie de calcul
Securitate in-	Folosirea de instrumente IT pentru protejarea dispozi-

---

[1] ECDL – European Computer Driving License este marcă înregistrată a ECDL Foundation, cu
sediul în Irlanda

formatică	tivului digital și a datelor
	Actualizarea produselor de securitate
Rezolvarea de problema	Instalarea și conectarea de dispozitive noi
	Modificarea și verificarea parametrilor produselor software
	Urmare curs online
	Comandare și achiziție online de bunuri și servicii în scop personal
	Vânzare online
	Căutare de loc de muncă online
	Internet banking
	Programare online la cabinet medical

Chiar dacă o persoană nu stăpânește toate componentele menționate, accesul la avantajele lumii digitale nu poate fi asigurat fără un nivel minim de pregătire. Studiul menționat (European Union Measuring Digital Skills, 2014) constată discrepanțe mari între țările EU, la un pol fiind țări ca Suedia și Islanda cu numai 6% din populație fără competențe digitale și la celălalt România și Bulgaria cu 85%, respectiv 81%, din populație cu competențe scăzute sau fără competențe digitale.

Competențele digitale sunt de regulă supraestimate și rar subestimate de cei care le posedă. Este necesară certificarea lor.

Programul ECDL

ECDL este cel mai răspândit program de recunoaștere la nivel mondial a aptitudinilor digitale la nivel de utilizator primar si prin aceasta un model global de participare la Economia Digitală. Programa ECDL (Syllabus) a fost produsul a ani lungi de studii ai unui grup condus de Consiliul European al Societăților Profesionale Informatice (CEPIS , 2015) care reprezintă peste 400.000 de experți in TIC care lucrează in diverse sectoare de activitate: industrial, de instruire, educație si guvernamental.

Administrat de ECDL Foundation Ltd., organizația de conducere la nivel mondial a ECDL, programul este proiectat sa acopere o arie larga de aptitudini si cunoștințe pentru a permite candidaților sa opereze cu competenta ca utilizatori in orice mediu care utilizează calculatoarele. Programa ECDL include nu numai aptitudini practice asociate unor aplicații de calculatoare de larga utilizare, dar si o baza necesara si cuprinzătoare de cunoștințe împreună cu unele dintre cele mai importante concepte de TI, care asigura candidaților posibilitatea aplicării acestora in activitățile lor zilnice. Certificatul ECDL este primit după finalizarea unor module, care pornesc de la conceptele de baza ale tehnologiei informației, redactarea de documente si pana la folosirea poștei electronice si a Internet. Datorita structurii sale pe module, ECDL oferă o abordare flexibila a învățării la un standard internațional care nu face niciun fel de presupuneri referitoare la cunoștințele personale ale fiecărui candidat.

Modulele de bază care permit obținerea certificatului ECDL sunt clasificate după nivelul de competență digitală pe care persoana care este testată dorește să

îl obţină. Începând cu anul 2013 noua programă ECDL a fost adaptată la progre-
sul tehnologic rapid şi va avea o structură diferită:

- Module de bază
    o Noţiuni de bază despre calculatoare
    o Noţiuni de bază despre online
    o Procesarea de texte
    o Calcul tabelar
- Module standard
    o Prezentări
    o Utilizarea bazelor de date
    o Editare web
    o Editare imagini
    o Planificare proiecte
    o Securitatea TI
    o Colaborarea online
- Module avansate
    o Procesare de texte avansată
    o Calcul tabelar avansat
    o Utilizarea avansată a bazelor de date
    o Prezentări avansat

Un alt factor de succes al programului ECDL este acela ca prezintă o progra-
mă[1] generică, unică, acceptată, care este independentă de orice tip de produse
hardware sau software. Aceasta abordare neutră oferă o bază complet indepen-
dentă pe care te poţi sprijini în evaluarea abilităţii unei persoane de a folosi calcu-
latorul personal.

Programul ECDL este sprijinit puternic de un număr crescând de guverne[2],
corporaţii si instituţii in întreaga lume, deoarece îndeplineşte cerinţele acestora
privind o calificare globală care se bazează pe aptitudini bine definite, măsurabile
si relevante. Utilizatori de ECDL extrem de diverşi, cum ar fi departamente gu-
vernamentale, ministere ale apărării, producători de automobile, companii far-
maceutice, companii din industria petrolului, instituţii financiare, scoli, colegii si
multe altele sunt tot atâtea probe ale eficientei ECDL in a certifica aptitudini IT
reale pentru lumea reală.

Succesul programului este evidenţiat de nivelul mare de participanţi în ţări ca
Irlanda, Austria, Suedia unde procentajul de certificare ECDL este 6-12 % din
populaţia ţării. În mod similar, nivele ridicate de înţelegere a necesităţii ECDL
sunt întâlnite in tari ca Marea Britanie, Danemarca, Norvegia, Grecia, Italia si
Ungaria. În întreaga lume, numărul participanţilor la programele ECDL/ICDL
este de peste 13 de milioane de persoane, în peste 150 ţări şi mai mult de 40 limbi
şi există zeci de mii centre de testare (ECDL Foundation New ECDL, 2015).

ECDL este un program global cu obiectivul de a certifica aptitudini IT de baza
si de a promova învăţarea acestor noţiuni de-a lungul întregii vieţi. El oferă dova-
da ca este independent de orice vânzător, oferind o gama larga de cunoştinţe IT si

---

[1] În 2012 s-a lansat versiunea New ECDL, a şasea din punct de vedere cronologic
[2] În anul 2009 importanţa programului ECDL a fost recunoscută de Jose Manuel Barosso,
preşedintele de atunci al Comisiei Europene. Un scurt video la http://bit.ly/barroso_ecdl

aptitudini. Dezvoltarea continua a programului ECDL si oferirea de produse noi, cum ar fi recent lansatul ECDL pentru Avansaţi, vor asigura îndeplinirea de către ECDL a necesităţilor de certificare de aptitudini IT pentru o Societate Informatică Globală în continuă dezvoltare.

ATIC (Asociatia pentru Tehnologia Informatiei si Comunicatiilor din Romania, 2015) are dreptul exclusiv de licenţă si sub-licenţă pentru ECDL pentru teritoriul României. Pentru derularea programului ECDL s-a creat societatea ECDL România (ECDL Romania, 2015), care administrează licenţa ECDL si gestionează autorizarea de centre de testare .

Permisul european de conducere a computerului este folosit în 148 de ţări şi teritorii de companii de renume, in administraţie sau de instituţii de învăţământ de prestigiu.

Permisul european de conducere a computerului (certificatul ECDL) atesta faptul ca deţinătorul lui posedă cunoştinţe de bază de tehnologia informaţiei spre a folosi un calculator personal si aplicaţii de calcul obişnuite la un nivel mediu de competenţă. În practică, certificatul ECDL atestă faptul ca posesorul a trecut un test teoretic care evaluează conceptele de baza ale tehnologiei informaţiei şi teste practice (utilizarea calculatorului şi organizarea fişierelor, procesare de texte, calcul tabelar, utilizare baze de date, prezentări, informaţie si comunicare) care evaluează competenţa de bază a deţinătorului in utilizarea unui computer personal si in folosirea unor aplicaţii ale calculatorului întâlnite in activităţile curente. Obţinerea certificatului ECDL este văzută tot mai mult ca un standard prin care angajatorii pot stabili abilităţile de operare pe computer ale angajaţilor curenţi sau potenţiali si prin care personalului ii pot creste perspectivele de angajare viitoare.

În România a fost depăşit pragul de 200.000 participanţi[1]. Ca procent de penetrare a programului ECDL in total populaţie România se află după ţări ca Irlanda, Suedia, Danemarca, Marea Britanie sau Italia, dar înaintea altora ca Republica Cehă, Portugalia, Finlanda, Franţa sau Belgia.

---

[1] Iulie 2015

DATE, INFORMAȚIE, CUNOȘTINȚE

Universul digital

Expansiunea universului digital

Revoluția digitală nu a însemnat numai multiplicarea exponențială a puterii de calcul a dispozitivelor digitale și distribuirea lor într-o varietate extraordinară. O evoluție similară au cunoscut și stocarea și transmisia de date. Tehnologia permite culegerea de date cu un spectru de achiziție uriaș bazat pe noi și din ce în ce mai productivi senzori și pe de altă parte generează permanent date și utile dar

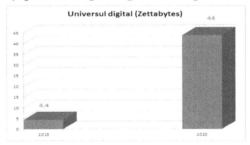

Universul digital

frecvent și redundante. Folosirea rețelelor sociale generează de asemenea un volum uriaș de date. Se afirmă că numai în 2010 omenirea a creat mai multe date zilnic decât în întreaga sa existență până în acel an, iar în anul 2015 peste 79 Exabaiți[1] va fi volumul de date în mișcare pe Internet (Schneier 2015). Dacă ne referim numai la Internet statisticile[2] arată că este folosit de 3 spre 4 miliarde oameni, că numărul de website-uri este de 1,1 miliarde, zilnic sunt trimise 100 miliarde de emailuri, rețeaua Twitter are 312 milioane utilizatori activi care dau 320 milioane tweet-uri, Facebook are 1,33 miliarde utilizatori activi, există peste 400 milioane servere, numărul de senzori va atinge curând 10^{12} bucăți.

> *Interesant că în anul 1953 memoria tuturor calculatoarelor din lume era de 53 kilobaiți (Tyson 2012), iar în 1961 memoria calculatorului MECIPT-1 era de numai 3 kilobaiți[3]*

---

[1] Pentru unități de măsură ale informației vezi capitolul Date, informație, cunoștințe
[2] Estimări 2014
[3] Vezi (Baltac 1999)

În afara Internet-ului public mai există *Internet-ul ascuns*[1] cu o cantitate de informație care o depășește pe cea a internet-ului public. În plus și numeroase rețele publice sau private care din motive de securitate nu sunt legate la Internet.

Volumul de date existente în universul digital era estimat în 2013 de diverși autori la 1,3 - 4,4 Zettabaiți și este de așteptat să crească la 20 - 44 Zettabaiți în anul 2020.

> *Se consideră că universul digital se dublează la fiecare 3 ani (Hilbert 2011).*

O bună parte a acestui univers este creat de Internetul lucrurilor, adică obiectele din jurul nostru conectate la Internet. În anul 2013 deja numărul obiectelor conectate la Internet[2] era de 20 miliarde, de 3 ori cât populația planetei și estimarea este de 32 miliarde pentru 2020 (IDC, EMC Digital Universe with Research by 2014).

Revoluția digitală nu a reușit să determine ca preponderent datele să fie în format digital[3]. Peste trei sferturi din datele stocate în 2000 erau încă în format ne-digital: pe hârtie, film, benzi magnetice analogice, discuri din vinil etc. În anul 2007 ponderea datelor analogice a scăzut la 7% (Mayer-Schönberger 2013).

Creșterea exponențială a volumului de date este consecința scăderii costului memoriilor. În cazul hard discurilor prețul pe byte memorat s-a redus din 1980 la jumătate la fiecare 14 luni (Komorowski 2014). Memoriile bazate pe circuite electronice integrate au înregistrat creșteri ale densității conform Legii lui Moore[4] și corespunzător scăderi la jumătate ale prețului la fiecare 18 luni.

Potop digital?

Consecința directă a fost crearea de uriașe depozite de date, apariția fenomenului de *big data* (date mari) și memorii *cloud* (în nori).

A devenit posibilă înregistrarea tuturor datelor generate de organizație și cu atât mai mult de persoane cu implicații sociale importante. Centre de date uriașe stochează date care nu se mai șterg ca în urmă cu numai puțini ani. Google are capacitate de stocare de 15 Exabaiți, iar NSA de 12 Exabaiți.

Capacitățile de stocare nu numai că au devenit uriașe. Ele au produs dificultăți în găsirea informației utile.

> *Datele sunt utile numai când le găsești*

Speranța este în motoarele de căutare și mai ales Google. Numai că Google efectuează miliarde de căutări zilnic după relevanță conform algoritmul său, dar este evident că la volume de zeci de zettabaiți operația de indexare a informație

---

[1] Diverse denumiri: Hidden Internet, Dark Internet, Deep Internet
[2] Printre obiectele deja conectate putem enumera telefoanele inteligente, tabletele digitale, laptopurile, navigatoarele GPS, videocamerele web etc.
[3] Vezi mai jos analog vs. digital
[4] Vezi capitolul Echipamente digitale

aflate pe sute de milioane de servere, din care multe nu permit accesul motoare-lor de căutare, se produce cu dificultate. După unele estimări doar 0,03% din informația stocată în universul digital este indexată. Mai există și posibilitatea de a influența rezultatele căutării. Eric Schmidt[1] estima volumul total al informației în 2005 la 5 milioane TB din care Google indexa numai 200 TB adică 0,004 % (Wisegeek 2014).

Apar limite previzibile și trecerea de la prea puțină informație la prea multă: un adevărat potop digital!

> *Paradoxul lumii digitale pare a fi că înainte nu găseai biblioteca, acum nu găsești informația pe care o cauți.*

Pericolele universului digital

Posibilitatea de a colecta și a stoca volume uriașe de date a condus la o com-plexitate încă neîntâlnită la sisteme create de om. Operațiile de căutare, trans-formare, utilizare a informației necesită noi algoritmi de structurare a informației și apar aplicații noi care nu conduc la rezultate în volume mici de date. Pe de altă parte apar și pericole noi pentru societate și persoane. Cel mai evocat este acela al posibilității de supraveghere extinsă a cetățenilor și îngrădire a democrației (efec-tul Big Brother[2]). Se limitează intimitatea[3] personală, se extinde furtul de infor-mație etc.

Universul digital se bazează și pe interconectare și expansiunea sa rapidă conduce la pericole pentru infrastructurile naționale sau globale, noi forme de spionaj, apariția de confruntări digitale (cyberwars).

> *În lumea digitală de azi nu mai poți fi singur, intimitatea se relativizează.*

Și nu în ultimul rând se adâncește prăpastia digitală, între cei care pot și știu să folosească tehnologiile digitale și cei care fie nu știu, fie nu pot sa le folosească.

Date, informație, cunoștințe

Era digitală are ca impact utilizarea generalizată de documente, înregistrări audio-video și alte forme în care informația este stocată sau transmisă electronic. Noțiunile de bază privind datele și informația, structurarea și măsurarea lor ajută la buna desfășurare a activității pentru orice persoană activă în sectoare diverse fie economice, fie de altă natură.

În mod curent folosim termeni ca *date, informație, cunoștințe*. Domeniul in-formaticii a fost definit inițial ca prelucrare a datelor, apoi s-a vorbit de tehnolo-

---

[1] CEO Google, Inc.
[2] Numit așa după romanul "1984" al lui George Orwell
[3] Privacy

giile informației și în prezent se discută din ce în ce mai mult despre procesarea cunoștințelor.

Informația reprezintă elementul nou necunoscut anterior despre realitatea înconjurătoare. Ea se asociază cu simboluri. Datele reprezintă materia primă a informației, sunt culese din mediul înconjurător și reprezintă forma fizică a simbolurilor. Datele odată culese sau prelucrate au un context, sunt prelucrate într-o formă utilă ca suport de decizie și devin informație. Informația structurată și prelucrată de om devine cunoștințe.

Tehnologiile informației manipulează date și informație. O nouă disciplină cu mare impact în viitor se naște în prezent: *procesarea cunoștințelor*. Evoluția naturală este deci:

date – informație - cunoștințe

Date; informație

Datele sunt forma fizică a simbolurilor care reprezintă informația. Datele pot fi considerate și ca o reprezentare a informației pentru prelucrare, stocare si transmitere. Datele prelucrate devin informație. Operațiile de prelucrare sunt procese de transformare.

Se poate pune întrebarea: ce rezultă când informația este la rândul ei prelucrată? Desigur tot informație, iar în cazurile unor transformări complexe cunoștințe.

Informația: completă, relevantă și actuală

Informația este o resursă vitală. Competitivitatea personală sau a unei organizații depinde de felul în care informația este pusă în valoare și folosită. Cantitatea de informație ce poate rezulta din procesele ce se desfășoară într-o organizație este uriașă. De regulă, numai o mică parte din această informație este folosită în procesul de luare a deciziilor. Informația trebuie să fie *completă, relevantă și actuală*. Cu cât informația primară este mai aproape de acest deziderat, cu atât informația finală va fi mai utilă.

Culegerea, prelucrarea și stocarea datelor

Datele sunt culese fie manual, fie automat. Tendința este să fie culese automat prin diverși senzori. Ele sunt prelucrate primar (operații aritmetice și/sau logice) și/sau sunt memorate în vederea unei prelucrări ulterioare. Într-o organizație modernă volumul de date care se culege este uriaș și culegerea, prelucrarea și stocarea informației nu se mai poate face fără tehnologiile informației. Putem remarca și creșterea volumului de date culese și prelucrate în plan individual.

Noțiuni de bază privind datele și informația

Tipuri de date

Informația, ca element nou necunoscut anterior despre realitatea înconjurătoare este asociată cu simboluri. Datele sunt forma fizică a simbolurilor ce reprezintă informația.

Analog și digital

Datele în forma digitală folosite în tehnologia informației sunt discrete și discontinui spre deosebire de semnalele continui sau analogice care prezintă o formă continuă. Transformarea datelor analogice în digitale se face prin operația de *digitizare*. În lume are loc un proces de digitizare a datelor analogice, de exemplu cărțile și alte tipărituri, pentru a putea fi prelucrate cu tehnologiile informației.

Datele în formă digitală pot fi *numerice* sau *alfanumerice*.

Metadate

Metadatele sunt date despre datele stocate. De exemplu în cazul unui email metadatele pot fi informații despre autorul emailului, destinatar, data și locul creării, subiectul, momentul livrării, al citirii etc. Metadatele sunt și ele date și măresc spațiul de stocare necesar[1].

Locație și conținut

Informația este stocată și transmisă. De aceea vorbim de informație propriuzisă și de o adresă a ei. S-a evoluat mult de la o rigiditate inițială la flexibilitatea de azi. Rețelele de comunicații fac ca informația să fie în prezent practic independentă de bariere geografice. Metadatele despre locația unui anumit conținut sunt importante pentru operațiile de căutare.

Codificare și criptare

Informația se prelucrează, stochează și transmite *codificat*, respectiv fiecărui simbol îi este atașat un cod care este standardizat internațional pentru asigurarea compatibilizării schimbului de informație[2]. Există o deosebire de fond între *codificare* și *criptare*. Criptarea este o codificare făcută cu folosirea de chei secrete cunoscute numai de emițătorul și receptorul informației și se folosește numai în cazurile în care există necesitatea de a ascunde față de terți conținutul unor documente.

---

[1] Metadatele au devenit subiect de interes din anul 2014 odată cu dezvăluirile lui Edward Snowden referitor la faptul că NSA stochează metadatele comunicațiilor interceptate

[2] Cele mai cunoscute sisteme de codificare sunt American Standard Code for Information Interchange (ASCII) și Extended Binary Coded Decimal Interchange Code (EBCDIC)

Prelucrarea și transmiterea informației

Asupra informației se fac operații aritmetice (adunare, scădere, înmulțire, împărțire), logice (conjuncție, disjuncție, negație) cât și operații complexe (editare, sortare etc.). Transmiterea informației se face cu un anumit debit, caracterizat prin cantitatea de informație transmisă în unitatea de timp și care este în dependență de liniile de transmisie.

Interfețe

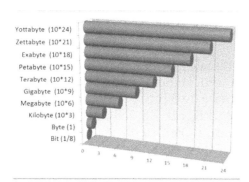

Unități de măsură ale informației

Legătura între utilizator și informația din sistemele informatice se face prin interfețe. Evoluția acestora a fost rapidă. Inițial interfețele erau rudimentare și se bazau pe schimbul serial de simboluri. În prezent interfețele grafice și multimedia se generalizează. Omul recepționează mai ușor imagini decât prelucrează simboluri. De aceea și evoluția interfețelor de la date numerice, la alfanumerice, apoi la grafice și audiovizuale (multimedia) a reprezentat o imensă ușurare a acceptării sistemelor informatice.

Sisteme de numerație

În majoritatea cazurilor facem calcule folosind sistemul de numerație zecimal. Sistemul are multe inconveniente, deoarece sisteme naturale cu 10 stări nu există și folosim acest sistem din tradiție, cel mai probabil datorită faptului că omul are 10 degete la cele două mâini. Istoric, multe societăți umane au folosit sisteme de numerație bazate pe 12 (duzină) sau multiplii de 10 (Baza 20).

În natură sistemele cu două stări abundă.

> *Încă în anul 1820 matematicianul englez John Boole în cartea sa "Legile gândirii" a pus bazele unei algebre bazate pe sistemul cu 2 stări, sistemul de numerație binar. Ulterior acestei algebre i s-a spus booleană.*

Sistemul binar este folosit generalizat în tehnologiile informației și în comunicațiile digitale, deși numărul de cifre binare este mai mare față de numărul de cifre zecimale ale aceluiași număr[1].

---

[1] Dezavantajul față de exprimarea cu cifre zecimale este numărul mare de cifre utilizate. Astfel pentru numere binare între 0 și $2N - 1$ se folosesc N cifre binare. Pentru numere zecimale între 0 și 10n – 1 se folosesc n cifre zecimale. Se poate demonstra că în medie N ~ 3,3 n.

Unități de măsură pentru informație

Informația poate fi riguros măsurată din punctul de vedere al cantității aces-
teia. Au fost definite în consecință unități de măsură.

Bit

Unitatea elementară de măsură a informației este bitul. Numele provine de la
binary digi**t** (cifră binară) și corespunde informației transmise privind un sistem
cu două stări. Se atribuie celor două stări cifrele 0 și 1. Se folosește sistemul de
multiplii b, Kb, Mb, Gb etc. similari cu sistemul zecimal, dar K=1024, M=
1024x1024, G=1024x1024x1024 etc.

Byte

Deoarece în mod normal operăm cu cifre zecimale sau caractere(litere, semne
speciale) a fost introdusă unitatea de măsură a informației numită byte[1] (se pro-
nunță bait). Ea corespunde informației reprezentate de 8 biți.

Se folosesc similar multiplii KB, MB, GB, TB, PB, EB, ZB, YB unde însă 1K =
1024, adică 2^{10}, 1M = 1024x1024, adică 2^{20} ș. a. m. d. Pentru claritate figura pre-
zintă multiplii zecimali de baiți, dar să reținem că 1K = 1024.

Reprezentarea informației alfanumerice

Suntem mai obișnuiți cu reprezentarea informației prin simboluri. Alfabetul
în majoritatea civilizațiilor a consacrat relația între sunete și simboluri și modul
de comunicare prin limbaj a devenit scrierea. Literele sunt semne grafice specifi-
ce fiecărei scrieri și adăugând reprezentarea numerelor și alte simboluri speciale
constituie o mulțime de *caractere alfanumerice*.

> *Nu toate scrierile se bazează pe caractere alfanumerice care corespund unor
> sunete. Există sisteme care se bazează pe ideograme, pictograme, hieroglife etc.
> Sistemul chinezesc se bazează pe ideograme, un simbol reprezentând o noțiune
> indiferent de modul de pronunțare. Dezvoltarea lui a permis comunicarea în
> scris între popoare care vorbesc limbi diferite în spațiul uriașei Chine. Lumea
> tehnologiei informației a ales sistemul occidental din considerente legate de civi-
> lizația care a creat-o. Dacă occidentul ar fi adoptat un alfabet similar cu cel
> chinezesc probabil că memoria calculatoarelor ar fi fost mai bine folosită. Este
> uimitor că în Africa informația se transmite la distanță mare prin sunetul tobe-
> lor existând un cod conexat la conținut nu la sunete[2]*

---

[1] În Franța unde se încearcă să nu se folosească termeni anglo-saxoni în vorbirea curentă se
folosește termenul de octet pentru byte. Termenul a fost folosit și în România până prin anii 1990.
[2] Vezi (Gleick 2012)

Codificare/Standarde de date

Pentru a permite culegerea de date și schimbul de informație între calculatoare regulile de codificare au fost standardizate. Codificarea standardizată permite operații complexe cu date și informație prezentate sub formă de informație alfanumerică.

Cod de bare

Coduri de bare

Codurile de bare reprezintă o metodă simplă și eficientă de a codifica informația care se atașează unor produse și poate fi citită de dispozitive simple și ieftine în magazine, magazii și în alte situații în care se cere evitarea introducerii datelor prin tastatură.

Codul de bare constă din bare verticale imprimate și spații adiacente[1]. Prin scanare se transformă imaginea în date alfanumerice și grafice.

Cod de bare 2D

Codificarea se face după unul dintre standardele existente[2] Structura unui cod de bare cuprinde zone de start/stop, caractere reprezentând date și caractere de control.

Cod QR

Codurile de bare pot fi și *matriciale sau 2D*. În acest caz informația se reprezintă în 2 dimensiuni. Codurile de bare 2D memorează informația atât orizontal ca la codurile de bare unidimensionale, cât și vertical, ajungând la a memora până la 7.089 caractere față de 20 caractere la codurile de bare clasice. Codurile de bare 2D asigură și acces mai rapid la date și sunt folosite și la telefoanele mobile inteligente.

> *A fost posibilă astfel înlocuirea cartelelor de îmbarcare clasice din aeroporturi cu carte de îmbarcare digitală care poate fi prezentată chiar și cu telefonul inteligent.*

---

[1] Se poate face o analogie a codului de bare cu binecunoscutul cod Morse folosit la telegraf, barele înguste putând fi asimilate cu punctele și cele groase reprezentând liniile

[2] UPC & EAN, Interleaved 2 of 5, Codabar, Code 39, Code 128, Code 93 etc.

Coduri QR

Codurile QR[1] sunt coduri matriciale folosite inițial în industria auto și ulterior având o largă utilizare pentru codificarea unei game largi de tipuri de informație (texte, adrese web, adrese de e-mail, mesaje sms, linkuri în rețele sociale etc.). Posibilitățile de citire și capacitatea de memorare sunt mai mari decât la codurile de bare tradiționale. Utilizările sunt variate de la dispozitive mobile, la comerț, publicitate etc. Conțin elemente de corecție de erori.

Etichete RFID

Folosirea de etichete de identificare prin radiofrecvență - RFID[2] este o metodă de citire automată a informației prin emisie codificată a datelor prin radio pe distanțe mici și medii. Una dintre aplicațiile cele mai răspândite este înglobarea unei etichete RFID într-un card din plastic și folosirea acestuia pentru acces în sedii de firme, camere de hotel etc. fără a fi nevoie de contact fizic ca în cazul cardurilor cu bandă magnetică. Băncile folosesc aceleași etichete înglobate în cardurile bancare pentru plăți fără contact cu cititorul de carduri.

Reprezentarea informației grafice și video

Informația grafică sau cuprinsă într-o imagine este reprezentată folosind ca unitate de bază un *pixel* care este cel mai mic element al unei imagini afișate sau tipărite. Aceasta corespunde unui punct sau unei triade color. Numele provine din abrevierea cuvintelor *"picture element"*, element de imagine în limba engleză. Un *pixel* corespunde unui număr de biți fiind prelucrat de calculatoare ca orice altă informație.

Imaginile video sunt redate ca succesiuni de imagini statice. Volumul de informație în cazul înregistrărilor video este de aceea considerabil mai mare și pentru crearea animației acest volum trebuie transmis într-un timp determinat.

Reprezentarea informației audio

Sunetele sunt transformate prin eșantionare în semnale digitale și transformate în biți. Frecvențe mai mari de eșantionare duc la o fidelitate superioară a sunetului redat, dar și volumul de date este considerabil mai mare.

---

[1] Abreviere de la Quick Response – răspuns rapid
[2] Abreviere de la Radio Frequency Identification - identificare prin radiofrecvență

Viteze de transfer

Informația se transmite cu viteze care depind de mediul pe care se face transmisia. Unitatea de măsură a vitezei de transmisie este viteza de 1 *bps* care corespunde la 1 bit pe secundă[1].

Deoarece unitatea elementară este prea mică față de vitezele actuale, vitezele se exprimă în multiplii de bps: bit pe secundă – *bps, Kbps, Mbps, Gbps*

Redundanța

Informația prelucrată, memorată sau transmisă este supusă unui proces de deteriorare și pierdere sau adăugare de date eronate sau pierdere de date. În scopul eliminării sau diminuării acestor fenomene negative în tehnologiile informației au fost create coduri care fie sunt detectoare de erori, fie corectoare de erori.

Principiul construcției acestor coduri constă în adăugarea de informație suplimentară la informația de bază, în așa fel încât prin metode matematice să se poată numai detecta sau chiar corecta erorile. Informația suplimentară produce o creștere a "regiei" sistemului deci spații de memorie mai mari și durate sporite de transmisie. În plus software-ul modern introduce și el o redundanță de 40 -100 % pentru a furniza interfețe "prietenoase" cu utilizatorul.

Compresie / decompresie

Cum spațiul de memorie este o resursă critică din motive de costuri și nici timpul de transmisie nu poate crește oricât, se folosesc metode de compresie/decompresie, informația fiind comprimată la memorare sau transmisie și decomprimată la forma inițială la utilizarea ei. Comprimarea poate reduce cu 50-80% volumul inițial de informație.

---

[1] În telecomunicații se mai folosește unitatea numită *baud* care se moștenește din transmisiile analogice. Un baud se suprapune cu 1 bps dar nu întotdeauna

Capacități tipice de memorare

Byte (bait)	1 B	O literă, un caracter	Terabyte = 1024 GB (simplificat 10^{12} baiți)	2 TB	O bibliotecă științifică
	100 B	O telegramă/un SMS		10 TB	Biblioteca Congresului din SUA
Kbyte = 1024 B (simplificat 10^3 baiți)	2 KB	O Pagina dactilografiată		50 TB	Un depozit de date (data warehouse) al unei firme
	100 KB	O fotografie de rezoluție scăzută	Petabyte = 1024 TB (simplificat 10^{15} baiți)	50 PB	O evaluare a tuturor operelor / scrierilor originate pe Terra în toate limbile
	300 KB	O fotografie de rezoluție medie			Google procesează 20 PB pe zi
Megabyte = 1024 KB (simplificat 10^6 baiți)	1 MB	O nuvelă			
	10 MB	Un minut de transmisie TV	Exabyte = 1024 PB (simplificat 10^{18} baiți)	2 EB	volumul de date generate anual în lume
	10 MB	Un minut de sunet de înaltă fidelitate		5 EB	aproximație a numărului de cuvinte rostite de ființele vii pe Terra
	100 MB	Un metru de cărți într-o bibliotecă			
	500 MB	Un CD-ROM sau hard-disk	Zettabyte = 1024 EB (simplificat 10^{21} baiți)		3,5 – 35 Zetabytes – universul digital
Gigabyte = 1024 MB (simplificat 10^9 baiți)	1 GB	Un camion plin cu coli A4 scrise			
	2-300 GB	Un hard-disk	Yottabyte = 1024 ZB (simplificat 10^{24} baiți)		
	20 GB	O colecție a operelor lui Beethoven			

Sistemele informatice pentru management procesează informație reprezentată și sub formă alfanumerică și grafică sau audio. În figură se prezintă ordinele de mărime ale informației echivalente cu diverse documente sau înregistrări audio-video. Informația este stocată pe diferite medii electronice, magnetice și optice.

Structuri de informație

Date structurate și date nestructurate

Pentru prelucrare datele sunt organizate în structuri pentru eficiența operațiunilor la care sunt supuse. O structură răspândită este cea arborescentă. Există și alte tipuri de structuri de date și algoritmi de acces la date.

Datele nestructurate sunt acela care nu corespund unor structuri de date și până de curând erau mai greu prelucrate de calculator. În orice organizație există un volum important de date nestructurate: documente, notițe, mesaje e-mail, înregistrări audio și video etc.

> *După unii autori numai 5% din informația stocată într-o organizație este structurată, adică se prezintă într-o formă potrivită pentru stocare în baze de date tradiționale (Mayer-Schönberger 2013) .*

Tendința de structurare a precedat calculatoarele prin introducerea de formulare, apariția de metode de arhivare, crearea de registraturi și altele.

De la date la cunoștințe

Din date nestructurate cu tehnologiile actuale ale informației se extrag date țintă care sunt transformate prin structurare în cunoștințe. În figură este prezentat fluxul de extragere a datelor țintă din depozitul de date structurate și nestructurate și transformarea lor în date nou structurate.

Reprezentarea logică a informației în sistemele digitale

Modul de reprezentare fizică a informației și unitățile de măsură bit și byte (bait) implică reprezentarea fizică a datelor.

Cel mai des însă în aplicații informația se reprezintă logic într-o formă mai accesibilă în care unitatea elementară este *caracterul*. Caracterul este echivalentul unei litere, cifre, semn de punctuație sau alt simbol cu reprezentare în calculator printr-un byte. O succesiune de caractere care are sens din punctul de vedere al memorării pentru operații ulterioare se numește *înregistrare*[1].

În cadrul înregistrării apar segmente cu semnificație logică. Un astfel de segment se numește *câmp*. Un câmp la rândul său poate fi compus din mai multe sub-câmpuri. O colecție de înregistrări formează un *fișier*[2].

Într-un sens mai larg numim fișier o anumită colecție de informație care prezintă un sens pentru un utilizator și nu trebuie neapărat să fie o succesiune de înregistrări. El poate fi un ansamblu coerent de instrucțiuni, date, cuvinte, imagini etc.

La rândul lor fișierele asamblate într-o colecție coerentă formează o bază de date[3]. Nu există o definiție unitară a bazei de date[4]. Vom reține că o bază de date este o colecție de informații relevante privind un anume subiect organizate într-o formă utilă pentru a regăsi informații, trage concluzii și lua decizii. Bazele de date pot fi categorisite funcție de tipul de conținut (text, numeric, imagini, video etc.) sau modului de organizare. Astfel o bază de date poate fi relațională structurată prin tabele de legături și care poate fi rearanjată în diverse feluri. O bază de date distribuită este dispersată într-o rețea informatică cu elemente ale ei pe diverse servere.

---

[1] Record
[2] File
[3] Database
[4] Căutarea pe Internet a definiției bazei de date conduce la 24 formulări diferite http://bit.ly/definedatabaseGoogle

Sistemul de management al bazei de date, numit frecvent DBMS[1], este un sistem capabil să controleze accesul la baza de date, să genereze rapoarte și să poată analiza folosirea bazei de date. Ansamblul structurilor de date și sistemului de management al bazei de date se numește sistem de baze de date.

Un *depozit de date*[2] este compus din totalitatea datelor dintr-o organizație, organizate într-un sistem de baze de date de dimensiuni foarte mari în vederea căutării și sortării informației. Tehnologiile moderne permite înmagazinarea în depozite de date a unor volume uriașe de date ajungând la sute de terabaiți. Au fost dezvoltate de aceea tehnici speciale de acces și sortare în depozitele de date numite minerit de date[3]. Prin minerit de date se caută tipuri de relații între elemente greu de relevat la volume mici de informație.

Big Data

Big Data este un termen nou care se referă la volume de date așa de mari, încât metodele tradiționale de prelucrare nu se mai aplică. Analiza și prelucrarea acestor uriașe volume de date se face prin algoritmi și metode noi obținându-se corelații greu de imaginat până în prezent.

Mijloacele tehnice diverse (dispozitive mobile, senzori, carduri, RFID, GPS, Internet etc.) (figura *Big Data*) permit în prezent acumularea de informație în cantități uriașe și aceste corelații conduc la aplicații neașteptate[4]. Apariția *big data* a produs noi tipuri de aplicații și este de aceea considerată o revoluție în informatică.

Operații cu informația structurată

---

[1] Data Base Management System
[2] Data Warehouse
[3] Data Mining
[4] Analizând căutările cu Google au fost depistate focare de gripă în anumite zone geografice în câteva zile față de săptămâni prin metodele clasice de colectare de date prin agenții specializate

Tehnologiile moderne ale informației permit executarea unor operații diverse asupra informației, în principiu aceleași ca și în cazul prelucrării manuale: acces la anumite zone din informația prezentată, înserare de noi date, modificarea datelor, ștergere, editare, selectare după criterii stabilite, sortare după criterii stabilite, stabilirea de conexiuni de relaționare, întocmirea de rapoarte, prezentări de informație etc.

Fragmentarea/defragmentarea informației

Între organizarea logică a informației sub formă de fișiere și baze de date și organizarea fizică pe discuri există o contradicție. Fișierele evoluează dinamic și își modifică dimensiunea. Discurile devin aglomerate și nu se pot găsi zone adiacente de memorie pe care să se înregistreze fișierul. Acesta este fragmentat și

Big Data

amplasat în locații neadiacente.

Accesul la fișier poate fi îngreunat dacă discul este încărcat și cu foarte multe "găuri". Sistemele de operare oferă comenzi prin care amplasarea fișierelor pe discuri este optimizată prin aducerea lor pe cât posibil în zone adiacente. Operația se numește *defragmentare* și este necesar să se facă periodic sau când se constată că timpul de acces la fișiere devine excesiv de mare.

Recuperarea datelor

Există cazuri în care informația dintr-un fișier este pierdută, fie din cauza unei ștergeri accidentale, fie dintr-o eroare a sistemului. Există în multe sisteme de operare posibilitatea de a recupera informația pierdută, de regulă când pierderea provine dintr-o eroare a sistemului și nu umană. Deoarece în multe cazuri recuperarea integrală nu este posibilă, se folosesc copii de rezervă[1] ale fișierelor asupra cărora se lucrează. Sistemele de operare permit automatizarea acestei proceduri.

Date și informație în rețele

Datele sunt distribuite în locații diferite și logice și fizice. Interconectarea rețelelor face ca accesul la informație să nu fie condiționat de distanța geografică.

Cloud

Atunci când datele sunt păstrate pe servere în altă parte decât locul utilizării, de regulă la firme specializate, se spune că datele sunt în *cloud* (nor)

Una din consecințele avantajoase ale creșterii volumului de informație este că deși crearea conținutului a costat adesea foarte mult, accesul la informație se face gratuit sau la prețuri modice. Un exemplu este acela al hărților disponibile in prezent pentru oricare locație a planetei.

Găsirea datelor utile

Este cunoscut că tendința oamenilor este să extindă datele până la ocuparea întregului spațiu disponibil. Metodele și instrumentele de căutare au un rol foarte important în găsirea informației utile, dar există limitări importante. Motoarele de căutare nu indexează toată informația prezentă în Internet. Se estimează că 80% din informațiile care circulă sunt ascunse căutărilor obișnuite, ceea ce înseamnă că nu pot fi găsite prin Google sau prin alt motor de căutare obișnuit. Ținând cont de amploarea intraneturilor este posibil ca 80% să fie o evaluare optimistă. Accesul motoarelor de căutare este oprit la anumite părți chiar din Internet. Se vorbește chiar de un Internet invizibil[2]. Să remarcăm interesul și pentru această parte a Internet și apariția de metode de căutare și în universul de date ascuns.

> *Datele sunt utile numai dacă ai acces la ele.*

Integrarea datelor

Sursele de date sunt cel mai des autonome, folosesc proceduri diferite, au interfețe diverse, sunt transmise la intervale și viteze variabile. De aceea, una din

---

[1] Backup Copy
[2] Cu diverse nume ca Hiden Internet (Internet ascuns), Deep Internet (Internet adânc), Internet invizibil etc.

Potop informațional

sarcinile dificile într-o organizație este *integrarea datelor* din surse multiple și plasarea lor corespunzătoare în locații diferite ale organizației.

Salvarea și păstrarea datelor

Sistemele informatice și calculatoarele individuale stochează volume impresionante de informație: texte, fotografii, imagini, muzică, e-mailuri etc. Suntem martorii așa cum am mai arătat ai unui adevărat *potop informațional*, tehnologia facilitând în prezent generarea, memorarea și transmiterea unor volume uriașe de date.

Problemele puse de arhivare și păstrare pentru decenii sau secole sunt numeroase și reflectă nu numai probleme tehnice, dar și logistice sau de standardizare.

Mediile de date au evoluat în timp spre o volatilitate și vulnerabilitate in creștere. Inscripțiile pe piatră rezistă de milenii, cele pe pergament de zeci de secole, pe hârtie de secole, mediile magnetice și electronice pot rezista ani sau zeci de ani.

Un document de arhivat pentru secolul următor (XXII) ridică numeroase semne de întrebare chiar și pentru specialiști. Un document pe hârtie aflat în condiții de mediu prielnice poate rezista zeci sau sute de ani. Dar ponderea documentelor în format electronic crește. Jumătate dintre fotografiile prezentului sunt deja digitale și rămân pe discurile calculatoarelor sau pe alte medii volatile.

Bibliotecile cheltuiesc sume impresionante pentru crearea de standarde de păstrare independente de echipamentele viitorului. Deja multe documente create în trecut nu pot fi citite în prezent din lipsă de echipamente, ca de exemplu cele stocate pe benzi magnetice sau dischete de 3 1/2 sau 5 ¼ inch. Un efort mare este depus pentru convertirea datelor aflate pe medii învechite pe suporturi noi. La rândul lor acestea se învechesc curând sau nu sunt suficient de robuste. Un CD zgâriat compromite fișiere adesea importante.

Informația se acumulează mai repede decât o putem prelucra. Migrarea pe noile medii de stocare este o operație costisitoare. În dese cazuri datele nu se distrug, dar sunt pierdute. Multe persoane și organizații scot copii la imprimante. Arhivarea pe hârtie are partizanii ei, dar consumă lemnul o resursă vitală a planetei și are cunoscutele caracteristici de vulnerabilitate.

> *Probabil un format al viitorului este cel de pe web. Și acest format este însă nesigur, serverele care păstrează datele sunt oprite și uneori șterse fără discernământ, apar erori și ștergeri accidentale. Fenomenul de legături web[1] întrerupte accentuează volatilitatea.*

Digitalizarea[2] documentelor

O cantitate uriașă de documente se află încă în formă tipărită, ca înregistrări audio sa video și desigur în multiple alte forme, ca de exemplu picturi, manuscrise, inscripții pe papirus, piatră etc.

Accesarea acestor documente este dificilă, metodele erei digitale neputând fi aplicate. În întreaga lume este în curs un proces de trecere a acestor documente în format digital. Metodele sunt specifice fiecărui tip de document, scanare și fotografiere pentru documente tipărite sau picturi, fotografierea documentelor apărute înainte de apariția tiparului, conversia în format digital a înregistrărilor audio și video etc. Avantajele sunt uriașe. Informația cuprinsă într-o bibliotecă poate fi indexată și găsirea unor citate sau cărți, articole, citate devine o simplă operație de căutare.

Digitalizarea are și aspecte de protecție a documentelor vechi, hârtia, papirusurile, fotografiile, picturile deteriorându-se cu trecerea anilor. O problemă este totuși formatul digital existând problemele descrise mai sus privind salvarea și păstrarea datelor.

Un program global a fost început de Google care a stabilit parteneriate cu biblioteci din întreaga lume și digitalizează în întregime cărțile din acestea. Rezultatul este Google Books unde se poate explora un ocean de cărți și articole. Proiecte locale sunt în prezent demarate în muzee, biblioteci, arhive etc.

Problema dificil de rezolvat este existența unor drepturi de autor care împiedică adesea digitalizarea unor documente fără acordul posesorului de copyright.

În România digitalizarea arhivelor face obiectul unei legi[3]. Informații despre stadiul de aplicare nu au fost publicate.

---

[1] Broken Link

[2] Se folosește și este acceptat în limba română și termenul de digitizare (DEX 2015). Mi se pare mai potrivit să spunem digitalizare, deoarece ne referim la trecerea în formă digitală.

[3] Legea nr. 135 din 15 mai 2007 privind arhivarea documentelor în formă electronică

Se recomandă și la nivel individual scanarea sau fotografierea unor documente personale importante și constituirea unei biblioteci digitale. Scanerele, aparatele de fotografiat digitale sau chiar telefoanele inteligente pot fi folosite în acest scop, la care se adaugă o aplicație de gestiune care uneori poate fi găsită pe Internet fără costuri sau cu costuri reduse.

Formatul pdf

Formatul pdf sau formatul de document portabil[1] este un format de fișier care a fost creat în 1993 de către firma Adobe Systems pentru a fi independent de aplicația informatică. Ulterior a fost standardizat prin standardul ISO 32000. Din anul 2008 a fost acordată de către Adobe o licență gratuită tuturor celor ce vor să creeze implementări de sisteme pdf.

Formatul este larg adoptat în prezent și aplicațiile de tip Office, scanerele, tabletele, telefoanele inteligente, alte dispozitive digitale creează automat fișiere pdf. Fișierele create prin scanare nu permit operații de căutare, fiind mai mult o fotografie a documentului.

Un fișier pdf poate fi criptat pentru securitate ridicată și semnat digital pentru autentificare. Cel mai răspândit cititor de formate pdf este Adobe Reader dezvoltat de firma Adobe Systems, dar există numeroase alte implementări.

Sunt disponibile, de regulă contra cost, aplicații care permit editarea fișierelor pdf, inclusiv transformarea în fișiere cu facilități de căutare prin tehnologia OCR, citire optică de caractere.

Securitatea datelor

În orice organizație sunt necesare măsuri de asigurare a securității datelor. Dependența de tehnologiile informației este deja foarte mare. Ajunge să luăm ca exemplu oprirea procesării documentelor într-o organizație, fără a merge mai departe la sistemele tehnologice avansate din domeniile energiei, transporturilor, telecomunicațiilor etc. Defecțiuni apar permanent, așa că se pot pune întrebările: cum se previn?, cum se repară o defecțiune?, în cât timp? Pericolele pentru sistem pot fi accidentale sau provocate de om (viruși, atacuri, furturi etc.). Securitate 100% nu există și este necesară conștientizarea pericolului. Deci, obiectivele securității datelor sunt diminuarea riscului de oprire a funcționării sistemelor informatice, menținerea confidențialității informației, asigurarea integrității și siguranței în exploatarea datelor, asigurarea disponibilității datelor, conformitatea cu legile interne și internaționale privind securitatea informației și respectarea intimității.

---

[1] Portable Document Format

Dezastre apar frecvent din cauze naturale (inundații, cutremure, incendii etc.) sau provocate (furturi, vandalism, animale, ș. a.) și de aceea se iau măsuri ca datele să nu fie pierdute sau alterate și să existe soluții de recuperare.

Datele ca activ al companiilor

Datele au devenit un activ important al companiilor, colectarea lor este vitală și au devenit importante pentru modelele de afaceri actuale. Deși datele nu figurează încă în bilanțurile companiilor, este probabil numai o chestiune de timp până vor apărea (Mayer-Schönberger 2013).

Cu siguranță însă auditarea unei firme în vederea unei tranzacții ține cont și de datele tezaurizate în aceasta.

SISTEME ŞI SISTEME INFORMATICE

Motto:
Ori de câte ori un sistem devine complet definit,
cineva descoperă ceva care îl desfiinţează
sau îl extinde încât devine de nerecunoscut
Fred Brooks

O organizaţie modernă nu mai poate fi concepută fără folosirea unor sisteme bazate pe tehnologiile informaţiei. Tehnologiile informaţiei sunt tehnologiile bazate pe dispozitive digitale care au ca obiect datele, informaţia şi cunoştinţele şi transformarea lor. Cu ele se clădesc sisteme bazate pe informaţie[1]. Conform unor uzanţe le vom numi sisteme informatice.

Organizaţiile trebuie văzute ca sisteme. În acest fel putem înţelege interacţiunea între organizaţie ca sistem şi mediul înconjurător. Observarea acestui mediu conduce la necesitatea de a răspunde la schimbări, adaptabilitatea fiind una dintre caracteristicile supravieţuirii sistemelor. Un rol principal în asigurarea acestei reacţii de răspuns revine sistemelor informatice.

Caracteristici ale sistemelor

Sisteme, subsisteme

Un sistem este definit ca un set de componente care interacţionează pentru atingerea unor obiective. Sistemul poate fi deci definit şi ca un *ansamblu de entităţi şi relaţii între ele.*

Comportamentul sistemului depinde mai mult de relaţiile între entităţi şi mai puţin de entităţile în sine. De asemenea, proprietăţile sistemului depind de *proprietăţile ansamblului şi nu ale părţilor componente.*

Sistemul se bazează pe *intrări*, procesarea acestora şi obţinerea de *ieşiri* într-un mod organizat. Atât timp cât ieşirile sunt acceptate şi intrările există sistemul funcţionează cu cicluri repetitive.

Sistemele sunt de cele mai diverse feluri – tehnice, biologice, organizaţionale, sociale, politice etc. Majoritatea sistemelor se compun din subsisteme care se comportă şi ele ca sisteme dar în cadrul unui sistem determinat. Subsistemele sunt astfel componente intercorelate ale unui sistem[2]. Dacă funcţionarea unui

---

[1] În limba română ca şi în alte limbi europene se foloseşte termenul de informatică definind generic tehnologiile informaţiei şi utilizarea lor. Pe parcursul acestei lucrări vor fi folosiţi cu precădere termenii de tehnologie a informaţiei şi sisteme informatice, ca echivalent al sintagmei sisteme bazate pe informaţie.

[2] Subsistemele în sistemul unei organizaţii pot fi funcţiuni cum este de exemplu subsistemul de desfacere dintr-o firmă sau procese cum este un proiect ce se implementează pentru un nou produs

subsistem nu este conform scopurilor sistemului global apar disfuncţionalităţi ce pot avea ca origine o raţionalitate locală.

> *Există un principiu numit GIGO (Garbagge In – Garbagge Out) care vrea să sublinieze că nu poate rezulta o informaţie utilă pe baza unor date eronate. Dar este adevărat că tehnologiile informaţiei permit însă cu mai mare uşurinţă decât cele manuale detectarea erorilor şi incoerenţelor datelor*

Sistemele se caracterizează prin adaptabilitate, timp de reacţie, reacţie inversă, homeostază.

- *Adaptabilitatea*: Sistemele interacţionând cu mediul înconjurător trebuie să fie adaptabile ca un factor de succes. Cu cât sistemul este mai adaptabil şansele de supravieţuire sunt mai mari.
- *Timpul de reacţie*: Timpul de reacţie este intervalul de timp necesar pentru a ajunge într-o nouă stare de echilibru la impulsuri ale mediului. Cu cât timpul de reacţie este mai mic sistemul este mai viabil.
- *Homeostaza*: Sistemele încearcă să fie în echilibru cu mediul în care funcţionează. Procesul de restabilire a echilibrului se numeşte *homeostază*.
- *Reacţia inversă*: Sistemul se dovedeşte a avea adaptabilitate scăzută dacă nu există o legătură între ieşirile sistemului şi intrările acestuia, caracteristică numită *reacţie inversă*[1]. Reacţia inversă implică monitorizarea variabilelor sistemului şi raportarea evenimentelor anterioare. Existenţa unei reacţii inverse este foarte importantă în sistemele de comandă şi control şi implicit în sisteme de management. Sunt necesare elemente de colectare de date şi metode corective sau de informare.

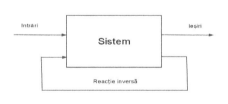

Reacţie inversă (feedback)

Sistemele de comandă şi control inclus măsurarea performanţelor, criterii de comparaţie şi procese de răspuns la stimuli externi sau interni. Reacţia inversă sau controlul poate fi puternică sau slabă. Un control strâns conduce la o comportare a sistemului clar definită şi acceptabilă. Un control mai puţin riguros[2] oferă o plajă mai mare de comportament într-un cadru dat.

O prognoză bună în sistemele de management duce la adaptabilitate mai mare. În caz contrar pot creşte stocurile, volumul creditelor, scade eficienţa investiţiilor în mijloace fixe etc.

---

[1] Feedback
[2] *loose* în limba engleză

Sisteme deschise și sisteme închise

Sistemele pot fi *deschise*, în care caz au interacțiune cu alte sisteme, sau *închise* în cazul când sunt de sine stătătoare și nu au interacțiune cu alte sisteme. Majoritatea sistemelor economice sunt deschise. Subsistemele sunt prin definiție deschise.

Sisteme informatice

Sistemul informatic este un sistem care procesează *date* și informație și produce *informație* sau *cunoștințe*[1]. Oamenii lucrează cu informație, o prelucrează și pe baza acestui proces iau decizii. Gândirea bazată pe sisteme îi ajută să depisteze problemele de soluționat și să se focalizeze pe obiectivele majore ale organizației. Ei pot explora viitorul prin simulare de scenarii diverse privind problemele care pot confrunta organizația. O prognoză bună permite implementarea de soluții optime din punct de vedere al adaptabilității. Reacția inversă implică monitorizarea răspunsurilor sistemului sub formă de rapoarte și conduce la acțiuni corective.

Preocuparea principală a managerilor este deci verificarea disponibilității, sincronizării și acurateței intrărilor în sistem, a acceptării ieșirilor, eficiența și flexibilitatea proceselor de transformare a informației și luare a deciziilor. Sistemele informatice permit toate acestea și reprezintă instrumentul cel mai eficient pentru un management performant.

Sisteme informatice pentru management - SIM

Sistemele informatice folosite pentru managementul unei organizații se numesc sisteme informatice pentru management . Ele sunt bazate pe tehnologii ale informației, așa încât adăugarea în titlu a caracteristicilor de automat sau computerizat devine inutilă.

Actul de conducere implică sistemele informatice pentru management ca instrument al managerului. Sinergia om-sistem este necesară. Calculatoarele electronice colectează, prelucrează și stochează informația cu performanțe remarcabile, în creștere continuă. Omul gândește, ia decizii, programează calculatoarele, învață din experiență.

---

[1] O definiție consacrată consideră sistemele informatice ca „mijloace prin care oamenii și organizațiile prin tehnologii adecvate culeg, procesează, înmagazinează, utilizează și diseminează informația"

Componenţa SIM

Sistemele informatice pentru management constau din echipamente digitale, software, telecomunicaţii, proceduri şi oameni.

Tendinţa continuă ca echipamentele de calcul şi telecomunicaţii să devină an de an mai performante şi mai ieftine. Utilizarea lor de către manageri devine din ce în ce mai simplă, fără a fi nevoie de o instruire îndelungată şi costisitoare. Siguranţa lor în funcţionare este de asemenea foarte ridicată. Software-ul aferent şi procedurile devin din ce în ce mai complexe şi reprezintă încă o sursă de erori , dar care nu afectează major utilizarea lor[1].

Oamenii, parte din sistemul informatic, au atribuţii tehnice: proiectare, administrare, elaborare software, operare sistem. Este de remarcat că dintre toate verigile sistemului informatic omul reprezintă în prezent componenta cea mai puţin fiabilă, generând cele mai multe erori de concepţie sau operare.

Fazele prelucrării informaţiei în SIM

Tehnologiile informaţiei permit cu mare uşurinţă efectuarea operaţiilor din cele 3 faze importante ale sistemului informatic: introducerea informaţiei (intrare), extragerea informaţiei (ieşire) şi stocarea datelor şi informaţiei (memorare).

În organizaţiile orientate spre afaceri operaţiile din sistemele informatice rezultă din tranzacţii, care sunt evenimentele ce au loc în organizaţie. Interfaţa sistemului informatic cu organizaţia a evoluat mult spre automatizarea şi simplificarea tuturor fazelor amintite. Dispozitivele de intrare permit colectarea datelor prin clasica tastatură, dar şi citirea directă a datelor prin cititoare de cod de bare, echipamente de recunoaşterea vocii, cititoare optice de caractere etc.

Piramida managerială

Calculatoare performante cu mare viteză de prelucrare extrag informaţia utilă din volumul mare de date şi organizează datele. Stocarea se face în baze de date de diferite dimensiuni cu posibilitatea memorării pe suporturi magnetice şi optice performante.

Extragerea datelor se face în formate video şi audio şi interfaţa multimedia face accesibil sistemul informatic oricărui utilizator.

---

[1] Anul 2000 - Y2K Multe sisteme informatice mai vechi folosesc pentru reprezentarea anului doar două cifre. La trecerea în anul 2000 unele dintre acestea nu ştiau să interpreteze corect 00, considerându-l fie 1900, fie anul fabricaţiei calculatorului, de exemplu 1970. Sume considerabile au fost cheltuite pentru verificarea sistemelor informatice şi eliminarea erorilor potenţiale ce pot apărea la şi după 1 ianuarie 2000.

Tipuri de SIM

Marea varietate de organizații face ca și sistemele informatice pentru management să fie de mai multe feluri. Ele au evoluat de la sistemele inițiale simple de procesarea tranzacțiilor către sisteme complexe de suport al deciziei. Funcție de locul unei persoane într-o organizație ea va folosi sisteme informatice pentru management diferite.

Clasificare în funcție de ierarhie

POS, TPS Personalul de execuție va folosi *terminale de colectare de date* (POS[1]) și *sisteme de procesare a tranzacțiilor* (TPS[2]). De aici se furnizează datele de intrare în celelalte sisteme și aici se obțin datele de ieșire necesare activității organizației.

RG, EM Managerii din categoria managementului operațional sunt orientați cu precădere spre a executa diverse sarcini concrete. Ei folosesc cu precădere sisteme de procesare a tranzacțiilor (TPS), *generatoare de rapoarte* (RG[3]) și *sisteme de monitorizare electronică* (EM[4]).

DSS, ES Managerii din stratul tactic (managementul mijlociu) folosesc *sisteme de suport al deciziei* (DSS) și *sisteme expert* (ES[5]).

EIS (SIS) Managerii la vârful organizației folosesc sisteme specifice de management de vârf (EIS[6]), sisteme de suport al deciziei (DSS[7]) sisteme expert (ES). În cadrul EIS regăsim și sisteme informatice strategice (SIS[8]) care sunt sisteme care furnizează sau ajută obținerea de avantaj strategic.

Clasificare funcțională

Clasificarea de mai sus ține cont de poziția managerului în organizație. În funcție de procesele din organizație se folosesc sisteme de tip OAS[9], Asset Management, ERP[10], CRM[11], DRT[12], PM[13] etc.

---

[1] Point of Sale
[2] Transaction Processing System
[3] Report Generator
[4] Electronic Monitoring
[5] Expert Systems
[6] Executive Information System
[7] Decision Support System
[8] Strategic Information Systems
[9] Office Automation System
[10] Enterprise Resource Planning
[11] Customer Relationship Management
[12] Document Related Technologies
[13] Project Management

Dezvoltarea sistemelor

Obiectivele urmărite în procesul de realizare a sistemelor de management includ identificarea strategiei de dezvoltare, clarificarea rolului oamenilor din organizație, înțelegerea proceselor de dezvoltare și a rolului managerilor de proiect. Strategia de dezvoltare ține cont de scopul aplicației, de complexitatea proiectului, de gradul de asimilare a tehnologiilor și de disponibilitatea informației.

Ciclul de dezvoltare cuprinde analiza, proiectarea, implementarea, evaluarea performanțelor prin măsurători și întreținerea sistemului.

Exploatarea sistemelor

Din punct de vedere al exploatării sistemelor aceasta înseamnă asigurarea disponibilității intrărilor, flexibilizarea și eficientizarea proceselor de transformare, eficientizarea proceselor decizionale, verificarea acceptabilității ieșirilor și verificarea acurateței și sincronizării în timp a informației

Organizarea sistemelor și serviciilor informatice

Există o legătură strânsă între un management performant și sistemele informatice. Un bun manager trebuie să ofere răspunsuri la întrebări privind organizarea SI în firmă, avantajele și dezavantajele diverselor abordări și stiluri TI, importanța colaborării managerilor TI cu managerii operaționali, importanța metodelor de taxare a serviciilor TI și responsabilități și cariere în SI.

Arhitectura sistemelor informatice

Managementul organizației poate fi centralizat sau descentralizat. În consecință și sistemele informatice pot fi *centralizate* sau *descentralizate* cu varianta de sisteme *distribuite*.

- Sisteme informatice centralizate: Prezintă avantajele gradului de control mare, standardelor, accesului controlat, economiilor de scară, dar și dezavantajele centralizării: inflexibilitate și satisfacție redusă.
- Sisteme informatice descentralizate: Prezintă avantajul independenței fiecărei unități a sistemului, dar și dezavantajul dificultăților de coordonare și partajare a informației
- Sisteme informatice distribuite: Reprezintă o combinație de sistem centralizat cu sistem descentralizat, dar cu avantajul că se pot partaja resursele.

Comparaţie între sistemele centralizate şi cele distribuite

În continuare este prezentată o comparaţie bazată pe considerente organizatorice şi tehnice între sistemele centralizate şi cele distribuite . Se face distincţia necesară între sistemele distribuite cu interacţiune slabă şi cele cu interacţiune puternică.

Sistemele informatice centralizate prezintă avantajele gradului de control mare, standardelor uşor de implementat, acces şi economii de scală, dar şi dezavantajele centralizării, mai ales inflexibilitate şi satisfacţie redusă.

Sistemele descentralizate au avantajul independenţei fiecărei unităţi a sistemului, dar şi dezavantajul dificultăţilor de coordonare şi partajare a informaţiei. Sistemele distribuite sunt o combinaţie de sistem centralizat cu sistem descentralizat şi permit partajarea resurselor.

Considerente organizatorice

	Sisteme centralizate	Sisteme distribuite cu interacţiune slabă	Sisteme distribuite cu interacţiune puternică
Pro	Coordonare simplă de conducere	Responsabilitate autogestiune	Sentiment de exclusivitate
	Consolidează structura organizaţiei	Cunoaştere probleme locale	Utilizare echipamente standard cu economii de implementare
	Costuri de dezvoltare partajabile	Răspuns rapid la probleme locale	
	Utilizatorul nu este implicat în întreţinere echipamente TI Implementare simplă	Flexibilitate la schimbări de plan	
Contra	Probleme coordonare personal numeros	Necesitate standarde riguroase	Standarde suplimentare de comunicare
	Inerţia acceptării	Deprofesionalizare conducere TI	Personal TI cu 2 conduceri
	Risc mare de căderi	Necompatibilitate inerentă	

Considerente tehnice

	Sisteme centralizate	Sisteme distribuite cu interacţiune slabă	Sisteme distribuite cu interacţiune puternică
Pro	Software mai complex, servicii mai bune	Programe mai mici (aspecte locale)	Siguranţă mai mare
	Se acceptă programe mari	Simplitate în adăugarea de noi aplicaţii	Comunicare mai bună
	Baze de date simplu de implementat	Programare pe module	Flexibilitate sporită
	Utilizatorul se poate muta simplu		Securitate a datelor
Contra	Dependenţa reciprocă a lucrărilor	Necompatibilitate inerentă	
	Experţi mai mulţi pentru lucrări complexe	Întreţinere mai dificilă	
	Software mai costisitor		

Caracteristici ale sistemelor informatice

Dintre caracteristicile sistemelor informatice amintim scalabilitatea, accesul la distanţă şi particularităţile pentru persoane cu dizabilităţi.

- *Scalabilitatea*: Sistemele informatice trebuie să fie scalabile deoarece pe măsura folosirii lor cerinţele cresc, complexitatea creşte atât la nivelul interacţiunii umane cu sistemul cât şi a interacţiunii calculatoarelor şi desigur crescând puterea de prelucrare apar noi funcţiuni posibile. Scalabilitatea impune un management automat al sistemului, o siguranţă în funcţionare foarte mare, şi performanţe ridicate.
- *Teleaccesul*: Sistemele sunt accesibile în prezent generalizat de la distanţă fie pentru acces la informaţie, fie pentru o interacţiune mai complexă. Accentuând tendinţa de globalizare, teleaccesul creşte însă vulnerabilitatea sistemelor informatice.
- *Acces pentru persoane cu dizabilităţi*: Persoane cu diverse dizabilităţi fizice pot interacţiona cu sisteme informatice prin interfeţe vizuale, audio, tactile etc. În acest fel, sistemele informatice îi sprijină în reintegrarea socială.

Dependenţa de sisteme informatice

Sistemele informatice au devenit disponibile generalizat. Mai mult multe, organizaţiile sunt dependente total de ele. Traficul aerian, naval şi din ce în ce mai mult cel terestru, telecomunicațiile, sistemele energetice ș.a. nu mai pot funcționa fără sistemele informatice aferente. Acestea sunt vulnerabile la atacuri și la colaps prin complexitatea prea mare.

Vulnerabilitatea sistemelor informatice

Vulnerabilitatea sistemelor Internet este mai mare decât cea a sistemelor care le-au precedat. Afirmația se justifică în primul rând deoarece volumul informației este mult mai mare decât la celelalte sisteme. În al doilea rând creșterea Internet a fost rapidă și fără a fi însoțită de preocupări deosebite pentru asigurarea unei limitări a vulnerabilității. Important părea la un moment dat să fi prezent în Internet și mai puțin să te asiguri. În afara vulnerabilității clasice în Internet a apărut atacul informatic ca element provocat sau declanșat întâmplător. Primul incident a apărut în 1988[1]. A urmat o creștere exponențială a incidentelor de acest tip și ulterior și a unei diversități de alte tipuri. Este cunoscut că informația poate fi pierdută, furată, modificată, folosită necorespunzător și decriptată ilegal. Este posibilă pierderea integrității, confidențialității și disponibilității datelor[2].

Interacțiunea umană în rețele ca factor de vulnerabilitate

Sisteme fără oameni se comportă diferit față de sistemele cu interacțiune umană puternică. În Internet sunt peste 3 miliarde oameni[3]. Acțiunea umană devine astfel factorul principal de vulnerabilitate. Dimensiunea Internet devine comparabilă din punct de vedere al complexității interacțiunilor cu colectivitățile umane. Se pune justificat întrebarea[4] dacă studiul organizării societății umane nu este cumva o sursă de soluții pentru scăderea vulnerabilității ?

Vulnerabilitatea societății umane este și ea foarte mare. Societatea reprezentată ca sistem are în noduri oamenii care sunt extrem de nefiabili. Societatea umană are multe are asemănări cu sistemele din Internet și anume multă redundanță, comunicare vulnerabilă și vulnerabilitate a informației stocate în creștere în timp. Globalizarea intensifică forța atacurilor și asupra societății, la fel cum în mod pregnant se manifestă și în Internet.

---

[1] așa numitul Morris Worm

[2] Vezi capitolul Date, informație, cunoștințe

[3] În decembrie 2014

[4] vezi mai multe informații în (Baltac, Vulnerabilitatea sistemelor în contextul Internet, 2001)

ECHIPAMENTE DIGITALE

Motto:
Consider că există o piața mondială pentru probabil cinci calculatoare
Thomas J. Watson în 1943

Varietatea foarte mare a echipamentelor digitale și mai ales evoluția rapidă a performanțelor acestora face aproape imposibilă o descriere exhaustivă a lot fără riscul de uzură morală rapidă a textului.

Cunoștințe esențiale privind echipamentele[1] și programele[2] sistemelor digitale sunt necesare și unui utilizator obișnuit pentru a avea capacitatea de apreciere generală a impactului lor în organizație sau viața personală, posibilitatea de a evalua variante de necesar de TI și în fine să se utilizeze personal un calculator la locul de muncă sau acasă. Utilizatorul nu trebuie să cunoască detalii ale construc-ției sistemelor, există departamente TI, se dezvoltă fenomenul de subcontractare[3] a serviciilor IT, există consultanți.

În cele ce urmează voi insista asupra aspectelor generale ale echipamentelor și programelor digitale și se va omite partea de cunoștințe practice de utilizare a lor, lucruri care se presupun cunoscute. Acolo unde recent tehnologiile noi au un impact important asupra sistemelor informatice din organizații ele vor fi prezen-tate.

Pe parcursul cărții evit folosirea sintagmei *calculator electronic*, folosind în schimb *echipament* sau *sistem digital*. Calculatoarele electronice se regăsesc în prezent în forme dintre cele mai diverse: desktop, notebook, netbook, telefoane inteligente, tablete, ceasuri, navigatoare GPS etc. Voi folosi totuși sintagma atunci când textul se referă la ceea ce cunoaștem drept calculatoare electronice, de exemplu calculatoare de tip PC.

Structura generală a unui echipament digital

Este cunoscută structura unui echipament digital de tip calculator electronic indiferent de forma în care se prezintă:
- unitatea de prelucrare care include memoria internă
- memoria externă
- echipamentele de intrare a datelor și echipamentele de ieșire

Evoluția tehnologiilor informației a fost marcată de trecerea de la tuburile electronice la semiconductoare, care au permis miniaturizare și performanțe în creștere. Un telefon mobil inteligent realizat cu tuburi electronice ar avea un vo-

---

[1] Hardware
[2] Software
[3] Outsourcing

lum de 4 ori mai mare decât Empire State Building şi nu ar funcţiona niciodată din cauza defectării unora dintre tuburi[1].

Evoluţia a fost însoţită de o diversificare permanentă a tuturor componentelor echipamentelor digitale.

Tipuri de echipamente

Varietatea de echipamente digitale este foarte mare de la microprocesoare la supercalculatoare pe de o parte, continuând cu dispozitive cu microprocesoare într-o gamă foarte variată. Puterea echipamentului digital este dată de cantitatea de informaţie prelucrată în unitatea de timp. Elementele de analiză a unui anumit tip de echipament includ frecvenţa, capacitatea de memorare, lăţimea de bandă în prelucrare şi transmisie, expandabilitatea (posibilitatea de upgrade) şi alte caracteristici.

Microprocesoare

Probabil microprocesoarele sunt elementul reprezentativ al evoluţiei echipamentelor. Un microprocesor este un dispozitiv care încorporează funcţii ale unităţii centrale de prelucrare într-un singur circuit integrat. De la primul microprocesor Intel 4004 apărut in 1971, s-a evoluat rapid la 8008, 8080, 8086, 80286, 80386, 80486, PENTIUM I-IV, POWER PC, PENTIUM Pro, CELERON, AMD K6-2, K-6 III, Athlon etc.

Microprocesorul Intel 4004 (WikiMedia Commons)

Multe microprocesoare actuale sunt de tip dual-core sau multi-core. Aceasta înseamnă că în circuitul integrat respectiv sunt mai multe procesoare, lărgind capabilităţile de prelucrare simultană a mai multor taskuri.

Legea lui Moore

O lege enunţata de Moore încă în 1965 afirmă că numărul de tranzistoare pe unitatea de suprafaţă a unui cip se dublează la fiecare 1,5 ani. În fapt, Moore a prezis creşterea fenomenală a puterii de calcul la un preţ relativ constant. Costul echipamentelor digitale a fost în consecinţă în scădere continuă. Dacă în 1970 puteam avea un cost de 50 K\$/MIPS, costul a scăzut în 2014 la 0,37 \$/MIPS (Rubin, 2014), deci de 135.000 ori mai mic[2].

Estimări recente acordă legii lui Moore o valabilitate de încă 10 ani.

---

[1] Vezi capitolul Introducere

[2] O comparaţie des întâlnită este că la aceiaşi evoluţie în industria automobilelor un ROLLS - ROYCE ar trebui să coste sub 1 \$!?

Volumul de informație și complexitatea sistemelor cresc inexorabil și ca urmare a acestei legi. Capacitatea umană de cunoaștere are limite biologice și va fi confruntată cu această complexitate.

Calculatoare personale (PC)

Dintre toate tipurile de calculatoare ne întâlnim cel mai frecvent cu calculatoarele personale larg cunoscute sub denumirea de PC. Sintagma și abrevierea de PC au fost introduse de IBM în 1981 și folosită apoi impropriu pentru toate tipurile de calculatoare similare ca arhitectură. Dintre caracteristicile pe care le așteptăm la calculatoare personale putem aminti compatibilitatea, posibilitatea de upgrade, simplitatea interacțiunii cu omul[1], fiabilitatea mare, recunoașterea automată a echipamentelor atașate, diagnosticare simplă.

Principala împărțire în categorii se referă la transportabilitatea calculatorului de tip PC. Din acest punct de vedere calculatoarele pot fi staționare de tip desktop sau portabile de tip notebook, laptop, PDA etc. Dintre tipurile noi de calculatoare personale ne vom opri numai la câteva cu caracteristici care prezintă un interes particular pentru organizații și persoane fizice. Remarc evoluția extrem de accelerată a tipurilor de echipamente folosite de organizații și persoane fizice, cu accent pe folosirea dispozitivelor mobile

IBM PC 5150 (anul 1981)
(Wikimedia Commons)

Laptop/Notebook

Un laptop este un calculator personal destinat a fi portabil la nivelul posibilității de fi transportat în servietă, accesoriile ancombrante ale unui calculator personal (monitorul, mouse-ul, difuzoarele de sunet, alimentarea etc.) au fost miniaturizate, încât un laptop cântărește câteva kilograme și bateria îi permite o autonomie de ore sau zeci de ore.

iPad (Wikimedia Commons)

Deoarece în limba engleză caietul tip agendă se numește notebook, laptopurile de dimensiuni mai mici se mai numesc notebook-uri.

Tablete digitale

În ultimii ani prin aplicații și prețuri scăzute au devenit populare tabletele care nu sunt calculatoare personale propriu-zise. Un exemplu tipic este iPad produs de firma *Apple*, dar apar permanent multe alte produse similare mai ales destina-

---

[1] User-friendly

te citirii de cărți electronice, ca de exemplu *Amazon Kindle*. Caracteristica principală în afara dimensiunii este absența tastaturii înlocuită cu tastatură simulată pe ecran accesibilă prin atingerea ecranului. Volumul de operații de tip office ce pot fi executate pe tablete este limitat.

Costul scăzut și posibilitatea de a fi folosite pentru jocuri electronice și fotografii a făcut ca tabletele să fie adesea primul dispozitiv digital cu care iau contact copii.

Apple iPhone
(Wikimedia Commons)

Telefon mobil inteligent

Pentru o persoană este ideal să combine funcțiunile mai multor dispozitive pe care trebuie să le transporte. Tendința bine primită a fost aceea de a se combina telefonul mobil cu un calculator cu interfață pentru acces Internet, cu audio-player, aparat foto digital, GPS, diverși senzori, inclusiv dotate la anumite modele cu hard-disk. Un exemplu este iPhone lansat de firma Apple din SUA cu un succes major.

iPhone

Aparatul iPhone, lansat în 2008 și ulterior în alte variante succesive combină funcții clasice de telefonie 3G/4G, inclusiv video la modelul iPhone 4, cu funcții de cameră foto/video, mesagerie text și multimedia, instrumentele Internet, funcții GPS și conectivitate Wi-Fi. Echipamentul are memorie internă de zeci de GB, tastatură prin atingerea ecranului, include un aparat foto performant, posedă un aparat de redare a sunetului de tip iPod etc. iPhone, ca și iPad, beneficiază de sute de mii de aplicații care pot fi descărcate prin AppStore. Varietatea aplicațiilor crește continuu.

La dimensiuni mici acestea au adus schimbări majore în sfera echipamentelor portabile prin oferirea de aplicații care se prezintă similar cu cele de pe echipamente de dimensiuni mai mari. Multe dintre inovațiile iPhone au fost preluate și de alte firme care au lansat produse similare.

Telefoanele mobile și intimitatea[1]

Numărul de mare de telefoane inteligente existente în lume care este mai mare decât populația globului și prezența în ele a unor senzori care permit localizarea aparatului, a unor camere video, microfoane etc., precum și a unor sisteme software complexe au condus la posibilități de reducere a intimității posesorului și supravegherea sau spionarea lui.

---

[1] Privacy

> *Volumele mari de date stocate în telefoanele inteligente introduc o nouă vulnerabilitate, furtul, distrugerea sau pierderea aparatului.*

Telefoanele mobile și sănătatea

Există autori care avertizează împotriva folosirii îndelungate a telefoanelor mobile din cauza radiațiilor electromagnetice dăunătoare sănătății, dar Organizația Mondială a Sănătății nu a validat aceste efecte adverse (Wikipedia, 2015). Se recomandă totuși folosirea cu prudență a telefoanelor mobile fără convorbiri de durată foarte lungă de ordinul orelor zilnic.

Ceasuri de mână inteligente

Un ceas de mână inteligent este un ceas care a evoluat similar cu telefonul mobil, având funcții similare cu ale telefonului inteligent (aparat foto, GPS, redare audio-video, înregistrator de sunete și imagini etc.) și cu aplicații diverse. Prin tehnologia bluetooth[1] comunică cu o cască audio și pot deveni un nou tip de telefon mobil mai ușor de purtat.

> *Prezența cvasi-permanentă pe corpul persoanei face ca un ceas inteligent să fie foarte util în aplicații medicale și sportive*

Televizoare inteligente

Un televizor inteligent este un aparat de recepție TV care are integrate funcții de acces la internet și diverse aplicații digitale. Popularitatea receptoarelor TV face ca televizoarele inteligente să fie din ce în ce mai acceptate pentru aplicații Internet de larg consum, ecranul aparatului fiind suficient de mare pentru o locuință clasică.

Servere
"Emulab-cluster2-front" by
SemaphoreX (Wikimedia Commons)

Televizorul inteligent a devenit împreună cu monitorul calculatorului, tableta și telefonul inteligent unul dintre cele 4 ecrane de acces la lumea digitală[2].

Televiziunea a evoluat și ea spre folosirea mediului Internet prin tehnologii Internet TV, IPTV sau Web TV care sunt descrise în altă parte[3].

Este adevărat că un televizor inteligent poate recepționa și astfel de transmisii, ceea ce îi sporește atractivitatea.

---

[1] Vezi capitolul Comunicații de date și rețele
[2] Vezi capitolul Era digitală
[3] Vezi capitolul Internet – platformă pentru aplicații

Servere

Serverele sunt calculatoare care conțin programe și stochează date și pe care le oferă printr-o conexiune directă sau prin rețea altor calculatoare sau echipamente digitale care sunt astfel deservite. Un server poate fi un calculator puternic sau numai un calculator personal, funcție de performanțele care îi sunt cerute. De cele mai multe ori nu au echipamente de intrare și ieșire, fiind legate numai prin rețele de date. În funcție de utilizarea lor serverele pot fi de diferite feluri: de comunicații, de mail, de fișiere, de baze de date, de media, web etc.

Serverele trebuie să funcționeze cel mai des permanent (24/7) și sunt amplasate în centre de date cu ambient controlat și sigur.

Există în lume mai multe sute de milioane de servere, fiecare dintre giganții Internet având zeci de milioane de exemplare amplasate în parcuri de servere puternice care consumă sute de MW fiind necesare centrale electrice mari pentru alimentarea lor.

Circa 1,1-1,5% din consumul mondial de energie și 1,7-2,2% din consumul SUA se datorează serverelor (Markoff, 2011).

Facebook a construit un parc de servere în nordul Suediei folosind aerul arctic pentru răcire, iar Google a construit în diverse colțuri ale lumii 12 parcuri de servere care au o putere instalată de 260 MW (Nimrodi, 2014)

Supercalculatoare

Supercalculatoarele sunt calculatoare foarte puternice cu viteză uriașă de procesare. Viteza lor spre deosebire de cea a calculatoarelor personale sau a serverelor se măsoară în FLOPS[1] sau operații în virgulă mobilă pe secundă. Viteza unor calculatoare actuale este de ordinul petaflops[2].

Cel mai rapid supercalculator din lume este din anul 2013 supercalculatorul chinez Tianhe-2 cu 33,86 petaflops, urmat de supercalculatorul american *Cray Titan* cu 17,59 petaflops (Top 500 The List, 2015)

Principalele utilizări ale supercalculatoarelor sunt calculele meteorologice, calcule si simulări aerodinamice și în fizică nucleară, decriptarea etc.

Memorii externe

Memoria externă este acea memorie care nu este accesată direct de către unitatea de prelucrare. Evoluția memoriilor externe a fost similară cu aceea a componentelor electronice cu un raport performanță / preț care a crescut exponenți-

[1] Floating Point Operations per Second
[2] 10^{15}

al. Evoluția memoriilor externe a depășit ca ritm pe cea a circuitelor electronice descrisă de legea lui Moore. Costurile reduse ale memoriilor externe facilitează dezvoltarea de aplicații multimedia și dotarea calculatoarelor cu sisteme de operare și aplicații performante.

Varietatea de memorii externă este foarte mare și nu se vor prezenta decât câteva aspecte de interes pentru utilizator.

Memorii externe încorporate

Vom considera ca memorii externe încorporate acele memorii care fac corp comun cu dispozitivul digital și sunt livrate, de regulă, odată cu acestea. Cele mai uzuale sunt hard disk-urile.

Hard disk-uri

Hard disk-ul este o memorie externă în care datele se înregistrează magnetic pe un disc dur care se rotește cu viteză foarte mare și sunt citite/înregistrate cu un cap magnetic. Capacitatea hardisk-urilor atinge 4-8 TB, dar memoria accesibilă utilizatorului este mai mică din motive de sistem de operare. Hard disk-ul poate fi folosit și ca memorie externă portabilă cu acces la dispozitivul digital prin interfață USB.

RAID

RAID este un acronim de la Redundant Array of Inexpensive (Independent) Disks adică un grup redundant de discuri ieftine (independente). În multe aplicații un singur disc nu face față cerințelor de siguranță în funcționare. În alte situații este necesară o viteză mare de transfer, dar se preferă un cost scăzut al echipamentelor.

Ansamblurile de discuri RAID pot fi configurate pentru a se comporta ca un singur disc de mare capacitate și foarte rapid. Ele pot oferi dublura unor fișiere pentru siguranță sporită sau acces rapid la discuri.

Memory stick

Memorii externe portabile

Memoriile externe portabile sunt echipamente de stocare de sine-stătătoare cuplate la dispozitivul digital prin interfață de regulă de tip USB. Din varietatea mare de memorii de acest tip ne vom opri la memoriile flash și CD/DVD.

Memorii de tip flash

xD card

Memoriile Flash disc sunt memorii externe realizate cu circuite electronice si care nu au piese in mișcare. Ele pot fi de tip stick, card, disc etc.

Numele de disc este dat deoarece metoda de acces este cea folosita la discuri si structura de disc este emulata. Memoriile flash au forme variate si denumiri diferite ("flash drive" "pen drive" "key-chain drive" "key drive" "USB key" "USB stick", "memory key", "memory stick","memory card","xd-Picture card" etc.) şi se folosesc de regulă cu interfaţa USB sau adaptor la această interfaţă. Sunt folosite nu numai pentru calculatoare, ci şi pentru aparate foto si camere de luat vederi digitale, navigatoare GPS, rutere etc.

Capacitatea de memorare este în continuă creştere fiind curent de până la 64 GB. Ele au detronat clasicele floppy discuri sau casete(cartridges) cu bandă magnetică care nu se mai folosesc pentru memorarea datelor.

Trebuie să menţionăm că aceste produse nu sunt destinate pentru folosinţă îndelung repetată şi există pericolul pierderii de date atunci când nu mai funcţionează.

Memoriile de tip flash disk prezintă pericolul infectării cu viruşi informatici, în special când ele circulă sub formă de produse reutilizate sau cadouri publicitare.

CD-R vs. DVD

Mediile de memorare de tip compact disk CD-ROM[1] au înlocuit discurile floppy având capacitate mult mai mare şi preţ comparabil. Pe un CD-ROM datele se înregistrează prin gravarea miniaturală a suprafeţei şi citirea informaţiei cu laser. Capacitatea standardizată a unui CD este de 650 MB şi vitezele de transfer sunt multiplii de 150KB/sec. Un cititor de CD de tip 20x are deci o viteză de transfer de 3000 KB/sec. Tehnologiile recente permit obţinerea de CD-RW-uri care se pot re-înregistra de câteva ori.

Prin tehnologia DVD[2] se obţine un CD-ROM perfecţionat cu gravura mult miniaturizată şi 2 nivele gravate pe acelaşi disc. În acest fel un DVD de date poate înregistra până la 17 GB.

În 2006 a fost lansat un DVD de performanţe ridicate Blue-ray Disc[3] care poate memora date până la 50 GB.

Tendinţe privind memoriile externe cu discuri

Creşterea capacităţii de memorare pe discuri este exponenţială şi după unii autori este mai rapidă decât ar fi descrisă de Legea lui Moore. Avem nevoie de viteză sau de memorie şi lăţime de bandă? Se pare că viteza pierde teren în faţa celorlalte caracteristici cerute de dezvoltarea sistemelor şi mai ales de soft-

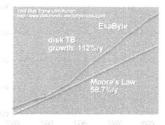

Capacitatea de memorare pe discuri (Porter, 2005)

---

[1] **C**ompact **D**isk – **R**ead **O**nly **M**emory
[2] **D**igital **V**ideo **D**isk
[3] Produs de Sony, Phillips şi Panasonic

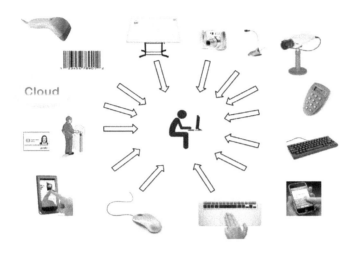

Dispozitive de intrare date

ware.

Dispozitive de intrare

Varietatea de dispozitive de intrare este mare. Categoriile principale de astfel de dispozitive sunt:

- Tastatura
- Mouse
- Track-ball
- Track-pad
- Touch-screen
- Digitizor
- Dispozitive de intrare din surse de date: cititoare de coduri de bare, cititoare de cartele magnetice sau smartcard, cititoare de etichete RFID, cititoare optice de caractere – OCR, senzori
- Dispozitive de intrare pe bază de prelucrare de imagini: scanere, camere digitale, webcamere
- Dispozitive de intrare pe bază de recunoaşterea vocii
- Dispozitive de intrare cu scriere manuală prin creion special
- Modem
- Telefax
- Reţea de calculatoare

Vom prezenta dintre acestea numai câteva dispozitive.

RFID

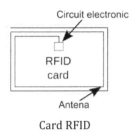

Circuit electronic

RFID card

Antena

Card RFID

Identificarea prin radiofrecvenţă (RFID - Radio Frequency IDentification) sau proximitate, este o metodă de colectare automată a datelor, câştigând o largă acceptare pe măsură ce costurile de producţie scad şi oamenii înţeleg şi utilizează această tehnologie.

RFID este un sistem non-contact care foloseşte transmisia radio pentru a transfera date de la o etichetă (tag) ataşată unui obiect către un sistem de colectare de date. Sistemul de identificare este asemănător tehnologiei cu cod de bare, dar nu necesită o poziţionare precisă a obiectului la citire şi penetrează orice material nemetalic, nefiind necesar contactul direct cu echipamentul de citire. Prin RFID nu se poate înlocuirea codului de bare în toate aplicaţiile.

Sistemele RFID constau dintr-un cititor de etichete, un transponder (tag de radiofrecvenţă) şi un sistem de procesare a datelor. Cititorul conţine componente electronice care emit şi recepţionează un semnal spre şi de la tag-ul de proximitate, un microprocesor care verifică şi decodifică datele recepţionate, o memorie care înregistrează datele pentru o transmisie viitoare, dacă este necesar, şi o antenă pentru a fi posibilă recepţia şi transmisia datelor. O etichetă de proximitate constă dintr-un chip electronic controlând comunicaţia cu cititorul şi o memorie cu rol de stocare a codurilor de identificare sau alte date, fiind activată odată cu comunicaţia. Când cititorul recepţionează datele le decodifică şi le supune unui test de validare. Daca datele sunt valide, sunt transmise apoi unui computer prin intermediul unui protocol de comunicaţie. Nu este necesar contactul direct sau o poziţionare anumita la citire, deoarece câmpul generat penetrează prin materiale nemetalice, acest lucru permite ca tag-urile să fie ataşate sau integrate în obiectele ce vor fi identificate. Etichetele pot deveni active conectate la o baterie externă sau internă prin integrarea acesteia şi pasive care operează pe baza energiei generate de cititor. Distanţa de citire depinde de dimensiunile antenei din interiorul etichetei şi a celei conectate la cititor.

Avantaje şi dezavantaje RFID

Sistemele RFID accelerează colectarea datelor, elimină intervenţia umană în procesele de fabricaţie sau de altă natură, sunt practic imposibil de copiat, au o securitate ridicată şi funcţionează şi în medii dificile pentru operatori umani.

Avantajele şi beneficiile acestora se referă la mărirea eficienţei şi productivităţii; identificarea complet automatizată, fiind posibilă contorizarea, urmărirea, sortarea si rutarea; îmbunătăţirea colectării datelor şi identificării; ajută la eliminarea erorilor şi a pierderilor; îmbunătăţeşte inventarierea; accelerează si îmbunătăţeşte manipularea materialelor şi depozitarea; automatizează controlul accesului. De asemenea au profitabilitate, reduc operarea şi costurile, reduc costurile muncii, reduc ciclurile de producţie, reduc costul inventarierii, măresc controlul calităţii, reduc costurile întreţinerii în comparaţie cu alte sisteme automate de identificare. Sistemele RFID măresc satisfacţia clienţilor deoarece oferă informaţii mai exacte administraţiei si clienţilor, reduc responsabilitatea si subiectivismul, ajută la mărirea calităţii produselor, oferă preţuri competitive, prezintă clienţilor faptul că prin tehnologia adoptată sunt pregătiţi cerinţelor pieţii atât în prezent cât şi în viitor.

Există şi o serie de dezavantaje printre care şi acela al costurilor, RFID costă de câteva ori mai mult decât codul de bare, tehnologia RFID nu permite deocamdată criptarea informaţiilor şi poate monitoriza persoanele la fel de simplu ca obiectele.

Aplicaţii RFID

Sistemele RFID îşi găsesc numeroase aplicaţii printre care controlul accesului, pontajul computerizat, managementul deşeurilor, credite şi tranzacţii bancare, controlul şi urmărirea produselor în procesul de fabricaţie, controlul inventarului, identificarea anvelopelor, prevenirea furtului de autoturisme, robotica, tichete pentru skilift, identificarea animalelor, identificarea automată a autovehiculelor, administrarea pompelor de benzină ş. a.

> *Card-urile fără contact utilizate pentru plăţi, paşapoartele biometrice şi alte etichete RFID stârnesc încă multe controverse fiind posibilă monitorizarea persoanelor fără ştiinţa şi acceptul acestora*

Webcam

Webcam sau cameră de luat vederi prin web, de regulă nu numai statice ci video, este o cameră ale căror imagini sunt accesibile prin Internet. Conectarea la calculator se face prin cablu sau wireless. Imaginile sunt stocate pe un server şi pot fi urmărite oriunde există o legătură Internet. Aplicaţii software permit ca monitorizarea să se facă la intervale de timp prestabilite, continuu sau numai la mişcarea unor obiecte în câmpul vizual. Costul unui webcam este în continuă scădere şi a devenit practic un bun de larg consum.

Webcam

> *Rezoluţia unui webcam este de regulă mică, dar acest inconvenient este compensat de costul foarte scăzut ceea a făcut ca supravegherea video prin Internet să devină bun de consum accesibil şi este larg folosit pentru supravegherea prin Internet a locuinţelor, locurilor de muncă, spaţiilor publice etc..*

Cititoare optice de caractere – OCR

Cititoarele optice de caractere scanează texte tipărite şi le transformă în date digitale. Iniţial era posibilă recunoaşterea numai anumitor fonturi şi prin OCR era automatizată citirea cecurilor bancare, trimiterilor poştale etc. Gama de fonturi şi forme s-a lărgit şi în prezent un mare număr de texte pot fi transformate în format digital, operaţie parte din fenomenul de *digitalizare* care trece în domeniul digital o mare parte din patrimoniul cultural şi ştiinţific aflat sub formă de tipărituri.

Ocerizarea[1] cum se mai numeşte citirea de caractere tipărite se face fie prin scanare şi apoi recunoaştere de caracter prin software, fie prin comparaţie cu modele de caractere cunoscute.

Acolo unde recunoaşterea caracterului eşuează datorită fontului neregulat tipărit sau altul decât cele cunoscute se apelează la intervenţia umană.

Proiecte mari au fost demarate pentru a digitiza biblioteci întregi în scopul salvării cărţilor şi manuscriselor vechi.

> *Aşa cum s-a mai amintit proiectul Google care îşi propune digitalizarea a zeci de milioane de cărţi se loveşte adesea de interese local ale bibliotecilor sau de probleme de drepturi de autor.*

Touchpad

Touchpad-ul foloseşte un senzor tactil şi a devenit extrem de cunoscut după proliferarea tabletelor digitale în special.

O variantă mai nouă este cea cu apăsare cu forţă. O apăsare puternică declanşează alte programe decât apăsarea normală. Firma Apple foloseşte acest gen de touchpad în gamele de ceasuri inteligente şi laptopuri(Stein, 2015).

Dispozitive de ieşire

Varietatea de dispozitive de ieşire este de asemenea mare şi în permanenţă apar unele noi.

- Monitoare
- Imprimanta
- Plotter
- Dispozitive de redare video/audio
- Modem
- Telefax
- Reţea de calculatoare

Cele mai răspândite sunt imprimantele şi ecranele de diverse tipuri, dar dispozitivele cu voce sunt din ce în ce mai populare. Ne vom opri şi în acest caz numai la trei exemple.

Monitoare plate

---

[1] De la OCR- Optical Character Recognition

După ce o perioadă lungă de timp monitoarele au fost construite cu tuburi catodice, în prezent se generalizează monitoarele plate cu cristale lichide LCD[1] construite pe baza tehnologiei TFT[2] pentru mărirea calității imaginii.

Pentru monitoare de dimensiuni mari o alternativă este panoul de afişare cu plasmă, bazate pe descărcarea în gaze a unor celule miniaturizate create între două panouri de sticlă. Gazul este transformat în plasmă care face ca fosforul depus să emită lumină. Panourile cu plasmă au strălucire mai bună, dar costul lor este mai ridicat. Toate cele trei tipuri de dispozitive de afişaj se folosesc şi pentru receptoare de televiziune. Alegerea celui mai bun tip se face în funcţie de aplicaţia informatică. La echipamente de tip notebook, PDA, telefoane mobile se folosesc afişaje plate de tip TFT.

Panouri de afişare

Panourile de afişare sunt construite folosind diode luminiscente sau LED[3]muri. Există două tipuri de panouri cu LED-uri: cel cu LED-uri discrete şi cu LED-uri montate pe suprafaţă de tip SMD[4]. Panourile de exterior şi chiar une-

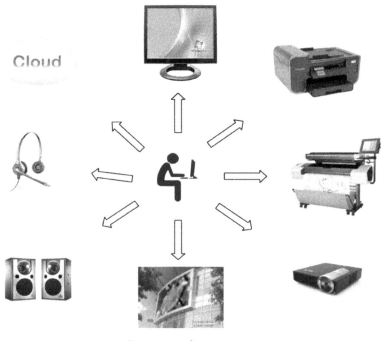

Dispozitive de ieşire

---

[1] Liquid Crystal Display
[2] Thin Film Transistor
[3] Light Emitting Diodes
[4] Surface Mounted Devices

le de interior din spaţii mari sunt realizate cu diode discrete, cele de interior cu SMD. Sunt folosite matrici de diode care emit culorile roşu, verde şi albastru pentru a forma un pixel. Diferenţa între panouri este dată de luminozitatea acestora de la 600 cd/m² pentru interior până la 2000 cd/m² pentru exterior şi chiar mai mult când panourile sunt expuse luminii soarelui. Panourile sunt conectate la un calculator local care este încărcat cu imaginile sau filmele care se expun. Pentru simplificarea şi flexibilizarea

Imprimantă 3D mari dimensiuni
(Wikimedia Commons)

schimbării imaginilor acestea se pot accesa în unele sisteme prin satelit.

Panourile de afişare sunt în prezent răspândite pe stadioane, săli de spectacol, gări, aeroporturi, supermagazine, staţii de metrou, locuri publice.

Noile tehnologii permit realizarea de panouri cu o luminozitate suficientă pentru vizionarea în mediu însorit.

Imprimante 3D

Imprimarea tridimensională sau imprimarea 3D constă din producerea comandată de calculator de obiecte tridimensionale prin procese de adăugare de straturi succesive de anumite materiale. Iniţial imprimarea 3D se referea la depunerea de material pe un substrat de pulbere cu capete de imprimantă de tip jet de cerneală. Evoluţii recente au încorporat în imprimante 3D procese de extrudare şi sinterizare, iar imprimantele 3D sunt mai mult o categorie de roboţi industriale, decât imprimante.

Imprimarea 3D permit realizarea rapidă de modele, serii mici din anumite produse, mai ales cele cu forme greu de reprodus cu maşini unelte clasice.

Imprimarea 3D va schimba paradigma producţiei industriale revoluţionând proiectarea, transmiterea de documentaţie, producţia de serii mici. Există temeri că dreptul de autor va fi mai greu de protejat.

Aşa cum imprimantele clasice au devenit bunuri de consum prezente în locuinţe, nu numai în birouri, se prefigurează aceiaşi tendinţă şi pentru imprimantele 3D, ceea ce va însemna o revoluţionare a modului de fabricaţie a unor produse şi a participării oamenilor la procesele de producţie.

Interconectarea echipamentelor

Magistrale (bus)

Echipamentele de intrare–ieşire sunt conectate la unitatea de prelucrare prin intermediul unor magistrale numite şi *bus*[1], care permit schimbul de informaţie cu viteză mare. Fizic există adesea porturi, cel mai răspândit în ultimii ani fiind portul USB[2]. Cele mai multe calculatoare au 4-6 porturi USB. Pentru mărirea numărului de porturi USB se folosesc dispozitive de tip hub cu mai multe porturi USB.

Interfaţa USB

După un început nu foarte promiţător interfaţa USB propusă iniţial de firma INTEL are în prezent o foarte largă răspândire fiind folosită pentru conectarea unei game largi de periferice, telefoane mobile, camere foto, alte echipamente. În varianta USB 1.0 (1996) viteza de transfer era de 12 Mbps, interfaţa USB 2.0 (2000) permite viteze de până la 480 Mbps interfaţa USB 3.0 (2008)

Hub cu 4 porturi USB (Wikimedia Commons)

viteze până la 5 Gbs, iar USB 3.1 (2013) viteze până la 10 Gbs.

Evoluţia interfeţei USB se produce în două direcţii spre miniaturizarea fizică a conectorului şi crearea de interfeţe USB prin radio [3] În prezent se produc conectori standard, mini şi micro. Conectorii de dimensiuni mici sunt folosiţi pentru telefoane mobile, PDA sau aparate foto.

Alegerea şi configurarea echipamentelor

Alegerea calculatoarelor de tip desktop şi serverelor

---

[1] Pronunţie "bas"
[2] **U**niversal **S**erial **B**us
[3] Wireless USB

Alegerea calculatorului trebuie să corespundă unor considerente de optimizare performanțe, cost, fiabilitate, tip de aplicație etc. Considerente importante pot fi cele legate de procesor, frecvență, lungime cuvânt, magistrală/ bus, set instrucțiuni (CISC vs. RISC), expandabilitate, compatibilitate cu alte calculatoare, dimensiunea memoriei interne, capacitatea memoriei externe, număr și tip porturi

Conectori USB
De la stânga spre dreapta: male Micro USB B-Type,
male Mini USB (8-pin) B-Type, male Mini USB (5-pin)
B-type, female A-type, male A-type, male B-type
(Wikimedia Commons)

ocupate și libere, dimensiunile monitorului și rezoluția, placa video, placa sunet, considerente ergonomice, model tastatură, mouse/tabletă, turn vs. desktop, încrederea în vânzător, nume de marcă, local sau fără nume, asigurarea service post-garanție, certificare de calitate ISO 9000 și numai în final de preț. Este bine să fie alcătuit un tabel de evaluare. Punctajul se acordă de exemplu de la 1-10. Ponderea factorilor poate să nu fie egală. Este necesar să se acorde atenție la costurile ascunse cum sunt cele de instalare /transport, configurare și legare în rețea. În funcție de specificul utilizatorului se adaugă și alți parametrii de evaluare. Prețul este relevant la caracteristici generale similare.

Alegerea unui laptop sau unui desktop?

Calculatoarele desktop sunt de preferat când este nevoie de un monitor cu ecran mare, grafică cu rezoluție mare și putere de calcul ridicată. Laptopurile au avantajul transportabilității. O comparație între ele dă câștig de cauză desktopurilor pentru aspectele de bugetare, configurare și dezvoltare ulterioară și ergonomie. În schimb laptopurile sunt preferate pentru transportabilitate, ușurința de lucru și conectare la rețele wireless, spațiu mic de depozitare. Nu rareori desktop-urile nu se încadrează în mobilierul unor birouri sau locuințe, ceea ce a condus la afaceri de nișă cum este aceea de a crea mobilier stil pentru echipamente digitale. Ponderea laptopurilor în totalul vânzărilor este pe pantă ascendentă.

Alegerea unui laptop sau a unei tablete digitale?

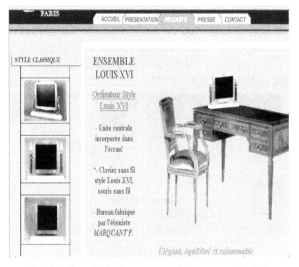

Mobilier în stil clasic pentru echipamente digitale
(Chirita, 2015)

Orice laptop sau notebook are facilități de conectare la rețele informatice, inclusiv la Internet. Tabletele sunt proiectate să creeze ofere conectare ușoară la Internet prin Wi-Fi. Față de laptopuri care sunt multifuncționale ele nu au toate facilitățile de prelucrare a informației, nu suportă toate aplicațiile de birou complexe și adesea nici aplicații complexe multimedia, dar sunt ieftine.

Pentru aplicații cum sunt poșta electronică, procesare de texte, prezentări, navigare Internet, muzică, jocuri electronice ș.a. cele două tipuri sunt comparabile. În schimb pentru filme, editare de fotografii, jocuri cu grafică complexă laptopurile sunt superioare. În plus, laptopurile permit multitasking, adică rularea mai multor aplicații simultan.

PROGRAME (SOFTWARE)

Motto:
Software-ul devine mai lent
mai repede decât echipamentele devin mai rapide
Niklaus Wirth

Program, programare, software

Program, programare și *software*[1], un nume generic adoptat pentru a distinge programele de echipamente, au intrat în vocabularul de folosință curentă a miliarde de oameni. Un utilizator trebuie să distingă între principalele categorii de software și să evalueze corect costul și eficiența implementării lor.

Limbaje de programare

Limbajele de programare au apărut ca reacție la dificultatea de a elabora programe în codul calculatorului (limbajul numit limbaj mașină) dimensiunile programelor devenind impresionante și posibilitatea stăpânirii complexității lor reducându-se asimptotic.

Limbajul de programare permite scrierea programelor într-o formă apropiată de descrierea de către om a procesului sau algoritmului respectiv; traducerea în limbaj mașină o fac programe numite compilatoare.

Evoluția tehnologiilor informației și comunicațiilor a condus la apariția de generații succesive de limbaje: limbaje mașină, limbaje de asamblare, limbaje orientate pe problemă, limbaje denumite "avansate" cu funcții programate și facilități de management de date, limbaje orientate pe obiecte în care obiectul este un set de date și/sau programe și programarea este asamblarea de obiecte (C++). Unele limbaje au avut o durată de viață scurtă și practic nu mai sunt folosite în prezent cum sunt ALGOL, COBOL sau FORTRAN. Limbajele de nivel înalt au avantajele că sunt ușor de învățat, simplu de programat, programul este mai scurt și mai clar, depanarea este ușoară și întreținere ieftină. Dezavantajele constau în memoria mai prost utilizată, în faptul că aplicațiile merg mai lent și uneori găsirea programatorilor specializați se dovedește dificilă.

Programarea a condus la apariția unei noi profesii, aceea de *programator*.

> *Programatorii posedă competențele digitale profesionale foarte căutate și bine remunerate datorită valorii adăugate pe care o produc. Revoluția digitală a produs o criză de competențe digitale profesionale[2].*

---

[1] Software este un neologism inventat prin analogie cu hardware. În limba engleză "hard" are înțelesul de "tare", în timp ce "soft" de "moale".
[2] Vezi capitolul Competențe digitale

Software de sistem și software de aplicații

Software-ul poate fi software de sistem sau software de aplicații. Software-ul de sistem conține în primul rând sistemele de operare care sunt colecții de programe care permit exploatarea echipamentului digital (rețelei) și execuția lucrărilor prin coordonarea transferurilor de informație, gestiunea fișierelor și compilarea programelor.

Sisteme de operare

Tipul sistemelor de operare depinde de categoria calculatorului și poate fi monoprogram, multitasking, cu utilizatori multipli[1], cu mai multe procesoare[2] etc. Sistemele de operare erau inițial create de producătorii de echipamente și aveau caracteristici de sisteme proprietare, cu caracteristica de a nu migra de la un calculator la altul al altei firme. Evoluția a fost spre sisteme independente de producătorul de hardware și spre standardizarea sistemelor de operare.

Sisteme de operare pentru dispozitive staționare

Un prim sistem de operare cu succes comercial major a fost MS-DOS[3] creat de Microsoft și preluat de IBM ca PC-DOS. Ulterior Microsoft a dezvoltat și distribuit Windows, care inițial folosea MS-DOS ca nucleu și a implementat interfața grafică a utilizatorului(GUI[4]), sistem de operare care a devenit de sine-stătător.

> *Firma Apple Macintosh a creat un sistem de operare inovativ dar mai puțin răspândit din considerente în principal de marketing proprii firmei; firma Apple nu a licențiat echipamente și programe păstrând controlul exclusiv al produselor Apple. Rezultatul au fost produse de calitate, dar mai scumpe și limitarea cotei de piață Apple pentru sisteme de operare. Poate fi considerat un exemplu în care închiderea pieței poate însemnă o pierdere a poziție pe piață. Este adevărat că în ultimii ani se constată un reviriment al folosirii sistemelor de operare Apple datorită produselor noi lansate de firmă.*

Windows

Microsoft Windows este sistemul de operare cel mai răspândit și are curent variante multiple funcție de tipul de calculator Windows 7, 8, 10. Variante specializate există și pentru servere.

Datorită răspândirii sale Windows este cel mai atacat existând zeci de mii de programe malware scrise pentru Windows. Windows are de aceea numeroase

---

[1] Time-Sharing
[2] Multiprocessing
[3] Disk Operating System
[4] Graphic User Interface

elemente de securitate şi se elaborează permanent actualizări sub formă de patch-uri de securitate. Există o componentă a Windows numită Windows Defender care oferă o anumită protecţie anti-virus şi anti-spionaj.

> ***Se recomandă instalarea tuturor actualizărilor de securitate ca protecţie la tot felul de forme de malware care proliferează***

UNIX

Unix este un sistem de operare dezvoltat de *The Open Group* pentru aplicaţii ştiinţifice complexe. Mai multe companii mari(IBM, HP, Sun, Apple) livrează sisteme de operare derivate din UNIX pentru servere sau alte calculatoare puternice.

OS X

OS X este un sistem de operare livrat pentru calculatoarele *Apple MacIntosh*. Din acest motiv a purta până în anul 1996 numele de *Mac OS*. Este creat pe un nucleu Unix şi are reputaţie de sistem sigur.

Linux

Linux este un sistem de operare similar cu UNIX dezvoltat ca open-source[1] de Linus Torvalds începând cu 1991. Este folosit pentru servere şi alte calculatoare

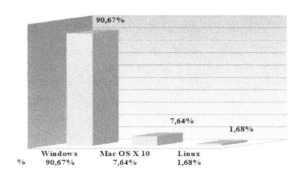

Cota de piaţă pentru sisteme de operare desktop
(NetMarketShare, 2015)

puternice, în primul rând datorită siguranţei la atacuri externe. Nuclee de Linux se regăsesc în Android şi alte sisteme de operare. Linux este sprijinit de IBM ca răspuns la poziţia de monopol a Windows.

---

[1] Sursa programelor open-source este accesibilă şi nu face obiectul unor licenţe

Cota de piață a sistemelor de operare pentru sisteme desktop/laptop

Piața este dominată de sistemul de operare Windows al Microsoft cu o cotă totală de piață de peste 90%, urmat de Mac OS al firmei Apple cu o cotă de 7,64% și Linux sub 2%.

Una dintre explicații este că Windows este adoptat de un mare număr de firme producătoare de dispozitive digitale, în timp ce Mac OS X este rezervat numai calculatoarelor Apple Macintosh care dețin o cotă de piață mai mică.

Windows sau Linux ?

Există mulți susținători ai produselor open-source Linux și Open Office. Sunt enumerate motive pentru a alege Linux: suport tehnic bun, mai economic, are echivalente pentru toate programele Windows, mai stabil, mai sigur, se interconectează bine cu Windows, suportă o gamă mai mare de echipamente, este mai eficient (mai rapid în aplicații), are o interfață grafică mai bună.

Siguranța provine și din faptul că există mai puțini utilizatori și implicit mai puțini viruși informatici. Pe de altă parte sprijinitorii Windows susțin că Linux nu este chiar gratuit, consultanța și suportul fiind contra-cost, încât la o analiză TCO[1] ar ieși câștigător Windows.

Sisteme de operare pentru dispozitive mobile

Dispozitivele mobile sunt controlate de sisteme de operare specializate numite adesea impropriu sisteme de operare mobile[2]. Funcționând în principiu similar cu sistemele de operare ale stațiilor de lucru sau ale calculatoarelor personale, sistemele de operare pentru mobile sunt mai simple decât Windows sau Linux și au caracteristici adaptate la dispozitiv cum sunt conectarea wireless, formate multimedia mobile, metode de acces particulare (de exemplu touch-screen). Cele mai răspândite sisteme de operare pentru telefoane inteligente sunt Android, iOS, Windows Phone, Symbian, RIM Blackberry, Linux (mobile) etc.

Android

Este un sistem de operare dezvoltat de Google ca sistem open-source, derivat din Linux. Destinat unei game largi de telefoane inteligente, tablete, SmartTV, ceasuri inteligente etc. Android a devenit sistemul de operare cel mai utilizat în prezent și dispune de o gamă extinsă de peste un milion de aplicații cele mai multe disponibile prin magazinul online Google Play.

Fiind în continuare un sistem open-source cu mulți dezvoltatori aplicațiile Android sunt obiectul a numeroase tentative de piraterie informatică, deși Google încearcă să limiteze fenomenul cu proceduri de validare.

[1] TCO- Total Cost of Ownership, costul total al deținerii
[2] Mobile OS

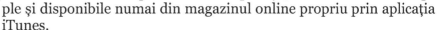

> *Utilizatorul trebuie să fie atent la accesele la resurse care îi sunt cerute de aplicații și dacă să le accepte, atenție de altfel necesară și la celelalte sisteme de operare.*

iOS

Sistemul de operare iOS (numit inițial iPhone OS) este dezvoltat de firma Apple Inc. și este închis, destinat numai produselor Apple. A devenit foarte popular în urma succesului telefonului inteligent iPhone și apoi al iPod și tabletei iPad. Sistemul dispune de un număr impresionant de aplicații, atent verificate de Apple și disponibile numai din magazinul online propriu prin aplicația iTunes.

Ecran iOS

Firma Apple semnează cu operatorii de telefonie mobilă importanți acorduri de blocare a telefonului pentru folosirea numai cu abonament la operatorul respectiv, oferind utilizatorului în schimb un preț mult mai mic de achiziție a dispozitivului, decât cel pentru telefoane neblocate. Există proceduri de deblocare[1], dar nu întotdeauna satisfăcătoare.

Windows Phone

Este un sistem de operare care beneficiază de suportul Microsoft, companie care face eforturi mari de marketing pentru a câștiga o piață mai mare, mai ales prin oferirea de aplicații. Momente importante au fost intrarea Nokia în piața sistemelor de operare a Windows Phone, înlocuind Symbian, lansarea Windows 8 și apoi 10 cu variante pentru mobil.

Java ME

Java ME sau Java Micro Edition este o platformă Java destinată dispozitivelor mobile dezvoltată inițial de firma Sun Microsystems și achiziționată de firma Oracle, care îi acordă suportul tehnic și de vânzări. Funcționează și ca subsistem sub Android sau Windows Mobile.

Symbian

Symbian a fost cel mai răspândit sisteme de operare pentru mobil cu o cotă de piață de circa 50%. În parte, succesul s-a datorează colaborării cu Nokia și Samsung, dar și mulți producători japonezi de dispozitive mobile. Colaborarea cu Nokia a încetat în 2014.

Cota de piață a sistemelor de operare pentru dispozitive mobile

Sistemul de operare pentru dispozitive mobile Android acoperă jumătate din piața mondială, urmat îndeaproape de iOS, celelalte sisteme nereușind să depășească decât cu puțin 7% (Netmarketshare, 2015).

---

[1] unlocking

Versiuni, durată de viață

Sistemele de operare ca și alte pachete software se livrează sub formă de versiuni succesive care conțin actualizări importante, cele mai importante fiind acelea de reducere a vulnerabilității la atacuri *malware*. Schimbarea unui sistem de operare sau a versiunii implică investiții importante mai ales când organizația are multe echipamente. Versiunile se implementează mai simplu, dar implică unele costuri.

Pentru exemplificare sistemul de operare cel mai cunoscut Windows a avut următoarele versiuni de la lansarea lui în anul 1981: 1.0, 2.0, 2.1, 3.0, 3.1, 95, 98, 2000, ME, CE, NT, XP, Vista, 7, 8, 8.1, 10. Versiunea 10 este oferită, în premieră, gratuit celor care dispun de versiuni oficiale ale Windows.

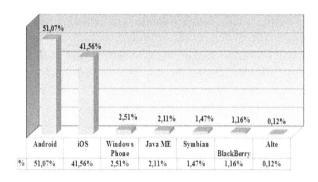

%	Android	iOS	Windows Phone	Java ME	Symbian	BlackBerry	Alte
%	51,07%	41,56%	2,51%	2,11%	1,47%	1,16%	0,12%

Cota de piață a sistemelor de operare pentru dispozitive
mobile
(NetMarketShare, 2015)

Unele organizații amână schimbarea sistemului de operare. Acest lucru se poate face, dar luând în considerare data la care furnizorul încetează suportul tehnic pentru produsul respectiv. Astfel de informații sunt furnizate de firme pe Internet.

> *Microsoft a anunțat terminarea suportului la 8 aprilie 2014 pentru Windows XP după 12 ani de la prima livrare (Microsoft, 2014), recomandând trecerea la versiuni mai noi. Cu toate acestea cota de piață a Windows XP în anul 2014 era de circa 12%. Un impact negativ serios a existat și în România unde sistemele din administrația publică încă folosesc Windows XP și în anul 2015*

Programe utilitare

Complementar sistemelor de operare de bază sunt livrate programe utilitare printre care programe de managementul fișierelor și a memoriei, programe de backup, recuperare de date, compresie de date etc. De regulă, aceste programe se

oferă de către furnizori independenți. Mai nou se dezvoltă practica livrării de că-
tre producătorii sistemului de operare a unor programe anti-virus și anti-spionaj.

Software de aplicații

Categoria de software de aplicații este extrem de largă și cuprinde pachete
pentru prelucrarea textelor, prelucrarea tabelelor, baze de date, prezentări, apli-
cații de management al afacerilor (ERP, DRT, CRM) etc.

Pachete de programe standard

Există o ofertă foarte mare pentru organizații de pachete sau mai nou aplicații
informatizate de contabilitate, salarii, resurse umane, management de proiecte,
gestiune, proiectare (CAD). Piața aplicațiilor software pentru sisteme informatice
pentru management este dominată de firme multinaționale ca SAP, ORACLE,
Scala dar se găsesc în România și firme locale puternice.

Pachete de programe de tip Office

Cel mai răspândit pachet de aplicații folosit pe calculatoare este cel de tip
Office, care răspunde la principalele necesități de ridicare eficienței muncii de
birou sau personale. Acest gen de pachete cuprinde de regulă procesoare de texte,
programe de calcul tabelar și program pentru prezentări, dar și o bază de date
simplă, programe de comunicare inclusiv poștă electronică, programe de export
în format de document portabil, notes, programe grafice etc. și sunt oferite și pe
calculatore desktop cât și pe dispozitive mobile.

Pachetele tip Office pot fi comercializate, oferite gratuit sau în regim de open-
source. Pachetele Office pot fi folosite și fără achiziția și instalarea de software,
direct prin Internet din servere aflate la distanță (cloud computing).

Tip aplicație	Microsoft Office	Apple iWork	Google Drive
Procesor de texte	Word	Pages	Docs
Calcul tabelar	Excel	Numbers	Sheets
Prezentări	Powerpoint	Keynote	Slides

Cele mai cunoscute pachete Office sunt comercializate de Microsoft, Google,
Apple. Sunt oferite gratuit mai multe pachete, ușor de găsit pe Internet, dar com-
patibilitatea între ele este importantă și interese comerciale fac ca aceasta să nu
fie întotdeauna asigurată.

Marea răspândire a pachetelor Office a condus la preocupări pentru standar-
dizarea formatelor de documente, existând interese divergente ale producătorilor

în special Microsoft. Chiar şi între versiuni succesive există incompatibilităţi cum este cazul noilor formate Microsoft Office 2010, dar pachetul permite şi salvarea documentelor în formate anterioare cu pierderea unor caracteristici.

Pachet Office ca serviciu - Google Docs

Google Docs este un pachet bazat pe web care cuprinde un procesor de texte, un procesor de tabele, program de elaborare prezentări şi un generator de formulare. Un avantaj major al Google Docs este posibilitatea de colaborare a utilizatorilor care pot lucra în comun pe un document. Documentele create pot fi salvate în primul rând pe serverele Google, dar şi în formate diverse ODF, HTML, PDF, RTF, Text, Microsoft Word etc. Este oferit ca un serviciu Cloud, dar gratuit, ceea ce îl face foarte atractiv.

Open Document Format – ODF

Open Document Format – ODF este un format de fişiere standardizat pentru a reprezenta documente în procesoare de texte, de calcul tabelar, grafice, prezentări pentru a se asigura schimbul de documente procesate cu diverse aplicaţii. Acest format a fost standardizat de mai multe organizaţii internaţionale şi adoptat de Uniunea Europeană, NATO, unele state, multe firme importante ale domeniului.

Microsoft s-a opus standardului, având un standard propriu. Uniunea Europeană a obligat însă Microsoft să includă în pachetul Office şi acest format[1] în paralel cu formatul propriu.

ECDL/ICDL şi echidistanţa faţă de pachetele Office

Recunoscându-se răspândirea şi importanţa pachetelor Office în cadrul testelor ECDL există module de bază care se referă direct la pachetele Office; procesarea de texte, procesare de tabele, prezentări şi baze de date.

Testele nu sunt însă orientate spre un anumit tip de pachet Office, existând variante de şi pentru Microsoft şi pentru open-source.

Software de aplicaţii achiziţionat, închiriat sau elaborat în organizaţie ?

Avantajele pachetelor software comerciale sunt costul redus, calitatea, suportul tehnic, disponibilitate imediată. Dezavantajul principal este inflexibilitatea şi adesea lipsa de adaptare integrală la cerinţele organizaţiei.

Există de aceea în prezent 4 căi principale de implementare a unor sisteme software necesare organizaţiei:

---

[1] începând cu MS Office 2010

- dezvoltare în organizaţie
- outsourcing
- cumpărare de pachete
- furnizori Cloud

Dezvoltare în organizaţie

Pachetele software de aplicaţii dezvoltate în organizaţie au avantajele unicităţii, specializării, confidenţialităţii şi adaptării optime la cerinţele interne. În astfel de cazuri se identifică oportunitatea, se dezvoltă un studiu de proiect, se analizează riscurile şi se demarează dezvoltarea de software. Studiul de proiect va arăta care este sistemul actual şi cum se interfaţează cu cel viitor, care sunt obiectivele sistemului nou, fezabilitatea lor, resursele necesare şi existente, eficienţa beneficii-costuri şi riscurile aferente. Faza de proiect va conţine proiectarea logică şi definirea infrastructurii necesare, a testelor necesare şi a acceptanţei. După dezvoltarea produsului software se face instruirea utilizatorilor şi se implementează sistemul.

Pe de altă parte această abordare pune probleme de dimensiuni, disponibilitatea personalului calificat, lipsa de experienţă, depăşiri de costuri, management de proiect, politici de dezvoltare, erori de apreciere.

Outsourcing

În cazul în care se apelează la outsourcing, furnizorul are întreaga responsabilitate a implementării şi exploatării. În astfel de situaţii se apelează la furnizori recunoscuţi care au expertiza necesară, preiau riscul şi oferă un software de calitate. Se poate apela la outsourcing total sau parţial. Uneori se face outsourcing la o firmă subsidiară a organizaţiei. Soluţia are avantajul evidenţierii costurilor reale de tehnologia informaţiei.

Servicii Cloud

Furnizorii de servicii cloud oferă azi nu numai spaţiu de stocare pe serverele lor de date ci şi programe de aplicaţii standard sau realizate la comandă. Există temeri ale multor beneficiari de a folosi servicii cloud din motive de securitate.

Folosirea serviciilor cloud se bazează pe încredere ca şi folosirea de exemplu a serviciilor bancare

Elemente specifice software

Complexitatea software

Uşurinţa cu care se dezvoltă software, numărul în creştere al persoanelor calificate în programare face ca produsele software să crească permanent în complexitate, nu neapărat în direcţia bună a unei simplificări funcţionale. Produsele devin mai greu de întreţinut şi adesea degradează performanţele sistemului.

Ingineria software şi calitatea programelor

Calitatea produselor software se asigură prin tehnici de inginerie software[1]. Printre alte măsuri se diferenţiază faze distincte de realizare şi difuzare a produselor software:

- Definirea specificaţiilor
- Proiectare
- Codificare
- Alfa test
- Beta test
- Implementare
- Suport tehnic

şi se asigură un management de proiect corespunzător.

Ignorarea acestor faze de inginerie software conduce la produse de calitate redusă şi lungirea termenelor finale de implementare.

Erori software, actualizări

Dezvoltarea de programe fiind o activitate preponderant mentală, cu toate progresele automatizării programării, apar frecvent erori sau pene software[2]. Acestea sunt înlăturate prin mici programe furnizate de producător numite şi actualizări sau *update patch*[3].

Periodic producătorii cumulează actualizările în pachete de servicii[4] care corectează aplicaţia. Cele mai multe dintre actualizări au ca origine necesitatea protejării la atacuri informatice.

Malware

Lumea digitală este infectată de o categorie de programe care sunt cunoscute sun numele de software dăunător sau malware[5]. Acesta se instalează în calculato-

---

[1] Software Engineering
[2] Numite si bug-uri
[3] Traducere strictă – *petic de actualizare*
[4] Service Pack
[5] Prescurtare de la *malicious software*

rul țintă fără voia utilizatorului fie pentru a culege date despre posesor și preferințele acestuia – programe cunoscute sub numele de programe de spionare sau spyware, fie pentru a afișa anumite mesaje publicitare, în special prin generarea de ferestre suplimentare pe ecran[1], fie de tip virus informatic.

Viruși informatici, troiani, viermi, backdoor etc.

Virușii sunt programe de dimensiuni mici infiltrat în alte programe în mod ilegal în scopuri diverse, ca o glumă, pentru a face rău, pentru protecția la copiere ilicită, pentru reclamă etc. Virusul stă de regulă inactiv. În anumite condiții se multiplică sau strică secvențe de instrucțiuni ceea ce fie face calculatorul mai lent fie face unele aplicații de neutilizat. De regulă sunt atacate fișiere de sistem des utilizate.

Categorii de viruși: distractivi, supărători, periculoși, devastatori, distrugători. Un virus poate fi detectat și anihilat dacă este cunoscut. Se produc și vând programe antivirus cu actualizări permanente. Principalul mediu de răspândire a virușilor este în prezent rețeaua Internet.

Spyware

Principalul scop al spyware este spionarea dispozitivului țintă și extragere de date

Adware

Adware are ca scop activități de publicitate, dar devine supărător prin persistența prezenței și uneori dificultatea eliminării. Principala formă este fereastra pop-up sau rutarea spre altă fereastră de unde nu se poate reveni la cea inițială.

Anti-malware

Protecția împotriva malware se asigură cu software anti-malware, dar care se instalează cu acordul utilizatorului, cel mai des contra-cost. Se va reveni asupra malware în alt capitol.

Protecția la malware este ca și asigurarea de bunuri, realizezi importanța ei la primul atac devastator

Protecția programelor, legislația dreptului de autor și "pirateria" software

Programele de calculator sunt protejate internațional prin dreptul de autor conferit prin licență software, adică dreptul de utilizarea a unui anumit pachet. Folosirea fără licență a unui produs software este numită adesea piraterie software-re. Există legi adoptate și în România pentru protejarea dreptului de autor asupra programelor. Pirateria software se consideră infracțiune.

---

[1] Numite și pop-up

Monopoluri "de facto"

O combinație de șansă și inteligență de afaceri a adus Microsoft Corporation în poziția de a domina industria de software constituindu-se într-un monopol "de facto". Administrația SUA și Comisia Europeană au intervenit și intervin, dar există și avocați ai avantajelor unei asemenea situații și anume standardizarea de facto și maximizarea efortului de inovare atât de necesar în industriile high-tech.

De astfel de practici a fost acuzată în trecut și firma IBM și sunt voci care atacă poziția dominantă a Google în domeniul căutării în Internet sau a Facebook în domeniul rețelelor sociale.

> *Traficul Internet trece în proporție de 80% prin SUA și Marea Britanie (Corera, 2015)*

Open source

Prin definiție "open source[1]" înseamnă programe a căror sursă de program este disponibilă utilizatorilor, în opoziție cu programele de firmă la care utilizatorii au acces numai la utilizarea lor, nu și la modificarea lor.

Mișcarea inovativă *open source* a apărut în cadrul unor comunități de programatori pentru a ajuta micile afaceri și a învăța, fără costuri de licențiere, se asigură o securitate mai ridicată a aplicațiilor și este un mediu informal și fără costuri mari care oferă avantaje competitive pe piața muncii. Autoritățile publice încep să-și îndrepte atenția spre software open source pentru reducerea costurilor.

Alegerea pachetelor software

Pachetul de programe trebuie considerat ca o marfă. De preferat sunt programele livrate cu garanție și generate corespunzător. Se face de regulă o evaluare după anumiți factori:
- Caracteristici corespunzătoare aplicației
- Să satisfacă la maximum de parametri
- Ușurința de învățare
- Cât mai mare
- Timp de instruire minim
- Compatibilitate
- Maxim de compatibilitate
- Maxim de portabilitate
- Reputația furnizorului
- Culegere de informații
- Să poată executa aplicația

---

[1] În traducere liberă "sursă disponibilă"

- Să mențină prețul
- Suport tehnic
- Asigurare pe termen cât mai lung
- Verificare calitate personal
- Certificări
- Garanție
- Cât mai mare
- Certificare de calitate
- De dorit să existe
- Preț
- Detaliere prețuri
- Cât mai mic la performanțe și calitate date

Alte forme de achiziție software

Achiziționarea în leasing

Pentru a răspunde la întrebarea dacă se cumpără sau se achiziționează în regim de leasing, se face o analiză a costurilor achiziției sau închirierii și a adaptării la cerințele organizației. Soluția trebuie să conducă la economii. De curând, legislația română a fost adaptată pentru a permite leasing și al produselor software.

Software ca serviciu Cloud

Odată cu dezvoltarea Internet ca o rețea de rețele sigure și cu viteze mari de prelucrare și transmisie, au apărut centre de date[1], în fapt centre dotate cu servere puternice, linii de comunicații rapide și cu riscuri minime pentru echipamente, software și comunicații. S-a născut astfel posibilitatea ca utilizatorul să nu mai achiziționeze pachete software sau aplicații. În loc de aceasta are posibilitatea să folosească pachetele respective instalate în centre de date plătind numai serviciul folosirii lor. Până nu de mult serviciul era numit SaaS[2].

> *Un exemplu timpuriu de Cloud au fost aplicațiile Google. Astfel Google Docs permite utilizatorului să creeze documente compatibile cu Word, Excel, Power-Point sau aplicații de tip Office similare și să le acceseze de oriunde poate accesa Internet, inclusiv să le partajeze cu alte persoane.*

Noul model de business care apare astfel implică partajarea software-ului între mai multe organizații și furnizarea serviciului numai la cerere generând o economie de scară evidentă. Mai mult, nu este necesar să se investească sume

---

[1] Data Centers
[2] Software as a Service

importante în noi echipamente, software şi aplicaţii. Este suficient să se apeleze prin Internet la serviciile unor centre aflate la distanţă, uneori plastic considerate în nori şi fenomenul fiind numit *cloud computing[1]*.

Acest model de afaceri este mult mai profund schimbat decât aparenţele o arată. Utilizatorul se preocupă mai puţin de tehnologiile informaţiei şi infrastructura pe care trebuie să şi-o creeze şi se concentreze pe procesele sale de business. Ele nu mai este obligat să se ocupe de noi versiuni, întreţinere, depanare etc.

Limitările SaaS sunt legate de existenţa unor conexiuni la serverele furnizorului de mare viteză şi foarte sigure. Utilizatorii SaaS trebuie să aibă încredere în furnizorul de servicii, deoarece pe serverele acestuia se găsesc adesea nu numai programele sau aplicaţiile ci şi date confidenţiale ale utilizatorului. Furnizorul trebuie să prezinte garanţii privind evitarea riscurilor la care pot fi supuse aceste date.

> *Mai mulţi autori au încercat să enunţe unele "legi" ale software, încercând să surprindă particularităţi ale unor produse care nu au apărut decât în a doua jumătate a secolului XX.*
>
> *Legea lui Parkinson: datele se extind ocupând tot spaţiul de memorie disponibil.*
>
> *Legea lui Grosch: costul sistemelor TI creşte cu rădăcina pătrată a puterii lor de prelucrare.*
>
> *Legea lui Lubarsky: Există întotdeauna încă un bug.*
>
> *Legea lui Glass: 66% din costul software este întreţinerea, şi 66% din întreţinere este îmbunătăţire.*

---

[1] Calcule din „nori"

COMUNICAȚII DE DATE ȘI REȚELE

Motto:
Noua tehnologie a informației
a eliminat practic costurile comunicațiilor
Peter Drucker

Tehnologiile informației nu înseamnă numai calculatoare și programe ale acestora. Sistemele informatice sunt distribuite pe arii mai mici sau mai extinse, acoperind în final întreaga planetă și spațiul extraterestru controlat de om. Informația se transmite deci la distanță fără bariere geografice. Noțiunile de bază privind transmiterea informației și rețelele de calculatoare sunt utile oricărei persoane care folosește sisteme informatice.

În acest capitol vor fi prezentate concepte și elemente strict necesare utilizării tehnologiilor informației în contextul comunicațiilor și rețelelor. Ele pot ajuta la optimizarea utilizării sistemelor digitale.

Comunicații de date

Înțelegem prin comunicații de date transmisia și recepția datelor în formă digitală. Se cunoaște că datele se transferă frecvent între două sisteme de tehnologia informației, mai exact între două dispozitive sau sisteme digitale. Aceasta deoarece informația se folosește, de regulă, la distanță de locul generării sau prelucrării.

Se pun în mod normal întrebările:
- care sunt canalele prin care se transmit datele?
- care este viteza de transmitere?
- cum se configurează rețeaua sau rețelele de comunicație?

Transmisia informației

Transmisia punct la punct și punct la mai multe puncte, rețele

Cel mai simplu model de transmisie este între două calculatoare sau stații de lucru sau Punct la Punct[1]. Datele sunt transformate în semnale, transmise pe linie, semnalele sunt recepționate, transformate în date din nou. Într-un model mai complex datele pleacă dintr-un punct și ajung în mai multe puncte. Mai multe puncte de generare-primire de date formează o rețea.

---

[1] Point to Point sau P2P

Transmisie funcţie de distanţă

Informaţia se poate transmite la distanţe mici, mari şi foarte mari. În cazul distanţelor mici (de regulă în aceiaşi clădire sau grup de clădiri apropiate) vorbim despre **Arii Locale**[1], iar în cazul distanţelor mari şi foarte mare de **Arii Largi**[2]

Tipuri de transmisie

Informaţia poate fi transmisă bit după bit în care caz transmisia se numeşte serială, sau cu un anumit număr de biţi în paralel, în care caz transmisia se numeşte paralelă.

Porturi

Calculatoarele electronice şi alte echipamente de tehnologia informaţiei au posibilitatea de a transmite sau recepţiona datele prin intrări/ieşiri numite porturi şi care sunt materializate prin conectoare speciale detectate simplu pe unul din panourile echipamentului. În funcţie de tipul de transmisie pe care îl permite portul respectiv acesta poate fi serial sau paralel. La achiziţionarea unui echipament orice utilizator trebuie să se convingă că numărul de porturi disponibile este suficient pentru conectarea echipamentelor de comunicaţie necesare.

Tipuri de comunicaţie - direcţie

Dacă două sisteme comunică, informaţia poate fi transmisă într-un singur sens la un moment dat, în ambele sensuri, dar nu simultan şi în ambele sensuri simultan. Cele trei posibilităţi sunt denumite simplex, semiduplex şi duplex. În cazul comunicaţiei simplex, A poate transmite date către B, dar nu poate recepţiona date de la B. În cazul comunicaţiei semiduplex, A poate transmite pachete de date către B, dar nu poate recepţiona simultan cu transmisia acestora pachete de date de la B. La rândul lui B poate transmite pachete de date către A, dar numai în pauzele în care nu transmite. În cazul comunicaţiei duplex A poate transmite date către B simultan cu datele transmise de B către A. Reducerea costurilor echipamentelor face ca marea majoritate a echipamentelor să funcţioneze în regim duplex.

Tipuri de comunicaţie – sincronizare

Transmisia de date se poate face cu succes numai dacă se poate sincroniza emiţătorul şi receptorul. În acest fel se poate obţine o conformitate a conţinutului informaţiei transmise cu cea recepţionată. Sincronizarea se face în două moduri distincte: prin comunicaţie *asincronă* şi prin comunicaţie *sincronă*.

[1] Local Area
[2] Wide Area

În cazul comunicației asincrone *sincronizarea se face la nivel de unitate de informație transmisă*, respectiv byte (*bait*). La fiecare *byte* se adaugă biți de control (start-stop), detectare sau corectare de erori. În acest fel se introduce o regie sau redundanță relativ mare, dar se poate asigura o consistență a procesului de transmisie a informației. Comunicația asincronă este utilă mai ales pentru viteze mici

În cazul comunicării sincrone se transmit *pachete* de date. Nu se mai adaugă la fiecare bait biți de control sau de detectare de erori. Un grup de baiți se adaugă pachetului pentru a permite sincronizarea conținutului pachetului recepționat cu cel transmis și pentru detectarea sau corectarea erorilor.

Redundanța este mai mică decât la comunicația asincronă și se obțin viteze mai mari. Cum de regulă transmisia se face din nod în nod în rețele din ce în ce mai complexe, comunicația sincronă permite verificarea la fiecare nod a corectitudinii recepției pachetului și astfel informația poate străbate în siguranță nu numai distanțe mari, ci și trasee extrem de complexe.

Canale și medii de transmisie

Canalul de comunicații este un mediu fizic de transmitere de date. După cum se va vedea există tipuri variate de canale și fiecare dintre ele are un anumit loc în tehnologiile informației și comunicațiilor.

Capacitatea canalului

Principala caracteristică a unui canal este capacitatea sa. Ea este viteza sau debitul de transmitere a datelor prin canalul respectiv. Capacitatea canalului se măsoară foarte precis folosind ca unitate de măsură elementară un **bit pe secundă** sau *bps.* Aceasta ar fi capacitatea unui canal prin care se transmite un bit pe secundă.

Se mai folosește ca unitate de măsură pentru anumite canale și viteza de un **semnal pe secundă**, numită și **baud.** Un baud poate avea mai mulți biți, de regulă 2. Cum în prezent majoritatea canalelor de transmisie sunt digitale să reținem ca unitate **bps** cu multiplii ei **Kbps, Mbps, Gbps** etc.

La fel cum o țară are nevoie de drumuri urbane sau rurale, șosele secundare, șosele principale și autostrăzi, tot așa rețelele informatice au nevoie de o complicată structură de canale de diferite capacități[1]. Canalele pot fi de *bandă îngustă* sau de *bandă largă*.

---

[1] Nu întâmplător Administrația SUA a denumit programul de creare a unor super-magistrale de transmisie a informației "autostrăzi informaționale".

Canale de bandă îngustă

Canalele de bandă îngustă sunt canale de capacitate mică. Cazul tipic este banda de bază[1], linia formată dintr-un fir de cupru. Capacitatea de transmise este de regulă mai mică de 56 Kbps, dar tehnologiile noi permit ca pe fire de cupru să se atingă și performanțe similare canalelor de bandă largă.

Canale de bandă largă

Canalele de bandă largă au capacitate mare și foarte mare care ajunge la sute de Gbps. Ele sunt necesare pe măsură ce aplicațiile digitale revoluționează societatea și în care se transmit date, texte, imagini și sunete în formă digitală și în aplicații din cele mai diverse.

> *Paradoxul poștalionului*
>
> *Este de remarcat, ca un exemplu de studiu, că un poștalion din secolele trecute care transporta să zicem 100 scrisori între București și Curtea de Argeș în 10 ore era și el un canal de comunicație de bandă foarte mică a cărui capacitate o putem evalua:100 scrisori x 1000 caractere x 8 biți / 10 ore x 3600 secunde = 22,2 bps cu un timp de finalizare a transmiterii foarte mare. Dacă un echivalent al poștalionul amintit mai sus ar transporta azi în loc de scrisori 10.000 DVD-uri, fiecare cu câte 4 GB în medie date memorate (de examplu muzică sau imagini video) iar timpul de parcurgere a distanței se reduce la 2 ore capacitatea canalului ar fi: 10.000 discuri x 4 GBaiți x 8 biți/2 ore x 3600 sec = 44,44 Gbps viteză caracteristică unor canale de transmisie de foarte mare performanță.*
>
> *Estimări simple de cost arată că încă volumele uriașe de date de pot transmite înregistrate pe medii de stocare cu mijloace de transport clasice mai eficient decât prin transmisie de date.*

Paradoxul vrea să sublinieze că volumele mari de date transportate între punctele unei rețele creează probleme infrastructurilor digitale ale unor regiuni sau țări și se fac mari investiții pentru a mări capacitatea de transmisie a liniilor de comunicație electronice.

Medii de transmisie

Mediile de transmisie sunt cele mai diverse. Mediile moderne permit viteze mari și în funcție de volumul informației transmise timpul de finalizare a transmisiei devine foarte mic, dar adesea de ordinul secundelor, minutelor, orelor.

Să remarcăm că mediile sunt fie fizice, cabluri de cupru sau fibre optice, fie se bazează pe transmisie radio. Dintre mediile fizice cablurile din fibre optice permit

---

[1] Baseband

capacități extrem de mari și sunt folosite pentru magistrale de date. Datele sunt reprezentate prin semnale electrice, unde radio, microunde sau semnale în infra-roșu.

Comparație a mediilor de transmisie

Alegerea celui mai potrivit mediu de transmisie se face în funcție de capacitatea necesară, condițiile de interferență electromagnetică impuse, cost, necesitatea de ghidare fizică a canalului.

Utilizarea spectrului de frecvențe radio

Utilizarea spectrului de frecvențe radio este strict reglementată național și internațional. Principalul considerent este interferența electromagnetică a semnalelor transmise, producând erori la canalul perturbat. De aceea, repartizarea frecvențelor și puterilor de emisie pentru emițătoarele radio digitale sau analogice este asigurată și controlată de agenții naționale, în țara noastră Autoritatea Națională pentru Administrare și Reglementare în Comunicații - ANCOM.

Limitarea puterilor permite folosirea aceleiași frecvențe în mai multe puncte geografice cu condiția ca între ariile acoperite de fiecare emițător să existe o zonă de siguranță suficient de mare pentru a evita perturbările.

Puterile foarte mici sunt folosite pentru transmiterea de date la distanțe care acoperă, de exemplu, o clădire sau un grup de clădiri. Se elimină astfel dezavantajele cablării cu fire de cupru sau cabluri optice a unor clădiri vechi sau în cazuri în care persoanele ce folosesc calculatoarele se deplasează frecvent, cum este cazul colectării de date în depozite, stații de cale ferată etc.

Dividendul digital

Televiziunea analogică transmisă prin emițătoare terestre ocupă un spectru larg de frecvențe între 200 MHz și 1 GHz. Trecerea la televiziunea digitală eliberează acest spectru de frecvențe, operație cunoscută sub numele de dividend digital (ITU, 2015). Televiziunea digitală folosind compresia de date, permite emisia programelor analogice într-o bandă mai mică decât cea prezentă, eliberând o parte considerabilă a spectrului.

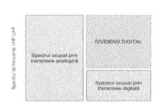

Dividend digital

Banda de frecvențe eliberată are avantaje verificate, în primul rând de propagare, și este folosită pentru transmisii de date digitale și telefonie mobilă cu beneficii mari. Denumirea de dividend digital este în relație cu aceste avantaje. Un dezavantaj este efortul populației de a schimba receptoarele TV care nu pot recepționa transmisiuni TV digitale. Prețul în scădere al receptoarelor TV digitale și rata de înnoire normală face ca acest efort să nu fie împovărător.

> *În conformitate cu obligaţiile internaţionale asumate, România a încetat transmisia analogică prin emiţătoare terestre la 17 iunie 2015*

Echipamente de transmisie

Transmisia datelor în cadrul sistemelor de tehnologia informaţiei şi comunicaţii se face folosind echipamente specializate. Vom trece în revistă numai modemurile, multiplexoarele şi echipamentele de reţea.

Modemuri

Cele mai multe dintre mediile de comunicaţie folosesc semnale electrice analogice. Calculatoarele electronice folosind date în formă digitală este necesară transformarea acestora în semnale analogice. Operaţia poartă numele de *modulaţie*. La receptor este necesară transformarea inversă din semnal analogic în date în formă digitală. Operaţia se numeşte *demodulaţie*.

Echipamentele care fac operaţia de modulare şi demodulare se numesc *modemuri*. Numele acestora a fost creat în anii 1950 prin alipirea primelor litere din cele două operaţii:

(**mo**)dulator - (**dem**)odulator = **modem**

Modulaţia poate să se facă prin controlarea amplitudinii, frecvenţei sau fazei semnalului electric transmis prin mediu solid sau prin radio. Alegerea tipului de modulaţie nu este de regulă în sarcina utilizatorului sistemului, ci a specialiştilor care îl configurează.

Modemurile pot fi interne, în care caz sunt incluse fizic în configuraţia calculatorului sub forma unei plăci electronice sau externe în care caz au carcasă proprie şi se cuplează la calculator prin conectoare. Dezvoltarea telefoniei mobile face ca terminalele telefonice mobile să posede modem incorporat şi posibilitate de emisie-recepţie de date în infraroşu, în ciuda dimensiunilor lor foarte reduse.

Modemuri ADSL

Tehnologia ADSL[1] permite folosirea liniilor telefonice clasice pentru transmisii de date de mare viteză în regim duplex integral. În funcţie de diametrul firelor şi distanţa la care se face transmisia se obţin viteze de transfer de 1-6,1 Mbps. Apariţia acestei tehnologii a relansat competiţia în domeniul transmisiilor de mare viteză, operatorii clasici de telefonie putând valorifica puternica infrastructură de linii telefonice de cupru existentă.

---

[1] **A**symmetric **D**igital **S**ubscriber Line

Multiplexoare

În mod normal un canal de comunicație nu este ocupat permanent sau integral de un singur utilizator. Pentru utilizarea a unei linii se folosește accesul multiplu, adică mai mulți utilizatori transmit date pe același canal. Datele sunt multiplexate și sunt transmise pe canal, coeficientul de utilizare a acestuia crescând considerabil și costurile transmisiei scad. Echipamentele această operație se numesc **multiplexoare**.

Există trei tipuri principale de acces multiplu:
- Acces multiplu cu divizare de frecvență - FDMA[1]
- Acces multiplu cu divizare în timp - TDMA[2]
- Acces multiplu cu divizare de cod - CDMA[3]

În cazul FDMA o bandă de frecvență este împărțită în sub-benzi și pe fiecare din aceste sub-benzi de frecvență se transmit date de la alt utilizator. În cazul TDMA o unitate de timp este împărțită în sub-diviziuni și în fiecare sub-diviziune se transmit datele unui utilizator. Cazul CDMA este mai complex, utilizatorii fiind separații prin coduri specifice. Standardele elaborate pentru aceste tipuri de acces permit realizarea de multiplexoare care pot procesa semnale sosite de la receptori de fabricații diferite.

Multiplexoarele evoluate alocă dinamic mai multe sub-frecvențe, diviziuni de timp sau coduri utilizatorilor cu debite de date mai mari. Altfel o bună parte din capacitate ar rămâne nefolosită. Acest tip de multiplexoare se numesc **multiplexoare statistice**.

Rețele de comunicații de date

Conectarea diverselor calculatoare dintr-un sistem informatic sau din mai multe sisteme se face prin canale de comunicație interconectate în **rețele**. Există rețele de calculatoare de la cele mai simple în care se leagă între ele 2-3 calculatoare până la rețele complexe care se desfășoară pe tot globul terestru și așa cum s-a mai amintit și în spațiul extraterestru pentru aplicații spațiale.

La rândul lor rețelele se pot interconecta între ele formând rețele de rețele, cea mai mare și cunoscută fiind Internet.

Rețele locale – LAN

O rețea care se extinde pe o arie locală, o clădire sau un grup de clădiri, se numește rețea locală sau LAN[4]. Ele se realizează folosind ca medii de transmisie fie fire sau cabluri, fie prin radio. De regulă într-o rețea locală există un calculator

---

[1] Frequency-Division Multiple Access
[2] Time- Division Multiple Access
[3] Code- Division Multiple Access
[4] Local Area Network

mai puternic numit server, care stochează date şi programe puse la dispoziţia celorlalte calculatoare din reţea.

Reţele mai mari au mai multe servere specializate pe anumite funcţiuni. De regulă sunt calculatoare puternice cu capacitate de prelucrare şi memorie mari, comercializate cu denumirea ca atare de server. Dar nu întotdeauna un server trebuie să fie mai puternic decât calculatoarele din reţea, putând fi adesea chiar un calculator personal. Proiectantul reţelei şi administratorul acesteia determină caracteristicile echipamentelor folosite în reţea şi ca servere.

Reţele locale fără fir – Wireless LAN

Reţelele locale în care interconectarea se face prin legături radio de mică putere sau radiaţii în infraroşu sunt din ce în ce mai răspândite. Avantajul este flexibilitatea amplasării calculatoarelor din reţea în diverse puncte ale spaţiului în care se foloseşte reţeaua şi evitarea cablării fizice pentru cazuri cum sunt clădiri istorice, depozite, şantiere etc.

Deşi soluţia este deocamdată mai scumpă, reţelele locale fără fire se răspândesc continuu datorită avantajelor menţionate. Nu se recomandă reţele locale fără fire acolo unde nu se poate accepta interceptarea datelor transmise sau bruierea lor. În astfel de cazuri cea mai bună soluţie sunt reţelele locale cu cabluri optice.

Reţele de arie largă – WAN

O reţea care acoperă spaţii mari se numeşte reţea de arie largă sau WAN[1]. Mediile de comunicaţie folosite sunt practic toate cele amintite mai sus, atât fizice cât şi radio. O problemă specifică WAN este necesitatea de a folosi canale de comunicaţii puse la dispoziţie de alte organizaţii, de regulă operatori publici de telecomunicaţii.

Evoluţia reţelelor de arie largă este fără precedent şi în prezent se pot aprecia la miliarde numărul de utilizatori conectaţi într-o formă sau alta la reţele de arie largă, mai ales prin faptul că multe terminale telefonice staţionare sau mobile sunt de fapt calculatoare specializate folosite şi pentru transmisie de date.

Topologii de reţele

Reţelele pot fi realizate conform mai multor tipuri de arhitectură sau topologii: stea, inel, magistrală, arbore.

În configuraţii de tip stea există un calculator central numit si cub (se pronunţă "hab") la care sunt conectate toate calculatoarele reţelei. Legătura între calculatoare se face prin intermediul hub-ului. Deşi mai scumpă reţeaua de tip stea permite transmiterea simplă a unor date către mai multe calculatoare.

---

[1] **W**ide **A**rea **N**etwork.

Într-o configurație de tip inel[1] datele se transmit de-a lungul inelului și recepționate de calculatorul căruia îi sunt destinate după anumite reguli. Nu există calculator central care să dispecerizeze circulația datelor. Dacă din diverse motive receptorul nu primește datele acestea continuă să circule pe inel. Viteza este mai redusă deoarece la trecerea fiecărui mesaj se verifică destinația lui de către fiecare calculator.

În configurația de tip magistrală[2] există un canal de comunicație care interconectează toate calculatoarele. Datele transmise ajung la toate calculatoarele simultan și receptorul este singurul care le recepționează. Viteza este mai mare decât la rețele inelare, dar pe magistrală poate fi la un moment dat numai datele transmise de un calculator.

Configurația de tip arbore[3] este compusă din mai multe structuri stea formând o rețea arborescentă. O astfel de rețea este potrivită organizațiilor mari unde mesaje dintr-un punct central pleacă frecvent către calculatoarele diverselor divizii. Dezavantajul principal este că întreruperea unei structuri stea întrerupe pe cele aflate în aval.

Protocoale pentru comunicația de date

Comunicația de date în rețele nu se poate face fără existența unui set de reguli și proceduri pentru transmisia informației. În acest fel informația poate circula în interiorul aceleiași organizații și se poate schimba cu alte organizații sau persoane. Se poate face o analogie cu limbile umane. Fără o serie de reguli privind modul în care se comunică, respectiv cele gramaticale și ortografice, informația verbală sau scrisă nu s-ar putea comunica, indiferent de faptul că se referă la aceiași limba. Protocoalele folosite în rețele îndeplinesc roluri diverse printre care:

- recunoașterea tipului de transmisie sincronă sau asincronă;
- identificarea tipului de informație adăugată pentru sincronizare sau detectare / corecție de erori;
- tipul de protocol prezent funcție de tipul rețelei, existând protocoale diferite pentru rețele locale și rețele de arie largă;
- tipul de compresie folosit.

Protocoalele au fost standardizate fie prin reglementări ale unor instituții de specialitate, fie de facto prin impunerea lor de către firme sau organizații care domină piața domeniului. Astfel, nu s-ar fi putut concepe apariția fenomenului Internet fără setul de protocoale TCP/IP[4], care permite schimbul coerent de informație la nivelul global al tuturor țărilor cu acces la Internet.

---

[1] Ring
[2] Bus
[3] Tree
[4] **T**ransfer **C**ontrol **P**rotocol / **I**nternet **P**rotocol

Comutarea datelor

În reţelele de date în fiecare nod are loc un proces de comutare[1] prin care datele sunt acceptate şi reorientate în direcţia necesară.

În funcţie de modul de transmitere a datelor există două tipuri principale de comutare: comutare de circuit şi comutare de pachet.

În cazul *comutării de circuit* nodul unde se află informaţia stabileşte legătura cu nodul următor şi odată aceasta confirmată se transmite întreaga informaţie. Rezultă necesitatea de canale separate pentru fiecare legătură şi de folosire a aceloraşi protocoale şi metode de transmisie în toată reţeaua.

În cazul *comutării de pachet* informaţia divizată în pachete este transmisă independent un pachet faţă de celelalte pachete. În acest fel informaţia ajunge la destinaţie pe trasee diferite şi se evită congestia unor canale. Apariţia comutării de pachete a fost şi ea un alt factor decisiv în diseminarea Internet.

Comutarea de pachete

Comutarea de pachete reprezintă o *tehnologie cheie* în dezvoltarea Internet. Informaţia circulă în Internet sub formă de pachete şi ajunge la destinaţie prin tehnologia de comutare de pachete. Fiecare pachet are o etichetă electronică prin care se definesc atât expeditorul, cât şi destinatarul. La destinaţie se reface mesajul original din pachetele care au sosit pe căi diferite.

Reţelele care compun Internet au calculatoare specializate numite *rutere*, care comută pachetele spre destinaţie pe o cale optimă pe baza unor algoritmi de rutare.

Avantajele comutării de pachete în Internet sunt numeroase. Un mesaj mare poate fi desfăcut în segmente (pachete) mai uşor de transmis şi distribuit pe imensa reţea de reţele Internet. Pachetele care ajung deteriorate pot fi mai uşor reparate. Retransmiterea ce poate apărea ca necesară se face numai pentru un pachet şi nu pentru întreg mesajul.

Protocoalele TCP/IP

Transmiterea informaţiei în Internet se face prin TCP/IP care de fapt este compus din două protocoale diferite: TCP (Transmission Control Protocol) şi IP (Internet Protocol). Aceste protocoale stabilesc regulile de transfer a datelor în Internet. TCP stabileşte regulile de desfacere a mesajului în pachete şi de reasamblare a acestuia la destinaţie. Protocolul IP determină regulile de rutare a pachetelor spre destinaţie.

TCP/IP este larg folosit în prezent şi în reţelele locale de tip LAN.

---

[1] Switching

Securitatea datelor transmise

În sistemele informatice moderne datele circulă intens și este extrem de important să se asigure securitatea lor cu grade de asigurare mai mari sau mai mici funcție de importanța acestora date. Cu cât gradul de securitate solicitat este mai mare cu atât costul asigurării acestuia și timpul de transmisie sunt mai ridicate. De aceea se alege tipul potrivit de asigurare a gradului de securitate necesar și care depinde de mediul de comunicație, de tipul de rețea LAN sau WAN și mai ales de aplicația în care se transmit datele.

Dintre mediile de comunicație cel mai sigur este cel bazat pe cabluri optice. Pentru aplicații unde se cere o asigurare sporită a confidențialității datelor se folosește criptarea informației cu metode speciale de criptare.

Odată cu dezvoltarea Internet și mai ales aplicațiilor de afaceri electronice[1] s-a impus generalizarea folosirii metodelor de criptare. Dacă în urmă cu 10-15 ani ele se foloseau numai în anumite rețele speciale sau la firme mari care își protejau datele confidențiale, în prezent sute de milioane de oameni folosesc accesul securizat la Internet, în fapt trimiterea și recepția informației în formă criptată cu metode specifice Internet care vor fi discutate în altă parte.

> *Este de notorietate că există riscuri ale transmisiei de date, că există nu numai posibilitatea interceptării neautorizate a informației, dar și acela al distrugerii datelor. Recente dezvăluiri arată că există și agenții guvernamentale care și-au propus ca obiectiv interceptarea în masă autorizată sau neautorizată a comunicațiilor electronice (Corera, 2015).*

Alegerea metodei cele mai potrivite pentru asigurarea securității datelor revine specialiștilor, dar fiecare utilizator de sistem informatic trebuie să cunoască principiile de bază ale asigurării gradului de confidențialitate necesar și să constate dacă metodele alese sunt suficiente.

Accesul la rețelele de date

Internaționalizarea schimbului de date a condus la apariția de standarde noi internaționale care permit schimbul de date la volume și viteze mari. Dintre aceste standarde vom menționa numai câteva de larg interes pentru utilizatori[2]:

Acces la rețelele de date prin linii fixe

Istoria telecomunicațiilor a fost o lungă perioadă de timp caracterizată prin prezența liniilor fixe, în principal realizate cu fire de cupru. Transmisiile radio au fost în același timp dominate de radio și televiziune. În ambele cazuri semnalele

---

[1] eBusiness
[2] În anii 2000-2008, evoluția a fost foarte rapidă

transmise erau analogice. Moştenirea epocii analogice care a durat peste o sută de ani este o imensă reţea mondială de fire de cupru şi un uriaş spectru radio ocupat cu transmisiile analogice. Reţelele de fire de cupru cuprind nu numai legături locale, ci şi magistrale naţionale şi internaţionale, inclusiv cabluri submarine.

Conexiunea prin linia telefonică

Linia telefonică poate fi folosită în regim de comutare sau prin închiriere. În cazul liniei comutate conectarea se face cu un modem instalat pe o linie telefonică obişnuită şi se obţin viteze de până la 56 Kbps, conectare care mai poarte numele de dial-up. Conexiunea dial-up este cea mai ieftină şi din aceste motive este cea mai răspândită, dar limitează considerabil performanţele accesului datorită vitezei reduse. Conexiunea ISDN, mai scumpă, oferă 2 canale cu bandă totală de 128 Kbps. În ambele cazuri legătura cu centrala telefonică se face numai pe perioada conectării şi abonatul plăteşte factura în funcţie de durata şi ora conexiunii. Operatorul de telecomunicaţii poate să fie cu reţea fixă terestră sau mobilă. Vitezele în cazul operatorilor de telefonie mobilă depind de tipul reţelei telefonice. Detaliile sunt cele prezentate în capitolul de telecomunicaţii.

În cazul liniei telefonice închiriate abonatul este conectat prin centrale telefonice 24 de ore din 24 la furnizorul de servicii Internet. Legătura este mai scumpă decât cea comutată, dar se justifică atunci când se conectează la Internet o reţea locală LAN. Vitezele sunt similare cu cele obţinute în regim dial-up, dar calitatea serviciilor creşte şi adesea şi lăţimea de bandă deoarece se poate solicita o lăţime de bandă garantată.

ADSL

Tehnologia ADSL[1] a salvat parţial reţelele uzate moral de linii de cupru la nivel de abonat. O linie de cupru tipică nu permite viteze de acces mai mari de câteva zeci de Kbs, total insuficient pentru comunicaţii digitale. Cu tehnologie ADSL accesul se face prin fire de cupru la distanţe maxime de câţiva kilometri. Accesul este asimetric cu descărcare până la 24 Mbps.

Conexiunea prin modem de cablu

Cablul coaxial permite viteze mult mai mari de ordinul Gbs şi o protecţie sporită la interferenţe electromagnetice. Este folosit intens de furnizorii de servicii de televiziune şi Internet. Cu cablu coaxial s-au realizat primele legături de comunicaţii intercontinentale submarine.

Existenţa reţelelor de cablu TV permite folosirea acestora şi pentru conexiunea la Internet. Canalul de cablu este şi el folosit prin partajarea resurselor şi este posibil ca în orele de vârf în funcţie de numărul de abonaţi care au acces simultan să se obţină performanţe mai scăzute decât cele nominale.

---

[1] Asymetric Digital Subscriber Line

Dezavantajul conexiunii prin cablu este dependența de cablarea TV a zonei în care se află abonatul prezumtiv și gradul de implicare în servicii Internet al operatorului de cablu respectiv. De aceea, există o tendință a abonaților la servicii Internet prin cablu să migreze spre conexiuni ADSL. În condițiile specifice din România au proliferat rețelele de cartier care oferă și acces Internet la viteze acceptabile. Apar însă probleme legate de fiabilitate și respectarea dreptului de autor, mai ales la accesul la fișiere ce conțin muzică sau filme.

Conexiunea prin linii de alimentare cu energie electrică

Existența rețelelor de alimentare cu energie electrică și pătrunderea lor universală, le-a făcut atractive pentru folosirea ca mediu de conexiune de bandă largă la Internet[1]. Metoda este în curs de standardizare și are încă probleme tehnice de rezolvat, datorită interferenței electromagnetice.

În SUA a existat o opoziție puternică a radioamatorilor la introducerea acestei tehnologii care le perturbă transmisiile

Cablu optic

Cablul realizat cu fibre optice, impropriu numit cablu optic, permite viteze de transmisie mult mai mari de cât cablul coaxial, de ordinul a sutelor de Gbs. Reducerea continuă a costurilor de fabricație a cablurilor optice face ca accesul prin fibră optică se devină posibile și pentru locuințe.

Conexiunea prin radio

Bluetooth

Bluetooth este un standard lansat în 1998 care folosește pentru transmiterea datelor legături radio de slabă acoperire de 10-100 m. asigurând conectarea sim-

Logo
Bluetooth

plă a calculatoarelor mobile, de buzunar, imprimante, alte echipamente periferice, telefoane mobile, videoproiectoare, căști audio etc. Noua tehnologie este destinată să înlocuiască interfața de tip radiație în infraroșu și operează în gama 2,4 GHz care prin convenție internațională poate fi folosită fără licență.

Bluetooth și Wi-Fi folosesc același spectru de frecvențe dar se deosebesc fundamental prin echipamente, cost, distanțe de folosire. Dacă putem considera Bluetooth ca un înlocuitor de USB, Wi-Fi este extensie radio a unei rețele LAN.

Wi-Fi

---

[1] PLC sau Power Line Carrier

Din ce în ce mai răspândită, conexiunea Wi-Fi permite legarea unui calculator sau alt tip de obiect conectabil la rețele și implicit la Internet prin radio în jurul

Logo Wi-Fi

unui punct de acces numit și hot-spot. Costul redus al infrastructurii de realizare a conexiunii Wi-Fi și inexistența cablurilor o face foarte potrivită pentru aeroporturi, gări, hoteluri, campusuri universitare etc. Multe astfel de conexiuni sunt gratuite, dar sunt condiționate de acceptarea de publicitate a sponsorilor . Accesul se asigură fie prin calculatoare cu facilități Wi-Fi incorporate, fie din ce în ce mai mult prin terminale mobile mai complexe care asigură telefonia mobilă.

Conexiunile Wi-Fi sunt considerate periculoase din punctul de vedere al răspândirii malware și al securității informatice și folosirea lor trebuie făcută cu conștientizarea pericolelor posibile.

Tehnologia Wi-Fi oferă transmisii radio digitale pentru LAN sau echipamente izolate până la distanțe de zeci de metri în clădiri și sute de metri în exterior. Un ruter care are facilități de transmisie –recepție radio conectează diversele dispozitivele digitale cu facilitate Wi-Fi la Internet. Cu această tehnologie care folosește benzile libere de licență de 2,4 GHz și 5 GHz se instalează așa numitele hotspoturi, de fapt centre ale unor rețele WLAN. Standardul care permite cuplarea de echipamente este 802.11 în mai multe variante, cea mai comună fiind 802.11b care permite viteze până la 11 Mbps.

Cuplarea la hotspot se face cu parolă și criptat sau necriptat și fără parolă, în funcție de caracterul hotspot-ului. Numărul de hotspot-uri crește rapid (hoteluri, aeroporturi, locuri publice, mijloace de transport public etc.) și în multe cazuri accesul este gratuit.

A devenit comun ca multe persoane să-și instaleze acasă hotspot-uri fără acces cu parolă și criptare, oferind vecinilor acces Internet gratuit, dar și acces la propriile date(!).

Vulnerabilități Wi-Fi

Rețele Wi-Fi sunt vulnerabile la atacuri cu malware sau furt de informații, mai ales când hotspot-urile sunt deschise, adică transmit numele rețelei. Există posibilitatea să se ascundă acest nume, ceea ce face rețeaua mai greu de găsit de către utilizatorii neprofesioniști. Accesarea rețelelor Wi-Fi în locurile publice este cea mai periculoasă, existând numeroase aplicații de furt de identitate sau date asociate cu Wi-Fi. Hackerii accesează cu ușurință rețelele necriptate, dar și unele standarde de criptare cum este WEP au vulnerabilități. Standardul mai recent WPS este mai sigur și se recomandă folosirea de hotspot-uri care au implementat acest standard.

Firesheep și Faceniff

Cunoscutul browser Firefox are o extensie numită Firesheep, care interceptează pachetele din rețeaua Wi-Fi și permite identificarea datelor de logare ale persoanelor prezente în rețea și furtul identității acestora. Extensia funcționează sub Windows și Mac OS X. Un instrument similar există în Android cu numele de Faceniff.

WiMax

Tehnologia WiMax oferă acces prin radio pe o rază de peste 50 Km cu viteze de peste 70 Mbps. Se folosește în combinație cu Wi-Fi, ca element de transport spre hotspoturile Wi-Fi. În România s-a anunțat începerea răspândirii de posturi WiMax din 2007.

Conexiunea prin rețele mobile celulare de date

Comunicațiile de date cu echipamente mobile prezintă avantaje incontestabile și au devenit o parte importantă a noilor evoluții digitale. Nu numai că răspund unei necesități de comunicații a operatorului în mișcare, dar zone geografice imense nu au beneficiat de infrastructură fixă de telecomunicații. Creșterea numărului de terminale mobile a determinat și o cerere în creștere de necesar de transmitere de date prin radio cu lățimi de bandă din ce în ce mai mari. Spectrul radio este însă limitat natural, așa că asistăm la o criză de spectru radio, rezolvată parțial prin limitarea spectrului ocupat cu transmisii analogice[1].

Telefonia celulară

Prima generație au reprezentat-o telefoanele mobile celulare analogice cu posibilități reduse de folosire în regim de transmitere de date.

Principiul de bază a fost crearea de *celule* de câțiva kilometri lățime în care se putea realiza comunicația mobilă cu echipamente de puteri mici și folosind economic spectrul de frecvențe de 400-500 MHz. Ele au cedat rapid locul tehnologiei digitale GSM numită de generația a doua sau 2G.

Comunicații 2G - GSM

Generația a doua de telefoane mobile a păstrat principiul celulelor dar introducerea tehnologiilor digitale a condus la echipamente și rețele mai ieftine și mai eficient de administrat. Europa a adoptat standardul unic GSM[2] care a condus la o creștere rapidă a rețelelor de telefonie mobilă pe continentul european și nu numai[3]. Generalizarea GSM este un avantaj important pentru abonați deoarece pot comunica simplu cu un singur terminal, indiferent de țara în care se află.

---

[1] Vezi mai sus Dividendul digital
[2] **G**lobal **S**ystem for **M**obile Telephony
[3] Peste 3 miliarde persoane în peste 200 țări și teritorii foloseau în anul 2008 GSM

GSM a introdus conceptul de SMS[1] sau mesageria text, o alternativă ieftină la convorbirea telefonică, în fapt o renaştere pe alte principii a serviciului poştal de telegrame. Standardul GSM include în Europa şi numărul de apel de urgenţă internaţionalizat 112.

Benzile din gama 900 şi 1800/1900 MHz au creat o disponibilitate mai mare de resurse de frecvenţe utilizabile. Folosirea în anumite ţări a benzii de 1800 MHz şi în altele a celei de 1900 MHz putea crea dificultăţi abonaţilor. Problema a fost soluţionată de constructorii de terminale care oferă aparate care funcţionează în toate cele 3 benzi.

Potenţialul telefoniei mobile privind transmiterea de informaţii a fost rapid exploatat de piaţă apărând aplicaţii de transmitere de date, dar şi de imagini, texte complexe etc. Viteza iniţială de 9600 bps care este standard GSM s-a dovedit insuficientă pentru aceste aplicaţii. Singura aplicaţie de comunicaţii de date larg utilizată de reţelele 2G este serviciul amintit de mesaje scurte - SMS.

Chiar cu folosirea intensă a tehnologiilor de compresie a datelor, pentru transmiterea de imagini video este nevoie de o lăţime de bandă de circa 2 Mbps. De aceea au fost dezvoltate protocoale şi tehnologii pentru generaţia a treia de comunicaţii mobile 2,5 şi apoi 3G şi 4G.

Comunicaţii 2,5G - GPRS

Protocolul şi tehnologia GPRS[2] reprezintă o extindere a posibilităţilor sistemelor 2G. Principiul de operare este transmiterea de date în pachete. O conexiune GPRS se stabileşte în raport cu un nume de punct de acces APN, definind servicii ca WAP[3], SMS, MMS sau unele specifice Internet. Cu GPRS se obţin viteze de 56 până la 114 kbps.

> *Tehnologia GPRS nu are nimic în comun cu tehnologia GPS[4], care are un acronim apropiat, dar se referă la sisteme de poziţionare prin satelit. Tehnologiile GPS si GSM/GPRS pot fi folosite cu succes împreună în aplicaţii de exemplu de localizare a vehiculelor.*

Comunicaţii 3G

Sistemele 3G, a treia generaţie de comunicaţii mobile de date, sunt destinate să asigure servicii foarte diversificate inclusiv Internet şi comunicaţii de date de bandă largă inclusiv video. Uniunea Internaţională de Telecomunicaţii - ITU[5] - a definit un standard numit IMT[6] -2000 care permite interconectarea sistemelor

---

[1] Short Messaging Service
[2] **G**eneral **P**acket **R**adio **S**ervice
[3] Wireless Application Protocol
[4] Global Positioning System
[5] International Telecommunication Union
[6] International Mobile Telecommunications

3G. Vitezele de transmisie au crescut până la 14,4 Mbps la descărcare și 5,8 Mbps la încărcare. Nu trebuie confundate rețelele 3G de telecomunicații celulare globale cu rețelele Wi-Fi sau WiMax care se referă la rețele locale de date. Cea de a treia generație de comunicații mobile s-a născut sub semnul unor puternice interese globale. Generația 3G folosește terminale diferite față de generațiile precedente.

Comunicații 4G

4G este o abreviere de la Generația 4, succesoare în anii 2011-2015 a 3G ca a patra generație de comunicații mobile care are posibilități de Internet global, multimedia generalizată și acoperire globală. Vitezele sunt în gama 100 Mbps – 1 Gbps.

Speranțele într-o piață uriașă de comunicații de mare viteză a făcut ca pentru licențele de utilizare a spectrului radio pentru aplicații 3G și 4G să se plătească sume uriașe de miliarde de dolari (Dawn , 2014).

Comunicații 5G

Cerința de viteze de comunicare din ce în ce mai mari a produs o evoluție rapidă a standardelor, cam unul pe deceniu. Tehnologia 1G a apărut în anul 1981, 2G în 1992, 3G în 2001, iar 4G în 2012.

În stadiu experimental există deja tehnologia 5G care va aduce nu numai o sporire de viteză față de 4G, dar mai ales un număr mai mare de dispozitive conectate și o eficiență mai mare.

Conexiunea prin comunicații de date prin satelit

Accesul Internet prin satelit este disponibil pe toată suprafața globului, inclusiv pe mare și în locații terestre greu accesibile (deșert, masive muntoase etc.). Accesul este îngreunat de unele probleme tehnice datorate unor condiții atmosferice și întârzierilor în transmisia datelor.

Datorită costului ridicat se folosește numai în acele situații în care nu există alte posibilități de acces mai convenabile.

Accesul dispozitivelor mobile

Echipamentele digitale folosite în regim de mobilitate (telefoane mobile, tablete, laptop-uri) au acces cvasi-generalizat la Internet. Operatorii de telefonie mobilă oferă acces 1G-4G cu acoperire geografică importantă. Telefoanele inteligente cu sisteme de operare Apple iOS sau Google Android sunt cele mai răspândite în lume și permit accesul la Internet, indiferent de prezența unei rețele Wi-Fi.

> *În România accesul Internet prin operatorii de telefonie mobilă (Orange, Vodafone, Telecom) este pe 99% din suprafața țării și pentru peste 99% din populație, accesul real fiind mult mai mic din considerente de decalaj digital[1].*

Zone geografice întinse mai ales în Africa și Asia nu au acces în prezent la Internet. Există preocupări pentru extinderea accesului în aceste zone prin inițiative publice sau private.

> *Facebook a anunțat un plan pentru folosirea de drone, sateliți și laser pentru a oferi Internet pentru toți (Zuckerberg, 2014)*

Viteze de transmisie

Tehnologiile existente în prezent permit o gamă largă de viteze. Există numeroase site-uri[2] care permit măsurarea vitezei de conectare. Este recomandat să se facă aceste măsurători frecvent pentru a se găsi cauza unor eventuale încetiniri a accesului la rețele, care pot fi generate de setări necorespunzătoare ale stației de lucru sau servicii sub limita contractuală ale furnizorului ISP.

> *Netograf.ro este o aplicație în România pentru testarea vitezei de internet în România (ANCOM, 2015)*

Bandă largă vs. bandă îngustă

Lumea digitală este dominată de aplicații care au nevoie de canale de bandă largă. Canalul de bandă largă este considerat un canal cu viteză de peste 1,5-2 Mbps (ITU-T, 1997).

> *Reflectând progresul tehnologic recent în SUA se consideră canal de bandă largă acela care are o viteză de descărcare de cel puțin 25 Mbps și de încărcare de 3 Mbps.*

Canalele care folosesc tehnologii ADSL, cablu coaxial, cabluri optice, Wi-Fi, WiMax, comunicații mobile de la 3G în sus sunt canale de bandă largă.

Pentru exemplificare se prezintă timpii necesari pentru a transmite un fișier de 10 MB, de exemplu o fotografie de rezoluție ridicată. Acesta variază între aproape 3 ore pentru banda GSM originală, 30 minute pentru canale de bandă îngustă pe fire de cupru, 15 minute pentru GPRS, dar scade la 6,9 sec. pentru 3G, 0,25 sec. 4G și miime de secundă pentru fibra optică.

---

[1] Vezi capitolul Comunicații de date și rețele

[2] De exemplu www.dslreports.com sau www.speedtest.net

Impactul comunicațiilor digitale

Telecomunicațiile și rețelele moderne au un impact foarte mare asupra managementului, afacerilor și persoanelor individuale. Să amintim în primul rând telefonia mobilă, în prezent integral digitală. Fiecare terminal este un calculator legat în rețele complexe și care depășesc granițele naționale. Tendința de acces la Internet prin telefoane mobile și efectuare de operații de comerț electronic face ca modul de efectuare a numeroase tranzacții să se schimbe profund.

Tele(video)conferințele, până nu demult o procedură tehnică scumpă, devin accesibile la prețuri reduse sau chiar incluse în facilitățile curente de telecomunicații sau Internet.

În mod similar transmiterea de date prin fax, poștă electronică[1], poștă electronică vocală[2], Internet au schimbat profund modul de comunicare în afaceri, în administrație, între persoane, de fapt în întreaga societate.

Decalajul broadband

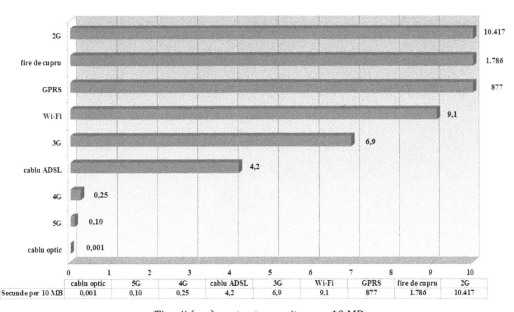

	cablu optic	5G	4G	cablu ADSL	3G	Wi-Fi	GPRS	fire de cupru	2G
Secunde per 10 MB	0,001	0,10	0,25	4,2	6,9	9,1	877	1.786	10.417

Timpii (sec) pentru transmiterea a 10 MB

Prezența canalelor de bandă largă devine vitală. Accesul la Internet nu poate fi complet fără canale de bandă largă. Banda largă este necesară pentru ridicarea productivității la locul de muncă, dar este necesară și în locuințe, fie pentru tele-

---

[1] e-mail
[2] Voice Mail

viziunea digitală, fie pentru instruire, fie pentru activităţi online, de exemplu co-merţ electronic. A apărut astfel un nou decalaj digital[1] între ei care dispun de ac-ces cu canal de bandă largă şi cei care nu dispun.

Ponderea accesului de bandă largă în totalul accesului este variabilă între 49% în Elveţia şi de exemplu 11% în Turcia (OECD, 2015).

> *Unul dintre obiectivele Agendei Digitale pentru Europa este ca în anul 2020 toţi cetăţenii UE să aibă acces la Internet la viteze peste 30 Mbps şi peste 50% din locuinţe să aibă conexiuni Internet de peste 100 Mbps (MCSI, 2015).*

Convergenţa digitală în telecomunicaţii

Canalele de telecomunicaţii folosite pentru diversele aplicaţii fie în organiza-ţie, fie acasă au fost pană nu de mult separate. Astfel telefonul fix şi cel mobil, radioul, televiziunea, faxul, legăturile la reţele digitale au folosit canale fizice se-parate. În prezent se manifestă o tendinţă de convergenţă digitală prin folosirea unui canal unic, fie prin cablu fie wireless.

> *Noua Economie digitală a rezultat din convergenţa tehnologiilor informaţiei cu cele ale telecomunicaţiilor.*

---

[1] Vezi capitolul Era digitală

ASPECTE SPECIFICE SISTEMELOR DIGITALE

Motto:
Una din expresiile care sperie cel mai mult în era digitală este
'A căzut calculatorul'
Anonim

Evoluție rapidă

În ultimii ani am intrat în era post *Wintel* sau post PC. Platforma Windows cu microprocesoare Intel numită generic *Wintel* a dominat piața de calculatoare PC și laptopuri pentru mai mult de 20 ani. Arhitecturile și soluțiile Apple și Google fac parte din noua configurație a lumii digitale. Post–PC nu înseamnă dispariția calculatoarelor desktop și a laptopurilor din birouri, dimpotrivă se marchează apariția unor alte multiple dispozitive și creșterea continuă rolului severelor de la distanță, *cloud computing*, pe care se află datele și majoritatea aplicațiilor. Chiar și giganții erei *Wintel* s-au repliat. Microsoft lucrează cu producătorii de microprocesoare pentru soluții specifice dispozitivelor mobile, iar Intel sprijină sistemul de operare pentru dispozitive mobile *Android*.

Necesitatea unui monitor, unei tastaturi și a unui mouse nu mai este evidentă. Aplicațiile de tip office nu dispar, dar în dese cazuri se mută în cloud, fie public, fie privat. Colaborarea devine din ce în ce mai importantă. Utilizatorii folosesc frecvent în prezent 4 tipuri de ecrane:PC, telefon mobil, tabletă, receptor TV cu conexiune la Internet[1]. Aplicațiile sunt gândite pentru toate aceste tipuri de ecrane.

Cloud computing

Cloud computing[2] este un termen nou pentru un tip de activitate digitală care există de mai mult timp[3], dar a devenit semnificativă. Prin cloud computing prelucrarea informației se face ca un *serviciu* și nu ca produs, utilizatorul partajând resurse, software, date cu acces la ele ca o utilitate prin rețele informatice, cel mai des prin Internet.

Cloud computing
(Wikimedia Commons)

---

[1] Vezi capitolul Era digitală
[2] În traducere *calcul din nori*
[3] De exemplu în forma SaaS, software ca serviciu pag. 95

Se poate face o comparație cu electricitatea care se furniza inițial cu generatoare individuale și s-a ajuns la rețele electrice cu centrale electrice, linii de transport și utilizatori.

Utilizatorul stochează datele nu pe calculatorul propriu ci pe servere puternice aflate undeva într-o locație cel mai des necunoscută. Utilizatorul poate fi individual sau o organizație. Aplicațiile de cloud computing au pătruns la început sub forma serviciilor de email oferite de giganți ca Google, Yahoo, Microsoft. Se poare că în prezent cel mai mare furnizor de servicii cloud este Amazon care oferă o gamă completă de servicii și dispune de capacitate de procesare de 1 teraflops (Mathew, 2014).

> *Cel mai puternic furnizor de servicii cloud la nivel personal pare a fi Google care permite ca o persoană să-și gestioneze cea mai mare parte din necesitățile digitale (email, date, fișiere text, fișiere de calcul, prezentări, gestionare fotografii etc.) pe serverele companiei. Servicii similare sunt oferite și de Facebook, Dropbox, MySpace ș. a.*

Deși fenomenul cloud computing se extinde natural datorită unor avantaje intrinseci, în primul rând economice, există încă rezerve ale multora din cauza unor riscuri de scurgeri de date, pierderi de date, întreruperi de servicii, conformitate, blocaje posibile, nori periculoși. La care se adaugă și aspecte organizaționale: insatisfacția salariaților, aplicații uneori mai greu de condus, date neasigurate, dezavantaje competitive, riscuri interne.

Tehnologii digitale ecologice (Green ICT)

Dispozitivele digitale par a nu produc efecte asupra mediului înconjurător. Prin numărul lor și modul de utilizare sau reciclare pot avea efecte asupra mediului. Producătorii și utilizatorii de tehnologii digitale sunt datori să limiteze impactul lor asupra mediului. Conform unui raport al Comisiei Europene echipamentele digitale sunt răspunzătoare pentru 2,5% din emisiile de carbon și consumă 8-10% din electricitatea produsă (Baltac, 2011).

Tehnologiile digitale pot fi verzi și avea un impact pozitiv în reducerea amprentei de carbon în două feluri: prin economisirea sau reciclarea resurselor în fabricația sau întreținerea dispozitivelor și prin aplicarea tehnologiilor digitale la economisirea energiei.

Tehnologii digitale ecologice înseamnă schimbarea obiceiurilor utilizatorilor pentru folosirea și reciclarea corectă a produselor și instituirea în organizații de reguli de folosirea ecologică a tehnologiilor digitale.

Câteva practici corecte ar fi (CEPIS, 2012):

- reciclarea dispozitivelor digitale prin organizații specializate și nu prin aruncarea în containerele pentru resturi normale;
- folosirea de cartușe pentru imprimante reciclate sau reciclarea lor ecologică;

- imprimantele să fie folosite prin partajarea în rețea;
- imprimantele să fie state să imprime pe ambele fețe ale hârtie;
- prin reguli ale organizației imprimarea să fie redusă la necesar;
- calculatoarele care nu sunt folosite să fie trecute în stare de economisire a energiei;
- centre de date sau săli de servere construite pentru economisirea energiei

și altele.

TIC ecologic și cloud computing

Studii diverse arată că prin trecerea la cloud computing se reduce până la 50% consumul de energie și implicit emisiile de carbon.

Pe de altă parte cloud computing promovează consumul de resurse. Un simplu exemplu demonstrează acest fenomen: spațiul de memorie disponibil la furnizorii de poștă electronică a crescut brusc de la megabaiți la gigabaiți. Google oferă acum 15 GB gratuit și nu limitează numărul de cutii poștale[1]!

> *Datele se extind ocupând tot spațiul de memorie disponibil.*
> *Legea lui Parkinson*

Conform unei legi cunoscute oamenii au tendința de folosirea resursei atât cât este alocată și astfel cloud computing promovează consumul, deci nu întotdeauna cloud computing înseamnă și comportament ecologic.

Aspecte particulare

Utilizarea echipamentelor de tehnologia informației se face în anumite condiții particulare privind compatibilitatea, preluarea sistemelor din generațiile anterioare, asigurarea la riscuri, fiabilitate, standarde și criterii de calitate etc.

Compatibilitate

Evoluția rapidă a tehnologiei informației impune existența compatibilității echipamentelor și programelor pentru a puntea fi folosite echipamente, programe, aplicații și date din sisteme mai vechi.

Sisteme "moștenite"

Apariția unor noi generații de echipamente sau programe nu poate anula posibilitatea de folosire a unor generații mai vechi de astfel de sisteme. Investiția neamortizată și costurile modificărilor sunt motive întemeiate pentru a considera ,moștenirea[2] ca un factor important în evoluția TI.

---

[1] Mai mult chiar, te îndeamnă să nu ștergi nimic din Trash!
[2] Legacy systems

Fiabilitate

Dependența de TI face ca sistemele respective să fie necesar să funcționeze îndelungat în parametrii normai. Parametrul de fiabilitate este media timpului de bună funcționare MTBF[1], parametru ce are valori foarte mari de sute de mii de ore pentru unele componente ale sistemelor și se reduce la sute sau mii de ore pentru altele. Cu cât complexitatea sistemelor crește cu atât MTBF intrinsec este mai mic. Cu cât se cere un MTBF mai mare cu atât costul sistemului este mai mare. În organizații se aleg sisteme cu fiabilitate optimizată funcție de specificația de utilizare.

Riscuri aferente echipamentelor și programelor

În cazul echipamentelor principalii factori de risc, în afara problemelor normale generate de fiabilitatea intrinsecă a componentelor sistemului, sunt dezastrele naturale (furtuni, inundații, cutremure, radiații etc.), căderile sau întreruperile de alimentare cu energie și actele de vandalism.

În cazul programelor, aplicațiilor și datelor putem evidenția factorii furt, alterare/distrugere de date, virușii informatici și accidentele neintenționate. Diminuarea riscului la nivel de echipamente și programe se poate face prin măsuri de control al accesului și creșterea robusteții programelor.

Diverse studii privind securitatea laptopurilor arata că pierderea sau furtul unui laptop provoacă proprietarului pierderi mai mari decât prețul produsului în sine, valoarea informațiilor stocate fiind adesea foarte mare.

Standarde și criterii de calitate

Este necesară în primul rând o corectă alegere între nume de marcă, nume locale și produse fără nume. Auditarea firmei pentru standardele de calitate ISO este importantă. Reputația furnizorului, organizarea suportului tehnic, certificările personalului, certificarea de conformitate a unor mari firme sunt alți factori de evaluare.

Criterii privind achiziționarea TI

Achiziția presupune o analiză cost-profit. Este însă greu de dat un răspuns fundamentat de exemplu privind costul unui calculator personal sau server. În organizațiile mari costul total ajunge să fie de câteva ori costul echipamentului. Nu întâmplător se dă prioritate rețelelor, folosirii partajate a unor pachete software, procedeelor de outsourcing.

Sunt aplicate tehnici de evaluare de tip LCO[2] și TCO[1] sau se apelează la *cloud computing*. Cloud computing înseamnă revenirea la centrele de calcul ale anilor

---

[1] Mean Time Between Failures
[2] Low Cost of Ownership, cost redus al deținerii

1970 când prelucrarea informației fiind scumpă se trimiteau aplicațiile la centre dotate cu calculatoare puternice. Se adaugă cheltuielile cu personalul calificat. Managerii departamentelor IT optimizează infrastructura IT funcție de strategia organizației. Nu există competitivitate fără TI, dar contează și la ce preț. Evaluarea tehnologiilor se face pe principii de cost/beneficii.

Nu întotdeauna cele mai noi tehnologii sunt și cele mai bune pentru o anumită organizație.

Consultanța de specialitate

Pentru configurații mici se poate apela direct la publicații de specialitate care publică periodic rezultate ale unor testări și comparații între diverse tipuri accesibile pe piață de echipamente. Informațiile se găsesc și pe Internet ca de exemplu www.pcworld.ro; www.pcmagazine.ro ș.a.

În cazul unor rețele sau configurații complexe se recomandă consultanță de specialitate de la firme de profil.

Benchmark

Dacă nu se poate evalua simplu care este soluția cea mai bună, se apelează la benchmark, adică se rulează o aplicație dorită pe mai multe calculatoare și se constată care răspunde optim la criteriile dorite.

Convergența tehnologiilor

Tehnologiile informației constau din echipamente și software. Fiecare element este important. Se adaugă tehnologiile comunicațiilor. Tehnologiile converg, se suprapun adesea și trebuie văzute ca un tot unitar. Convergența constă în suprapunerea rolurilor diferitelor tehnologii conducând spre o mai completă soluționare a problemei utilizatorului. Inițial calculatoarele și telecomunicațiile erau tehnologii complet diferite. Televiziunea și radiul, de asemenea, erau tehnologii distincte.

Un telefon inteligent[2] cu funcții de suită Office, sms, Internet, multimedia, radio și televizor nu mai surprinde pe nimeni, acesta fiind un exemplu clar de tehnologii care converg.

Întreținerea curentă a unui sistem digital

Exploatarea unui calculator personal conduce la fenomene nedorite care pot încetini viteza de execuție a unor aplicații sau chiar blocarea acestuia. Printre fenomenele nedorite se pot menționa:

---

[1] Total Cost of Ownership, cost total al deținerii
[2] smartphone

- înmulţirea de fişiere temporare care neşterse reduc spaţiul de memorie disponibil;
- apariţia de fişiere duplicat;
- apariţia fragmentării accentuate a memoriei prin mutarea de către aplicaţii a fişierelor în zonele disponibile la un moment dat;
- instalarea de viruşi sau programe spion fără ştiinţa posesorului calculatorului;
- pene ale echipamentelor sau programelor care pot conduce la pierderea unor fişiere, dacă nu există copii de rezervă;
- sporirea gradului de pericol prin neactualizarea programelor cu ultimele versiuni.

Se recomandă de aceea operaţii periodice de ştergere a fişierelor temporare, defragmentare, devirusare, ştergerea programelor spion, crearea unor copii de rezervă, actualizare a versiunilor.

Firmele producătoare de echipamente şi programe oferă gratuit sau contra-cost software care execută aceste operaţiuni la intervale de timp stabilite.

Astfel de aplicaţii sunt Windows Live OneCare[1] sau Norton 360[2].

---

[1] http://www.windowsonecare.com/
[2] http://www.symantec.com/norton360/

SECURITATEA SISTEMELOR DIGITALE

Motto:
Regulile de aur ale securității computerelor:
Să nu ai computer!
Nu-l alimenta!
Nu-l folosi!
Robert Morris

Tehnologiile informației și comunicațiilor produc ample schimbări în organizații. Rețelele de calculatoare folosesc tehnologiile Internet, larg diseminate și cunoscute și ușor de asimilat. Întreaga activitate a organizației se construiește în jurul intranet și este dependentă de acesta.

O nouă economie s-a născut și transformă economia existentă. Schimbarea afectează toate domeniile și toate întreprinderile. Fenomenul Internet joacă un rol central în această transformare, punând la dispoziție pe scară largă resursele informaționale. Dacă electricității i-a trebuit un secol pentru a pătrunde în întreaga lume, rețelele Internet sunt astăzi folosite de peste 3 miliarde de oameni (Internet World Stats, 2015) și aplicațiile lor economice, în special platformele de afaceri electronice, se răspândesc rapid cursa nefiind încă încheiată. A fost construită o nouă infrastructură tehnică. Industriile legate de tehnologiile informației și comunicațiilor creează locuri de muncă într-un ritm mai rapid decât celelalte industrii. Tehnologiile informației și comunicațiilor reprezintă azi principalul instrument pentru folosirea eficientă pe scară largă a informației în organizații și societate. Ele produc schimbări în organizație și în viața de zi cu zi.

În acest context, problemele legate de securitate sunt importante atât pentru accesul la Internet cât și pentru intranet. De exemplu, tehnologia specifică afacerilor electronice a dat firmelor posibilitatea de a pune informații din ce în ce mai variate la dispoziția clienților, ceea ce poate genera însă riscuri sporite legate de folosirea rău-intenționată a acestor informații. Este foarte important să ne asigurăm că utilizatorii au acces la informațiile de care

Acces securizat prin parolă

au nevoie, dar nu și la informațiile sensibile privind companiile, care trebuie să le rămână inaccesibile. O bună securitate a informației protejează informația și prestigiul organizației, stimulează afacerile, întărește încrederea clienților în organizația respectivă.

Se poate pune următoarea întrebare: dacă dorim să protejăm într-adevăr rețeaua privată a companiei, de ce să permitem unei rețele de domeniu public, precum Internet, să o acceseze? Răspunsul este foarte simplu: organizațiile atât private cât și publice se bazează foarte mult pe Internet pentru a se face cunoscute și a acumula informații. Având în vedere dezvoltarea exponențială pe care au cunoscut-o afacerile electronice de tip eBusiness, organizaţiile care doresc să supra-vieţuiască trebuie să vină în întâmpinarea beneficiarilor prin oferte de produse şi servicii. Pe lângă vânzarea acestora, companiile trebuie să îşi protejeze clienţii, prin asigurarea integrităţii produselor vândute, dar în acelaşi timp să se protejeze pe ele însele de atacuri intenţionate sau nu care ar putea veni din exterior.

Mediul de afaceri şi nu numai acesta impune o siguranţă în funcţionare apro-piată de 100%. Pericolele de afectare a infrastructurii sunt însă foarte mari, com-plexe şi cu caracter distructiv, ceea ce impune organizaţiilor adoptarea de măsuri de PREVENIRE, DETECTARE şi RĂSPUNS la atacuri sau incidente.

Cerinţe pentru securizarea informaţiei

Atât la nivel de server (cel care stochează şi manipulează informaţiile din ba-zele de date) , cât şi la nivelul componentelor de reţea, există patru cerinţe im-portante şi necesare pentru securizarea aplicaţiilor:

- *confidenţialitatea*: informaţia nu trebuie să fie accesibilă persoa-nelor neautorizate, adică numai expeditorul şi destinatarul mesa-julului pot cunoaşte conţinutul acestuia, care să fie inaccesibil unui interceptor; asigurarea confidenţialităţii se face prin criptare;
- *integritatea*: informaţia trebuie protejată împotriva coruperii sau modificării neautorizate pe parcursul transmiterii mesajului;
- *autentificarea*: identitatea participanţilor la tranzacţii trebuie să fie cunoscută, adică destinatarul trebuie să fie sigur de identitatea expeditorului;
- *nerepudierea*: expeditorul şi destinatarul să nu poată ulterior nega expedierea, respectiv primirea mesajului; nerepudierea se asigură prin semnătură digitală sau electronică.

La care se adaugă *siguranţa*: mecanismele de securitate trebuie să fie robuste şi corect implementate. Asigurarea confidenţialităţii este o problemă importantă pe care o ridică securizarea bazelor de date şi a tranzacţiilor în reţele. Identi-ficarea şi autentificarea sunt problemele din cele mai impor-tante pe care la ridică validarea participanţilor la o tranzacţie. Corolarul unei autentificări puternice este dovada originii participanţilor la tranzacţii. Asigurarea autentificării se face prin mecanisme bazate pe chei publice şi pe semnături digita-le.

Cerinţe securizare

Domenii ale securizării

Securizarea este necesară ori de câte ori se stochează date, se comunică inter-activ prin rețele de date și când se transmit și se primesc mesaje prin poștă electronică. Securizarea este un concept mai larg decât criptarea, așa cum asigurarea intimității[1] este un concept mai larg decât securizarea.

Securizarea accesului la informație

Securizarea implică asigurarea accesului persoanelor autorizate și împiedicarea accesului persoanelor care nu sunt autorizate.

Asigurarea accesului persoanelor autorizate

Sistemele informatice conțin baze de date care reprezintă sursa principală de informație și este prezentată utilizatorilor și prin acces la distanță în rețele sau via Internet. Acestea trebuie să fie protejate de eventualele intruziuni sau atacuri. Protejarea se bazează pe tehnici de control al accesului constând în principal din controlul accesului, și acordarea de drepturi de acces în cadrul întregului sistem sau doar la nivelul obiectelor ce compun sistemul.

Autentificarea se poate face cel mai simplu prin intermediul parolelor, dar și prin intermediul unor servicii intermediare de autentificare prin mecanisme oferite de terți care includ servicii bazate pe metode de autentificare dintre cele mai diverse: semnături / certificate digitale, carduri, amprente digitale etc. Sistemele de control al accesului conțin proceduri de autentificare a utilizatorului în sistem numite și logare[2] care verifică identitatea lui.

În același timp se dezvoltă permanent de către cei care vor să penetreze ilegal rețelele informatice tehnici de eludare a mecanismelor de acces și penetrare a sistemelor informatice, care exploatează breșele de securitate în special sub formă de viruși și atacuri asupra sistemului.

Nume de identificare și parole

Cel mai răspândit mecanism de autentificare se bazează pe folosirea unui identificator al persoanei care solicită accesul[3] și o parolă[4]. Combinația celor două informații este considerată adesea ca suficientă pentru autentificare. Folosirea acestui mecanism de autentificare și securizare necesită însă serioase precauții. Folosirea parolelor prezintă numeroase riscuri produse de alegerea de parole

---

[1] Privacy
[2] De la Log In sau Login
[3] User Name sau Nume de utilizator
[4] Password

necorespunzătoare, divulgate voluntar sau involuntar, interceptate, aflate de *intruderi*[1] prin procedee diverse.

De aceea, sistemele moderne de acces tind să folosească procedee biometrice cum sunt recunoașterea amprentei, a feței sau vocii persoanei respective sau utilizarea de smartcarduri care conțin semnătura electronică a persoanei care accesează sistemul.

> *Utilizatorii sunt adesea deranjați de necesitatea introducerii repetate a parolelor de acces și caută metode de simplificare a accesului care au ca rezultat sporirea vulnerabilității sistemului.*

Rolul parolei

Identificatorul nu este o informație privată și adesea este cunoscut de către un număr mare de persoane. Parola este în schimb o parte vitală a securității unei rețele. Aflarea parolei permite accesul la informația confidențială a organizației, permite nu numai citirea dar și modificarea sau ștergerea informației. Mai mult aflarea parolei permite accesul unor persoane neautorizate în rețea. De aceea este o cerință standard ca orice cont să aibă o parolă bună și toate persoanele din organizație să ia măsuri pentru protejarea prin parole corespunzătoare stațiile de lucru și aplicațiile la care au acces.

> *Parolele nu trebuie:*
>
> • *să fie prea scurte, timpul de spargere crește exponențial cu numărul de caractere în parolă;*
> • *să conțină numele utilizatorului în orice formă;*
> • *să conțină informație ușor de obținut despre utilizator (data nașterii, codul numeric personal, adresa de domiciliu, numere de telefon, numele soțului/soției, numele copiilor, numărul de înregistrare sau marca autoturismului etc.);*
> • *să folosească abrevieri des folosite și cuvinte des folosite cum ar fi 1234(56), 000000, admin, abcdef, nume de actori preferați, melodii, mărci de autoturisme etc.;*
> • *să nu folosească identificatorul de nume în niciun fel, nici inversat, nici cu litere mari sau mici, nici cu prefix sau sufix.*
>
> *Se recomandă ca parolele:*
>
> • *să fie o combinație de cifre, litere și semne de punctuație admise cât mai greu de legat de persoana respectivă;*
> • *să fie mai lungi de 6 sau 8 caractere, funcție de aplicație;*
> • *să conțină un amestec de litere mari și mici, cifre și semne de punctuație;*
> • *să reprezinte ceva ușor de reamintit numai de către persoana respectivă;*
> • *să fie diferite pentru diverse aplicații;*

---

[1] Persoane care accesează neautorizat o rețea

> *• să fie schimbate periodic(unele aplicaţii solicită imperios acest lucru);*
> *• să fie păstrate confidenţial, de exemplu să nu fie tipărite în clar pe foi de hârtie aflate în apropierea terminalului;*
> *• să nu poată fi ghicite de programe în intervale rezonabile de timp;*
> *• să nu conţină un algoritm care odată ghicit compromite toate parolele ca de exemplu substituţia de litere conform codului lui Cezar descrisă mai jos.*

Alegerea parolei

Accesul la reţele şi în special al Internet se face împreună cu un număr extrem de mare de alte persoane printre care se află şi multe care ar dori să aibă acces neautorizat la informaţia protejată. Chiar şi corespondenţa prin poştă electronică este protejată însă numai prin acest mecanism simplu de *identificator* şi *parolă*. Toate aceste practici conduc la scăderea considerabilă a securităţii datelor şi creş-terea riscurilor de penetrare de către utilizatori neautorizaţi.

Parolele trebuie să fie greu de ghicit şi uşor de reamintit de către utilizatorul autorizat. Multe aplicaţii informatice posibilitatea folosirii unei întrebări sau a unui cuvânt cheie pentru a-ţi aminti parola[1].

Parolele se uită frecvent. De aceea multe persoane aleg calea simplă a folosirii parolei standard oferite de sistem sau a numelui de identificare. În alte cazuri se folosesc parole simple cum ar fi numele sau prenumele utilizatorului, data naşte-rii, numele firmei etc. sau parole prea scurte.

> *Exemple de modalităţi de alegere a parolei :*
>
> *• alegeţi un vers sau două dintr-o poezie cunoscută de persoana respectivă, dar scrisă cu litere mari, mici şi adăugând erori de ortografie cunoscute numai de autorul parolei;*
> *• alegeţi o întâmplare din trecutul îndepărtat si extrageţi o parola creată pe baza regulilor de mai sus;*
> *• alegeţi succesiuni de consoane şi vocale uşor de pronunţat, dar fără sens pentru alţii, folosiţi mai multe cuvinte scurte cu intercalare de cifre sau semne de punctuaţie etc.*

Pericole legate de folosirea parolelor

În afara posibilităţii de ghicire a parolei mai există şi alte pericole: observarea de către o persoană aflată lângă utilizator a parolei introduse, încredinţarea pe termen limitat a parolei unei alte persoane care poate afla astfel modul general de stabilire al parolelor de către titular, introducerea accidentală a parolei în locul sau în continuarea identificatorului, caz în care rămâne în log-urile sistemului, deducerea parolei printr-un program care încearcă permutări şi combinaţii de

---

[1] Ca de exemplu numele de familie al mamei sau alte informaţii de natură personală mai greu de aflat de către alte persoane

caractere, procedură eficientă la parole scurte[1], interceptarea parolei prin software specializat sa reţină clapele tastate (în special la folosirea altor staţii de lucru, de exemplu în Internet-Cafe).

Interceptarea parolelor – keyloggere

Există echipamente sau programe care instalate pe calculatorul ţintă sau la distanţă înregistrează caracterele corespunzătoare clapelor tastaturii care au fost acţionate. Sunt cunoscute sub numele de keyloggers[2]. Dacă programul a fost instalat ilegal, el poate prezenta unei persoane sau organizaţii spion toată succesiunea de clape acţionate inclusiv *toate parolele folosite*.

Principalele metode folosite sunt:

Echipamente keylogger

Echipamente de interceptare sunt instalate între tastatură şi calculator fără a fi vizibile sau simplu de detectat.

Un caz particular sunt dispozitivele ataşate la bancomate, care par a face parte din echipamentul de bază şi prin care infractorii interceptează PIN-ul cardurilor bancare..

Interceptarea tastaturilor wireless

Tastaturile wireless sunt conectate prin radio cu unitatea central. Datele sunt interceptate şi dacă nu sunt criptate parolele şi alte informaţii introduse prin tastatură sunt aflate.

Keyloggere acustice

Există echipamente complexe care pot determina prin sunetele emise pe cele caracteristice anumitor clape. Metoda este mai puţin folosită, necesitând studii statistice şi analiză de frecvenţă.

Emisii electromagnetice

Emisiile electromagnetice ale unei tastaturi pot fi detectate prin radio până la 15-20 m.

Supraveghere optică

Camerele de luat vederi discret plasate pot captura parolele şi alte informaţii. Metoda este folosită de infractori pentru interceptarea PIN-urilor cardurilor bancare la bancomate şi uneori la POS-uri plasate în medii nesigure.

---

[1] Metodă numită şi *forţă brută*
[2] Traducere liberă: înregistratoare de taste

Metode de prevenire a interceptării parolelor

Parole de unică utilizare

O soluţie pentru reducerea pericolelor legate de folosirea parolelor este folosirea de parole de unică utilizare.

Spre deosebire de parolele clasice, parolele de unică utilizare se schimbă automat de la o folosire la alta sau devin de nefolosit după un interval de timp.

Ele folosesc un dispozitiv numit uneori token[1] sau digipass[2] care poate fi uşor purtat de o persoană şi răspund la cerinţa de securizare a accesului la informaţii confidenţiale, ca de exemplu în cazul intraneturilor unor organizaţii sau a aplicaţiilor de Internet banking.

Accesul prin token este categorisit ca "autentificare puternică[3]". Utilizatorul accesează token-ul având de introdus un PIN. Apoi in funcţie de soluţia sistemului fie citeşte o parolă numerică de pe token şi o introduce în calculator (cazul "Numai răspuns"), fie primeşte o parola de la calculator, o introduce în *token*, primeşte o altă parolă pe care o introduce în calculator. În ambele cazuri parola de acces la sistem se foloseşte o singură dată şi expiră dacă nu este folosită o perioadă scurtă de timp. Parola de unica utilizare

Dispozitiv de tip token

se mai numeşte OTP[4]. Pentru sisteme mai complexe se folosesc şi dispozitive mai sofisticate care au posibilitatea de a fi blocate/deblocate cu smartcarduri.

Tastaturi afişate pe ecran

Înlocuirea tastaturii fizice cu una afişată pe ecran, acţionată prin clicarea cu mouse-ul, combate keylogging, dar cu efect limitat, existând pachete software sofisticate care interceptează şi caracterele introduse astfel.

Tastatură afişată pe ecran

Tastaturi web

Tastaturile web bazate pe scripturi oferă o protecţie mai bună contra interceptării. Sunt folosite din ce în ce mai mult de către bănci.

---

[1] Dispozitiv care este folosit in asigurarea securităţii accesului la reţele
[2] În cazul token-urilor firmei VASCO
[3] Strong authentication
[4] One Time Password

Anti-keylogging software

Există şi aplicaţii anti-keylogging care se bazează pe analiza semnăturii unor keyloggere cunoscute. Ca şi în cazul aplicaţiilor anti-virus, protecţia este asigurată numai la keyloggerele cunoscute.

Recuperarea parolelor

O serie de aplicaţii disponibile comercial recuperează parolele uitate[1]. Operaţia se mai numeşte şi spargere[2] de parole, deoarece nimeni nu garantează că persoana care recuperează parola este cea îndreptăţită să o facă. Astfel de produse permit recuperarea/spargerea parolelor pentru marea majoritate a aplicaţiilor existente pe un calculator personal. Soluţia este folosirea de parole cat mai lungi si cu folosirea de litere, cifre si semne speciale. Fişierele de tip Office indiferent de producătorul suitei Office sunt cele mai vulnerabile la acest gen de spargere a parolelor, aplicaţiile de aflare a parolei fiind disponibile pe Internet la preţuri modeste sau chiar în variante mai puţin puternice gratuit.

Schimbarea parolelor

Parolele trebuie schimbate frecvent. Chiar dacă parola este bună, ea poate fi descoperită întâmplător sau intenţionat în situaţiile prezentate mai sus ca pericole. Parolele trebuie schimbate ori de câte ori există suspiciunea unui pericol, la întoarcerea din călătorii şi periodic, de exemplu la fiecare început de an.

Prevenirea accesului persoanelor neautorizate

Spre deosebire de problematica accesului persoanelor autorizate, prevenirea accesului persoanelor neautorizate complică mult proiectarea şi administrarea sistemelor informatice. Numărul utilizatorilor Internet creşte continuu şi printre aceştia se găsesc din ce în ce mai multe persoane cu cunoştinţe tehnice suficiente şi care doresc penetrarea reţelelor unei organizaţii în diferite scopuri nu totdeauna licite.

Penetrarea reţelelor

Principalele consecinţe ale accesului persoanelor neautorizate sunt infectarea reţelei şi a calculatoarelor acesteia cu malware şi atacuri de tip oprirea serviciilor[3].

---

[1] Exemple la http sau http://www.crackpassword.com/
[2] Crack
[3] Denial of service

Malware

Un termen nou folosit pentru acele programe care se infiltrează sau deteriorează un sistem este de *malware*[1]. Prin malware se înțeleg nu numai diverșii viruși de tip Troian, backdoor sau de root, dar și malware creat pentru câștig financiar spyware, botnets, loggers și dialers. Pe măsură ce se perfecționează tehnicile anti-malware apar noi și noi forme de programe de acest tip. Instalarea de software anti-malware este recomandată, dar nu garantează protecție absolută. Din ce în ce mai mult este necesară educarea utilizatorilor de e-mail și celor ce navighează pe web, principalele căi de transmisie a malware, pentru a recunoaște și nu deschide mesaje sau situri purtătoare de virus.

Viruși informatici

Virușii sunt programe care se infiltrează în calculatoarele țintă cu efecte nedorite. Printre efecte se pot enumera autoreplicarea, infectarea altor programe, modificarea mediului de lucru. Nu este obiectivul acestui capitol să detalieze subiectul, dar să reținem că ei se transmit prin canalele de acces în sisteme, se deghizează în programe proprii sistemului și au acțiune imediată sau întârziată.

Adware

Ca adware[2] numim programele care afișează cadre care apar peste imaginea de bază (pop-up) și conțin o reclamă la un produs sau serviciu. Ele deranjează de obicei utilizatorul și majoritatea navigatoarelor Internet permite anularea apariției lor.

Backdoor

Ca backdoor numim programele care se infiltrează în calculatoare și accesează resursele acestora sau a rețelelor din care fac parte. Uneori sunt generate backdoor-uri în scopuri utile pentru a permite utilizarea unor aplicații.

Troian cu administrare la distanță

Este un virus de tip Troian care accesează fișierele calculatorului prin conexiunea la rețea. Mai este numit și Rat conform inițialelor în limba engleză[3].

Rootkit

Un rootkit[4] este un set de instrumente care sunt folosite de un atacator pentru a obține privilegii de administrator și a obține informații despre sistem sau a-l modifica.

---

[1] Provenind din **malicious software** (software care produce daune)
[2] Provenind din **advertising software** (software pentru reclame)
[3] **R**emote **a**dministration **t**rojan - Rat
[4] Rootkit – kit de rădăcină

Diverse studii arată că scopul principal al atacurilor cu viruşi este câştigul financiar prin culegerea de date şi posibil acţiuni de şantaj ulterioare. O sursă majoră de viruşi au devenit comunicaţiile wireless de tip Wi-Fi.

Programe de spionare - Spyware

Programele de spionare care sunt instalate pe calculatoare, de regulă ilicit, colectează fără ştirea utilizatorului date importante despre acesta. Instalarea licită se referă la organizaţii care în acest fel monitorizează activitatea în reţea a salariaţilor. Programele spyware sunt greu detectat şi nu numai monitorizează activitatea pe calculatorul infectat. Ele culeg date personale, identificatori şi parole, adrese de mail, site-uri vizitate etc.

Perturbarea serviciului

Atacatorii *inundă* serverul cu mesaje false folosind adrese IP false pentru a bloca reţeaua şi împiedica mesajele utile să pătrundă în sistem. Fenomenul este greu de stăpânit deoarece mesajele sunt transmise din calculatoare care nu aparţin atacatorilor prin metode de folosire a acestora ca releu fără cunoştinţa proprietarilor de drept..

Atacuri împotriva sistemelor informatice

Atacurile asupra sistemelor informatice au început mai mult ca exerciţii inofensive de penetrare a sistemelor informatice de către amatori. Ele au evoluat însă intrând în atenţia unor persoane şi organizaţii care le folosesc în scopuri de furt de informaţie, alterare sau distrugere de date etc. ajungându-se chiar la forme evoluate de război electronic sau cyberware.

Hackeri şi crackeri

Termenul cel mai cunoscut pentru persoanele care penetrează sau atacă sistemele informatice este acela de *hacker*[1], deşi la început hacker era numele sub care era cunoscut un programator amator. Hackerii susţin că sensul peiorativ nu-i avantajează şi consideră că personajul negativ trebuie să fie numit *cracker*[2].

Tehnici de atac şi acces neautorizat

O entitate[3] numită generic hacker procedează de regulă după un scenariu clasic:

- Colectarea informaţiei despre ţinta atacului; de exemplu nume de domeniu, adrese IP, adrese fizice, informaţii financiare etc.

---

[1] Probabil că traducerea cea mai apropiată în limba română este aceea de *cioplitor*.
[2] Spărgător
[3] Poate fi o persoană sau o organizaţie cu scopuri adverse

- Identificarea serviciilor publice oferite de țintă; servere web, FTP, e-mail etc. De obicei se scanează porturile pentru a vedea care sunt deschise
- Studierea vulnerabilităților țintei și se constată care sunt configurațiile defectuoase, cele tip etc.
- Exploatarea vulnerabilităților în încercarea de a ajunge în interiorul țintei
- Utilizarea accesului obținut, hackerul devenind utilizator cu drepturi depline și aparent autorizat

Furtul de identitate

Identitatea nu poate fi furată, ea poate fi însă fals asumată, dar termenul de furt este des folosit pentru situațiile în care o persoană sau organizație pretinde a fi altcineva decât este în realitate cu scopul de a obține acces la anumite resurse în numele acelei persoane. Așa cum în lumea fizică această asumare falsă de identitate este cel mai des infracțiune și în lumea virtuală consecințele sunt aceleași, legile fiind adaptate să pedepsească și falsa identitate digitală.

Furtul de identitate poate avea scopuri comerciale sau financiar-bancare, judiciare, medicale etc. Printre cazurile aparent banale, dar extrem de răspândite, se numără folosirea adresei de email a altei persoane prin furtul parolei de acces si crearea unei pagini pe Facebook sau a unui blog pe numele altei persoane decât cea reală.

> *Mulți consideră tentativa de a accesa emailul unor rude sau cunoscuți ca un fapt benign. În realitate este încălcare a legii. În anii 2010-2011 mass-media din România a relatat începerea urmăririi penale pentru o persoană care a accesat ilegal emailul soției dispărute de la domiciliu.*

Furtul de identitate în rețele Wi-Fi (Firesheep)

O extensie a navigatorului Firefox numită Firesheep (Butler, 2010) demonstrează vulnerabilitatea accesului neprotejat prin Wi-Fi. Prin Firesheep se pot accesa conturi ale utilizatorilor aflați pe același punct de acces Wi-Fi. Identificatorii și parolele sunt interceptate și interceptorul intră pe aceleași rețele sociale sau pagini web cu persoana spionată. Interceptarea se produce și în rețelele Wi-Fi protejate cu parolă, deoarece interceptorul pentru a avea acces a primit sau cumpărat și el parola. Larga răspândire a Facebook și Twitter face ca acest gen de furt lateral să devină foarte răspândit și periculos.

Se recomandă folosirea cu grijă a rețelelor Wi-Fi, mai ales cele publice, din hoteluri, aeroporturi, restaurante etc.

> *Accesul 3G sau 4G este de preferat accesului Wi-Fi în locuri publice.*

Tehnici de protecție împotriva acceselor neautorizate

Prevenirea acceselor neautorizate poate fi comparată cu o cursă a înarmărilor. Sistemele informatice sunt dotate cu instrumente mereu perfecționate de control al accesului și încercările de acces neautorizat devin din ce în ce mai sofisticate. Este adevărat că adesea aceste instrumente controlează și fluxul invers de date din organizație spre exterior.

Pentru protejarea sistemelor informatice împotriva accesului persoanelor neautorizate se folosesc trei instrumente principale *managementul actualizărilor de securitate*, *sisteme firewall* și *sisteme de detectare a intruziunilor*.

Managementul actualizărilor de securitate

Toate firmele importante care produc software actualizează periodic produsele lor pentru a elimina diversele posibilități de acces ale software-ului de tip malware sau al persoanelor neautorizate. Aceste actualizări[1] se descarcă de pe site-urile firmelor respective. Este extrem de important să se actualizeze întotdeauna pachetele de programe respective, eliminându-se în acest fel căi de penetrare nedorită a sistemului. Actualizarea se poate face automat sau cu consimțământul posesorului calculatorului (recomandat pentru a fi la curent cu numărul de actualizări).

Sisteme firewall

Asigurarea confidențialității și integrității datelor este una dintre destinațiile unui sistem firewall. Un firewall are două roluri fundamentale:

- control al accesului: Este posibil ca unele servere să fie vizibile din rețele publice, în timp ce altele nu. Alocarea drepturilor de acces depinde de necesități, dar și de riscurile pe care dorești să ți le asumi. Un exemplu de server care trebuie să fie accesibil din exterior este serverul de poșta electronică. Ca regulă generală, se recomandă ca niciodată să nu se ofere unor servere sau servicii drepturi de acces mai mari decât au nevoie, pentru a nu oferi hackerilor puncte suplimentare de intrare în

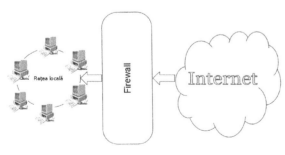

Firewall

  sistem.
- asigurarea caracterului privat al rețelelor companiilor: se referă tocmai la asigurarea confidențialității datelor existente în cadrul intranet-ului.

---

[1] Numite și patch-uri (petice)

Un firewall blochează informațiile care nu sunt solicitate prin caracteristicile și setarea rețelei și ascunde structura rețelei transmițând mesajele acesteia ca fiind originare din firewall. De asemenea. În multe cazuri un firewall verifică mesajele de intrare pentru a le accepta numai pe cele din surse autorizate și scanează intrările pentru eliminarea *hackerilor* cunoscuți.

Complexitatea unui firewall poate merge de la o simplă *filtrare de pachete* până la controlarea accesului la aplicații sau servere *proxy*[1]. Un firewall de aplicații se numește adesea *gateway*[2].

Un firewall poate fi instalat ca un sistem software, dar și ca un echipament cu software specializat. Un firewall sofisticat asigură o securitate mare, dar costă mai mult. Este necesară o balanțare a avantajelor față de costurile implicate.

Sisteme de detectare a intruziunilor

Numite și IDS[3], sistemele de detectare a intruziunilor sunt destinate să descopere și să raporteze activitățile suspecte în rețele. Ele se bazează pe

- recunoașterea principalelor tehnici folosite de hacker, semnăturile lor, încercările de exploatare a unor vulnerabilități hardware sau software etc. sau pe
- detectarea de anomalii prin monitorizarea funcționării normale și semnalarea ulterioară a baterilor de la comportamentul normal.

Ambele metode au avantajele și dezavantajele lor. Recunoașterea tehnicilor de intruziune nu este eficientă la noi tehnici ce pot apărea, iar monitorizarea activității normale poate însemna și includerea unui atac nedetectat în situația considerată normală.

Prevenirea acceselor neautorizate

În ciuda tuturor măsurilor de prevenire se produc accese neautorizate. Pentru limitarea daunelor se recomandă o serie de măsuri de siguranță.

> *Măsuri de siguranță*
>
> • *Adoptați o atitudine proactivă: prevenirea este mai ieftină decât depanarea*
> • *Securitatea trebuie asigurată 24 ore din 24, 7 zile din 7*
> • *Alegeți parole sigure și schimbați-le frecvent*
> • *Fiți prudenți; nu presupuneți că mediul în care lucrați este sigur*
> • *Majoritatea atacurilor provin din interiorul organizației! Schimbați periodic procedurile de acces la date și în mod obligatoriu la plecarea unor persoane cheie cu acces la baze de date cu conținut sensibil*

---

[1] Un server proxy interceptează toate mesajele care intră și ies din rețea și ascunde adresele reale ale calculatoarelor din rețea
[2] Poartă de intrare
[3] Intrusion Detection Systems

> • *Instruiți-vă și instruiți personalul cu tehnicile de securitate necesare*
> • *Creați (automat sau manual) copii de rezervă a bazelor de date importante*
> • *Pentru siguranță mai mare atunci când este necesar, folosiți tehnici de criptare!*
> • *Indiferent de puterea algoritmului de criptare folosit, este necesar să fie folosite și alte măsuri de protecție a informației, implicând metode de vigilență și supraveghere*

Criptare, semnături și certificate digitale

Criptare și criptanaliză

Criptarea

Metodele clasice de identificare, autentificare și asigurare a confidențialității sunt neoperabile în mediu electronic. De aceea, se folosește criptarea[1] care a ajuns astfel să fie folosită de sute de milioane de oameni conectați la Internet sau în rețele de organizație..

Tehnicile folosirii unor metode matematice pentru criptarea și decriptarea datelor destinate a fi transmise în medii nesigure sunt folosite de mii de ani pentru a asigura secretul comunicării. Textul sau altă formă de comunicare este transformat pentru a deveni neinteligibil pentru orice alte persoane cu excepția celor cărora le este adresat. Operația de secretizare se numește criptare, în timp ce operația inversă se numește decriptare. Criptarea poate fi *puternică* sau *slabă*, cea puternică fiind destinată aplicațiilor de interes larg, guvernamental, afaceri, comerț etc. Criptografia puternică necesită resurse importante și scumpe pentru decriptare.

Sistemele de criptare sunt astfel construite încât ele nu pot fi penetrate prin deducerea metodei de criptare, adică prin analogie trebuie să se bazeze pe posesia unei chei și nu a cunoașterii mecanismului de construcție a lacătului[2].

> *Iulius Caesar trimitea mesaje criptate prin așa numita metodă a deplasării cu 3, adică A devine D, B devine E, ș.a.m.d. Astfel DACIA se criptează ca GDFMG. Această formă primitivă de criptare adaptată vremii când curierii nu erau probabil prea școliți este o formă clasică de criptare bazată pe mecanism de lacăt ușor de dedus.*

---

[1] Când criptarea avea ca mediu principal de transmitere a mesajelor forma scrisă denumirea preferată era aceea de criptografie
[2] Principiul lui Kerkoffs

Criptanaliza

Criptanaliza este tehnica analizei și descifrării comunicării criptate. Stăpânită de un număr limitat de specialiști, criptanaliza este folosită cu precădere de instituții guvernamentale pentru asigurarea protecției naționale și internaționale. Criptanaliza este folosită pentru descifrarea mesajelor criptografiei puternice, cele slabe fiind prea simple pentru specialiștii domeniului. În lupta între criptografi și criptanaliști nu există decât învingători temporari, progresele tehnologiei informației putând face o metodă de criptare impenetrabilă azi, descifrabilă în viitor. Nu trebuie confundată criptanaliza care necesită și importante resurse de tehnică specializată cu fenomenul activității hackerilor despre care se va discuta în altă parte.

Algoritmi și chei de criptare

Criptarea folosește chei de criptare. Prin criptare cu o anumită cheie mesajul în clar devine neinteligibil și destinatarul îl decriptează folosind de asemenea o cheie. Atacatorul are acces la informația criptată, dar nu o poate decripta decât dacă posedă sau deduce cheia. Cu cât lungimea cheii este mai mare cu atât decriptarea neautorizată este mai dificilă. Criptarea puternică este considerată în categoria armelor și muniției și este supusă controlului așa cum se va arăta în capitolul privind aspectele juridice ale folosirii criptării.

DES – standard de criptare a datelor

Pentru facilitarea interacțiunii între diverse sisteme digitale de criptare a fost elaborat în 1975 de către corporația IBM în colaborare cu NSA[1] un standard de criptare numit DES[2], ulterior preluat ca standard național pentru comunicații guvernamentale nesecrete și pentru mediul de afaceri.

Cheile au o lungime de 64 biți dintre care 56 generate aleatoriu. Chiar cunoscând algoritmul, decriptarea conform standardului nu se poate face fără cunoașterea cheii. La o lungime de 56 biți corespund 2^{56} chei. Cu calculatoare specializate costând câteva sute de mii de dolari o astfel de cheie se poate *sparge*[3] în câteva zeci de ore. La fiecare bit adăugat la lungimea unei chei, timpul de *spargere* a cheii se dublează.

Standardul DES este dezvoltat mai departe în AES[4]. Cheile folosite în sectoarele bancar și comercial au în prezent o lungime de 128 biți. Pentru sisteme cu grad ridicat de protecție se folosesc lungimi de chei de 1024/2048 biți.

Cele două sisteme de criptare cu chei folosite în prezent sunt:

- Criptarea convențională cu chei simetrice
- Criptarea cu chei asimetrice

---

[1] National Security Agency, agenție guvernamentală secretă din SUA
[2] Data Encryption Standard
[3] Expresie folosită în jargon profesional pentru operația de deducere a cheii
[4] Advanced Encryption Standard

Criptarea convențională cu chei simetrice

Criptarea convențională se bazează pe algoritmi simetrici în care o cheie secretă este *amestecată* cu informația asigurând secretizarea acesteia. Cheia de criptare este aceiași cu cheia de decriptare. Participanții la schimbul de mesaje trebuie de aceea să schimbe între ei cheia secretă de criptare/decriptare. Intruderul trebuie să încerce toate combinațiile posibile de chei pentru a citi sau altera mesajul. Schimbul de chei este o procedură care creează mari dificultăți și permite apariția a numeroase elemente de vulnerabilitate. Schimbul sigur de chei secrete este inoperabil în rețele mari, fiind imposibil de păstrat secretul cheii atunci când numărul participanților este cât de cât mare și nu poate fi conceput

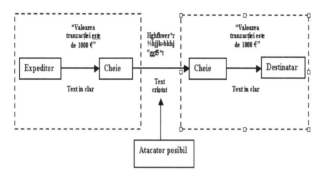

Criptare cu chei simetrice

fără ca persoanele participante la schimbul de mesaje să se fi întâlnit în prealabil. Criptarea convențională nu permite, de asemenea, autentificarea participanților la tranzacții. O cheie furată permite simplu substituirea expeditorului.

Criptarea cu chei publice (asimetrice)

Criptarea cu chei publice se bazează pe algoritmi asimetrici și rezolvă problemele de identificare, autentificare și asigurare a confidențialității în tranzacții în rețele publice. Schimbul de mesaje criptate se poate face chiar dacă persoanele respective nu s-au întâlnit în prealabil și chiar în condițiile unui mediu de transmitere nesigur cu interceptări facile a mesajelor.

Într-un demers teoretic publicat în 1976 de Diffie şi Hellman, s-a propus o metodă de schimbare de mesaje secrete fără a schimba chei de criptare secrete. A apărut posibilitatea de a folosi perechi de chei, una secretă şi una publică. Este imposibil de dedus prin calcul cheia secretă din cea publică. Cu cheia publică a unei persoane oricine poate cripta un mesaj, dar numai persoana respectivă folosind cheia sa secretă îl poate descifra. Pe aceste baze teoretice au fost elaborate mai multe sisteme criptografice cu chei publice printre care RSA, Elgamal şi DSA.

RSA

Sistemul RSA[1] a fost inventat în 1977 de către un grup de profesori de la MIT ca un sistem criptografic cu chei publice de tip PK[2]. În locul folosirii unei chei unice pentru criptare şi decriptare, RSA foloseşte o pereche de chei una *publică* şi una *privată(secretă)* folosite în procesul schimbului informaţiei secrete. Cheile se calculează după algoritmul prezentat mai sus. Fiecare cheie produce o transformare univocă a informaţiei. Cheile din pereche au roluri complementare, efectul produs de una din ele este anihilat numai de cealaltă.

Metoda constă în folosirea unei funcţii unidirecţionale, care este uşor de calculat, dar extrem de greu de inversat. Funcţia Diffie-Hellman este bazată pe exponenţiere modulară; fiind dat un număr prim p şi numerele a şi x mai mici decât p, se calculează y = ax mod (p) care se foloseşte drept cheie. Se poate demonstra matematic că dacă determinarea lui y se face extrem de uşor, operaţia inversă de determinare a lui x cunoscând a, p şi y durează de un timp calculat la puterea p. Astfel dacă p este un număr prim cu 1000 cifre, raportul timpilor este 21000. Numerele a şi p sunt standardizate şi publice.

Cheia publică RSA este făcută disponibilă public de posesor, în timp ce cheia lui privată este ţinută *secretă*. Pentru a trimite un mesaj secretizat, expeditorul criptează mesajul cu cheia publică a destinatarului. Un astfel de mesaj poate fi descifrat numai cu cheia privată (secretă) a destinatarului.

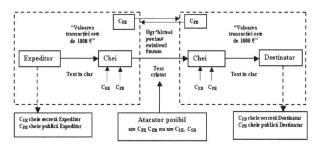

Criptare cu chei publice

---

[1] După numele autorilor Ronald Rivest, Adi Shamir şi Leonard Adleman
[2] Numit PK de la Public Key

Comunicarea prin criptare cu chei publice

Etapele comunicării prin criptografie cu chei publice sunt:

- Expeditorul E criptează mesajul cu o cheie proprie
- E criptează mesajul și cu cheia publică a destinatarului D.
- D decriptează mesajul cu cheia lui secretă care este univoc corelată cu cheia sa publică folosită de E

Protocoalele de securitate sunt în realitate mai complexe, dar în principiu sunt respectate aceste 3 etape. Succesul comunicării cu chei publice este determinat de imposibilitatea decriptării cheii secrete în timp rezonabil.

Pentru chei de 1024 biți cu tehnologia actuală ar fi necesari după unii autori 10^{10} ani.

Totuși, comunicarea prin criptografie cu chei publice funcționează corect dacă se respectă două condiții:

- Cheia secretă rămâne cu adevărat secretă și nu este furată din calculatorul unde este instalată; furtul este prevenit prin criptarea puternică la rândul ei a cheii secrete
- Cheia publică este distribuită pe căi sigure

Din aceste motive au fost construite infrastructuri specializate de chei publice.

Infrastructură de chei publice PKI[1]

Securitatea într-o organizație sau într-un sistem mai larg se asigură printr-o infrastructură de chei publice de tip PKI., care este o combinație de echipamente, programe și proceduri care asigură securitatea necesară tranzacțiilor electronice. Un astfel de sistem asigură identificare participanților la tranzacții și se bazează pe semnături electronice, certificate digitale și autorități de certificare.

Semnătura electronică (digitală)

Utilizarea cheii secrete proprii în procesul de criptare joacă rol de semnătură digitală sau electronică, deoarece numai posesorul cheii private putea cripta mesajul la expediție, deci se creează posibilitatea de autentificare. Autentificarea se obține astfel printr-o semnătură digitală. Semnătura digitală se creează prelucrând textul printr-un algoritm de amestec (hash[2]) similar celui descris și propus tot de Diffie și Hellman. Rezultă astfel un amestec al mesajului, care criptat cu cheia privată a expeditorului devine semnătura sa electronică sau digitală. Semnătura digitală poate fi decriptată numai cu cheia publică a aceluiași expeditor. Destinatarul prelucrează semnătura digitală primită și recalculează amestecul (hash) mesajului. Valoarea acestei amprente este comparată cu amprenta aflată din semnătură. Dacă valorile coincid mesajul este original. Deoarece verificarea

---

[1] acronim de la Public Key Infrastructure
[2] Mărunțire, amestec

semnăturii s-a făcut cu cheia publică a expeditorului și textul a fost semnat cu cheia lui privată cunoscută numai de el, în acest fel se asigură o autentificare performantă. Este imposibil ca altcineva să fi generat semnătura deoarece ea se bazează pe cheia secretă a expeditorului. Folosirea cheii secrete a expeditorului asigură și funcția de *nerepudiere*, expeditorul neputând nega *paternitatea* mesajului.

Certificatul digital

Utilizatorii de tehnologii RSA de regulă anexează cheia lor publică la un mesaj trimis. În acest fel destinatarul nu este obligat să se adreseze unui depozitar de chei publice. Este însă probabil ca o cheie publică, chiar la un depozitar, să nu aparțină în fapt persoanei care este declarată ca posesor, deci poate apărea un fals posesor de cheie care interceptează mesajele secrete. Evitarea acestei situații se face cu un *identificator digital* sau *certificat* care se inserează în cheia publică a utilizatorului și garantează că expeditorul este persoana care pretinde că este. *Certificatul digital* se emite de către o persoană sau organizație de *încredere*, cel mai des o *Autoritate de Certificare*. Autoritatea trimite utilizatorului sistemului un certificat digital criptat suplimentar cu cheia autorității respective. Când utilizatorul transmite un mesaj atașează acest certificat digital. Destinatarul verifică cu acest certificat cheia publică a expeditorului și apoi folosește cheia publică pentru decriptare. Cu folosirea de certificate digitale lanțul de autentificare se simplifică, nefiind nevoie de publicat decât cheia publică a Autorității de Certificare. Utilizatorii transmit mesaje cu certificatul digital propriu și cheia publică a destinatarului.

Standarde de securitate pentru schimbul de informații

X.509

ITU a emis un standard pentru certificatele digitale numit X.509. Un certificat X.509 este un fișier care conține informații despre posesor cum ar fi numele acestuia, numele autorității, cheia publică a utilizatorului, semnătura digitală, valabilitatea certificatului și un număr de serie.

SSL

SSL[1] este un protocol standardizat care permite ca de la servere SSL să se asigure folosind tehnologii de criptare trei servicii importante:
- Protejarea mesajului prin criptare împotriva intruderilor
- Integritatea mesajului prin coduri de autentificare pentru limitarea efectelor interceptărilor
- Autentificarea reciprocă a mesajelor împotriva impostorilor

---

[1] Secure Sockets Layer

Autorități de certificare

Emiterea de certificate digitale se bazează pe încredere. Autoritățile de certificare sunt organizații în care persoanele care schimbă mesaje au încredere, fiind numite uneori și Autorități de Încredere TA[1]. Acestea emit certificatele unor persoane verificabile ca identitate. Verificarea identității se face prin mai multe metode.

Astfel de organizații recunoscute care emite certificate digitale sunt în SUA *VeriSign, Entrust, Cybertrust, RSA*. Prin clicarea icoanei postată pe un site se poate afla de exemplu validitatea certificării de către *VeriSign* cu informații privind certificatul și validitatea lui. Un certificat expirat nu înseamnă neapărat că posesorul certificatului

Logo VeriSign

nu mai este de încredere[2], dar riscul unui schimb de mesaje cu acesta este ridicat.. Transmiterea de date confidențiale unor situri necunoscute se va face numai dacă sunt certificate de o autoritate de certificare reputată. Autoritățile de certificare sunt la rândul lor certificate de o autoritate publică sau de una în care participanții au încredere.

Emiterea de certificate digitale și serviciile de infrastructură PKI au devenit una din afacerile de anvergură ale Economiei Digitale. Principalul domeniu este comerțul electronic în care participanții trimit informații confidențiale prin Internet cum sunt datele card-urilor personale sau informații privind afacerile derulate.

În România mai multe firme pot emite certificate, pentru emiterea de certificate recunoscute în relația cu instituții publice fiind necesară autorizarea acestora. Alte autorități de certificare pot fi garantate de autorități publice sau private ca de exemplu bănci.

Certificate proprii sau serviciile autorităților de certificare?

Folosirea de certificate de tip X.509 se poate face atât în scopuri interne organizației, cât și pe Internet. Dacă este natural ca pentru interacțiunea cu alte organizații sau persoane pe rețele publice să fie de preferat o autoritate recunoscută, pentru sisteme informatice interne apare dilema dacă să se folosească un furnizor extern de certificate sau să se creeze propria infrastructură. Infrastructura proprie permite un control mai strict al politicilor de securitate și certificare, dar poate să coste mai mult și cu timp de implementare mai mare. Răspunsul poate fi dat numai după analiza atentă a cazului particular al organizației.

---

[1] Trust Authorities
[2] Uneori firmele sau persoanele posesoare de certificat "uită" să-l reînnoiască

PGP

PGP[1] este un software de criptare care permite schimbul de mesaje sau documente criptate cu chei de lungime 1024/2048 biți. Produsul a fost inițial disponibil fără plată pentru aplicații necomerciale și neguvernamentale.

Sistemul generează perechea clasică de chei privată și publică și o parolă necesară numai accesului la mesaje criptate pe calculatorul propriu. Cheile publice se schimbă între utilizatori. Un mesaj e-mail sau un fișier destinat unei anumite persoane se criptează cu cheia publică a acelei persoane și numai acea persoană poate decripta mesajul. Dacă se folosesc mai multe chei publice se poate lărgi aria de distribuție a mesajelor criptate. Există și opțiunea de semnare a mesajului/fișierului pentru autentificare. Cu PGP se poate securiza informații de pe discurile calculatorului criptându-le cu cheia proprie și devenind invulnerabile la produsele de recuperare/decodare a parolelor pentru produse cum sunt cel din MS Office.

PGP este un produs dezvoltat inițial în anul 1991 de către Phil Zimermann[2] și a făcut obiectul unor prime controverse privind exportul neautorizat ale unui produs considerat *strategic*.

Aspecte juridice ale folosirii criptării

Criptarea este absolut necesară pentru protejarea unor informații secrete comerciale sau ale entităților publice, dar care trebuie transmise prin rețele informatice.

Criptarea evoluată poate fi însă fi folosită și de către persoane sau organizații subversive, criminale sau teroriste. Agențiile însărcinate cu protecția națională sau internațională a societății trebuie să poată decripta mesajele care pot aduce atingere siguranței cetățenilor. Simpla dotare a acestora cu instrumente ultraperformante de decriptare se dovedește insuficientă. Legislațiile naționale sau internaționale au fost de aceea adaptate pentru a permite accesul la informația criptată care poate aduce atingere interesului societății.

Legislație privind accesul la informație din rețele informatice

Legislațiile naționale și internaționale sunt adaptate pentru a permite accesul agențiilor autorizate la informația considerată a încălca legea sau a aduce atingere interesului public. Au fost adoptate și în România legi în care se regăsesc astfel de prevederi.

O dezbatere aprinsă a avut loc în SUA atunci când agențiile de securitate au solicitat depunerea în depozite protejate a unor chei de decriptare pentru uzul acestora în caz de necesitate. La protestele comunității de afaceri o astfel de

---

[1] Acronim provenind din 'Pretty Good Privacy'

[2] Ulterior drepturile asupra produsului au fost transferate către PGP Corporation care în anul 2010 a fost achiziționată de Symantec.

legislație nu a fost în final adoptată.
Dezvăluiri ulterioare au arătat că au avut loc decriptări fără a fi clar în ce ca-
dru legal (Corera, 2015)

Controlul exportului de sisteme de criptare

Pericolele folosirii criptării împotriva securității naționale au făcut ca tehno-logiile electronice de criptare să fie considerate *muniție* și se supun legislației de control a diseminării acesteia. Prin convenție internațională România controlează exportul de astfel de tehnologii prin Agenția Națională de Control al Exporturilor Strategice și al Interzicerii Armelor Chimice - ANCESIAC.

Accesul securizat în rețelele informatice

Dezavantajele metodelor simple bazate pe identificatori si parole fac ca acce-sul in rețele informatice să fie abordat în prezent printr-o combinare a metodelor clasice cu metode de criptare si semnături digitale. Mai mult se securizează nu numai accesul ci și documentele și mesajele transmise. Sistemele moderne de securizare permit combinarea securizării accesului in rețelele informatice cu ac-cesul fizic în clădiri sau încăperi în care se afla informații confidențiale.

În acest caz se folosesc carduri inteligente[1] (smartcarduri) mixte cu ajutorul cărora persoanele autorizate pot accesa și rețelele informatice și pot avea și acces fizic în anumite zone ale organizației. Parolele clasice si vulnerabile folosite in mod tradițional sunt in acest caz înlocuite de codul PIN si certificatul digital afla-te pe smartcard. Vulnerabilitatea prin spargere sau furt al parolelor este practic eliminata si se asigura la un alt nivel pro-tecția resurselor interne al organizațiilor.

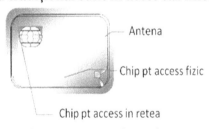

Structura unui card mixt de autentificare și acces

Accesul in rețelele informatice

Certificatul digital este emis de către serverul organizației si memorat pe smartcard, iar utilizatorul se loghează in rețea pe baza smartcardului si a codului PIN asociat. Serverul emitent al certifi-catului verifică autenticitatea acestuia si permite sau respinge accesul in rețea. În acest fel se elimină necesitatea folosirii numelor de utilizator si parolelor cu toate dezavantajele legate de folosirea lor. Riscurile generate de furtul sau pierderea parolelor dispar.

O altă soluție avansată de acces în rețele este folosirea de tokenuri si parole de unică utilizare. Utilizatorul folosește tokenul care generează o parola de unica utilizare și obține acces la distanță in rețeaua informatica.

---

[1] Smartcard

> *Certificatul digital plus PIN sau Token plus Parola OTP conduc la o autentificare riguroasă*

Evoluţia tehnologică permite ca unele tokenuri să posede şi spaţiu de memorare, securizat la rândul acestuia. Aceste dispozitive prezintă o combinaţie de facilităţi de tip smartcard, token, memorie flash cu conectare prin USB. Un astfel de produs este *Gemalto Smart Enterprise Guardian (SEG)* (Gemalto, 2008) care oferă 3 facilităţi într-un singur token USB:

- Microcip incorporat pentru accesul securizat la reţea pe baza de certificate digitale (PKI)
- Generator OTP pentru accesul la aplicaţii pe baza OTP
- Spaţiu de stocare si criptare a datelor de 2 sau 4 GB

Card de acces in incintă

Accesul fizic în clădiri sau încăperi

Pentru accesul securizat in reţea şi totodată şi pentru accesul fizic in clădiri si birouri se folosesc caz smartcarduri hibride. Fiecare card conţine două cipuri, unul pentru accesul in reţea si unul pentru accesul fizic. Cardul de acces in incintă se şi imprimă cu fotografia şi datele personale ale persoanei autorizate pentru un eventual control clasic cu mijloace clasice.

Accesul la distanţă in reţelele informatice

Odată folosit pentru accesul fizic cardul este folosit mai departe pentru accesul la calculatorul propriu si reţea. În afara organizaţiei cardul este folosit pentru accesul la distanta la reţeaua organizaţiei prin VPN. În cazul accesului prin Internet este necesara realizarea unui tunel virtual securizat VPN si apoi accesarea prin una din cele 2 metode. La folosirea de smartcarduri nu se transmite identificatorul şi parola eliminându-se astfel interceptarea lor, chiar şi de către keyloggere. În cazul tokenurilor se poate ca parola sa fie interceptată, dar ea nu poate fi folosită fiind de unica utilizare.

Alte aspecte privind accesul la distanţă prin Internet sunt discutate in alt capitol. Viitorul smartcardurilor se pare ca ne va rezerva surprize plăcute, noua tehnologie[1] va elimina nevoia de a folosi VPN şi oricare persoana aflată acasă sau oriunde in lume se va putea loga direct la intranetul companiei doar cu smartcardul. Practic, o simpla logare securizata pe laptop cu smartcardul si o conexiune internet vor permite accesarea intranetului companiilor in mod direct si securizat de oriunde din lume.

---

[1] Microsoft DirectAccess

Asigurarea securității rețelelor informatice

Dezvoltarea permanentă a rețelelor informatice aduce în organizații necesitatea asigurării securității acestora ca rezultat a unor politici bine definite. Au fost elaborate standarde de securitate și organisme de audit și certificare.

Standardul ISO 27001

Standardul a fost elaborat în 2005 de organizația internațională de standarde ISO, în colaborare cu Comisia Electrotehnică Internațională. Conform standardului se stabilesc regulile de bază pentru măsurile de bază care să fie luate pentru asigurarea securității. ISO 27001 acoperă nu numai infrastructura IT, cât și securitatea informației.

Certificarea conform ISO/IEC 27001 se face în urma unei auditări în 3 etape:
- Etapa 1: examinarea existenței documentației principale de securitate a rețelelor printre care politicile de securitate, proceduri de aplicare și planul de tratate a riscurilor
- Etapa 2: auditarea detaliată a existenței controalelor de securitate prevăzute în documentație
- Etapa 3: re-evaluarea periodică ulterior auditul și implementarea măsurilor stabilite cu ocazia etapelor anterioare

Securitatea fizică a datelor

Dependența de tehnologiile digitale este deja foarte mare. Să ne gândim numai la exemplul simplu al opririi facturării într-o firmă, ca să nu mai vorbim de sisteme naționale cum sunt cele de asigurări medicale sau pensii. Și totuși defecțiuni apar permanent. Ne putem întreba cum se previn, cum se repară defecțiunile, în cât timp? Pericolele pentru sistem sunt accidentale sau sunt provocate de om (viruși, atacuri, furturi etc.).

Securitate de 100% a datelor nu există !

Este necesară conștientizarea pericolului și diminuarea riscului de oprire a funcționării sistemelor informatice. Despre menținerea confidențialității informației, asigurarea integrității și siguranței în exploatarea datelor, a disponibilității acestora s-a discutat deja. Dar apar frecvent dezastre naturale. Se pune normal întrebarea dacă rezistă sistemele, unde sunt fișierele vitale, dacă există soluții de rezervă (back-up)? Sunt supuse la riscuri și echipamentele și datele și aplicațiile.

Riscuri pentru echipamente

Daune fizice sunt aduse echipamentelor de cauze naturale, probleme ale alimentării cu energie și vandalism.

Printre cauzele naturale putem aminti inundațiile, cutremurele, incendiile, fulgerele, tornadele, radiațiile, pagubele produse de animale sau insecte.

Alimentarea cu energie electrică se poate întrerupe total sau parțial, pot apărea supratensiuni.

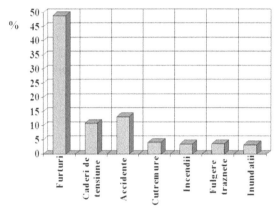

Riscuri fizice pentru sistemele digitale

Acțiunile umane pot fi de vandalism cu distrugere intenționată sau accidentală sau furturi. Figura ilustrează frecvența riscurilor fizice pentru echipamente.

Reducerea riscurilor privind cauzele naturale se face prin duplicare informației periodic, pe cât posibil automat (back-up), transportare datelor în centre separate, protejarea liniilor de comunicații etc.

Regulatoarele de tensiune, sursele neîntreruptibile de tip UPS[1] sau surse de tensiune independente de rețea sunt soluții pentru diminuarea riscurilor asociate cu alimentarea cu energie electrică.

Diminuarea riscurilor legate de acțiuni fizice ale oamenilor se face prin controlul accesului și păstrarea echipamentelor în camere special amenajate.

Riscuri pentru date și aplicații

Pericolele pentru date și aplicații au cauze de regulă umane: furt de informație, alterare sau distrugere de date, malware, acțiuni distructive întâmplătoare. Era digitală simplifică furtul, echivalentul informației pe tone de hârtie devine un simplu disc compact CD. Protecția se asigură prin controlul accesului și criptarea informației. Alterarea sau distrugerea datelor conduce la pericol prin lipsa de acțiune sau acțiuni contrare cu consum de resurse pentru corectarea situației. Riscurile date de malware sunt mari și au fost menționate în alt capitol.

---

[1] Uninterruptible Power Supply

Acţiunile distructive întâmplătoare au la bază instruirea necorespunzătoare, nerespectarea procedurilor şi erorile umane. Ele pot fi prevenite prin metode şi proceduri de control, crearea de programe robuste şi controlul introducerii datelor, realizarea unui grad de rezistenţă la acţiuni nepotrivite, meniuri care determina introducerea de date corecte, punerea unor limite de valori la programare, tranzacţii atomizate, înregistrarea datelor în mai multe destinaţii etc. Operaţia este completă când toate destinaţiile sunt validate. Se implementează astfel un control tehnic de consistenţă, se poate face auditarea de conformitate, se poate stabili un set de proceduri pentru descoperirea neconcordanţelor şi se pot descoperi activităţile ilegale sau neconforme cu regulile stabilite.

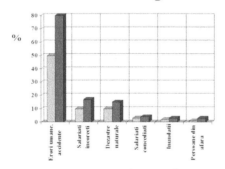

Riscuri pentru date şi aplicaţii

O metodă pentru prevenirea abuzurilor şi fraudelor este separarea responsabilităţilor între proiectantul de sistem şi utilizatorul sistemului. Proiectantul este responsabili pentru crearea unui sistem de meniuri care permite autorizarea unor meniuri utilizator şi module de program pentru ca utilizatorul sa creeze identificatori şi parole. Responsabilităţile utilizatorului sunt definirea de coduri de acces, parole şi proceduri de acces.

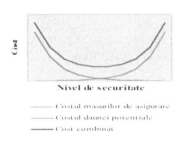

Costul măsurilor de securitate

atacuri asupra sistemelor.

Planuri de recuperarea a daunelor

Adoptarea de planuri de recuperare a daunelor micşorează daunele care pot apărea ca rezultat al riscurilor amintite. Ele sunt extrem de eficace atunci când din motive diverse au loc căderi sau

Din păcate, planuri de recuperarea a daunelor se întocmesc foarte rar.

Costul măsurilor de securitate

Măsurile de securitate au un cost care pare, de regulă, mare pentru beneficiarii sistemelor și chiar este mare în funcție de nivelul de securitate dorit.

Costul daunelor potențiale descrește însă în funcție de nivelul de securitate

$$C_t = \sum C_1 \times P_1 + C_2 \times P_2 + \cdots + C_n \times P_n$$

unde C_t este costul daunelor potențiale, C_i costul și P_i probabilitatea de apariție a daunei i. Se poate determina un optim economic prin calcularea costului combinat al asigurării securității.

Centre de date

Dependența de sisteme informatice critice a condus la necesitatea unor centre dotate corespunzător în care datele să fie asigurate contra pericolelor de alterare, distrugere, furt etc. Ele pot deservi o organizație sau mai multe.

Centrele de date sunt dotate cu servere si memorii externe de mare capacitate, linii de comunicații de date de mare capacitate si sigure. În plus ele sunt dotate cu sisteme de răcire si condiționare a aerului, conexiune separata la rețeaua de curent electric, si sisteme de backup a alimentarii cu energie electrica. Serverele si echipamentele de comunicație sunt alimentate prin UPS-uri, iar backup-ul general este asigurat de generatoare de curent cu autonomie mare de funcționare (sute de ore). Accesul in incinta centrelor de date este securizat si monitorizat in permanență.

INTERNET

Motto:
Internetul este primul lucru
pe care omul l-a construit
și pe care nu le înțelege complet
cel mai mare experiment în anarhie
Eric Schmidt

Internet este o rețea a rețelelor de calculatoare cu impact mondial. Internet(ul)[1] este o rețea organică, care crește permanent și nu se poate cunoaște cu exactitate câte persoane utilizează Internet la un moment dat și nici câte calculatoare sunt conectate[2].

Impactul Internet asupra societății este atât de mare, încât poate fi considerat ca fenomenul major al *Noii Economii*, economie bazată pe accesul cu limitări din ce în ce mai mici la un rezervor mondial de informații, generatoare a unui nou tip de afaceri și comerț și cu impact asupra relației cetățeanului cu societatea.

Un avantaj decisiv al Internet este simplitatea accesului, devenit practic un bun sau serviciu de larg consum. Tehnologiile Internet au fost preluate în sistemele informatice ale organizațiilor, apărând noțiunile de intranet și extranet.

Dezvoltarea Internet a fost principala componentă a unui program de Auto-străzi Informaționale promovat de Administrația SUA. Similaritatea nu se oprește la sintagma folosită pentru numele programului. Rețeaua Internet a evoluat într-o manieră similară infrastructurii de drumuri și șosele a unei țări.

Cunoașterea modului de utilizare a Internet este în prezent necesară fiecărui utilizator de tehnologie a informației. Acest capitol nu va fi un manual de învățare a folosirii Internet. Pentru aceasta există suficiente cărți de specialitate și mai ales se poate autoînvăța accesând Internet, autoinstruire facilitată de interfața prietenoasă a aplicațiilor Internet. Voi prezenta principiile de construire ale Internet și ale aplicațiilor sale extrem de variate numai pentru a crea cititorului o imagine a ceea ce se poate face pe Internet azi.

Internet poate fi considerat ca un prim exemplu de sistem ultracomplex de scară largă realizat de om. Unii autori susțin chiar că nici nu este înțeles pe deplin (Schmidt & Cohen, 2014)

---

[1] Se poate pune întrebarea dacă Internet este numai nume propriu și îl putem folosi și ca un nume comun. Majoritatea autorilor acceptă ambele forme.

[2] Pentru referință estimarea numărului de servere de tip host conectate la Internet în decembrie 2014 era de peste 850 milioane (Netcraft, 2015) și se estima la 31 decembrie 2014 un număr de 3,01 miliarde persoane cu acces la Internet (Internet World Stats, 2015).

Structura sa este eterogenă, cu viteze de transfer și capacități de memorare foarte diverse. Un nod poate fi folosit de mai mult calculatoare, creându-se posibilitatea unor rutări elastice cu capacitate de autoreglare.

Accesibilitatea

Accesul la Internet a devenit un drept fundamental sau recunoscut al omului. Un aspect particular este asigurarea acestui drept și pentru persoanele cu dizabilități care la nivel mondial reprezintă peste 7% din populație. Tehnologiile digitale au evoluat pentru a asigura și acestei categorii de persoane accesul la Internet.

Dacă tehnologia pune la dispoziție echipamente și programe sofisticate (cititoare de ecran, software pentru dictare, tastaturi Braille etc.) pentru persoanele cu dizabilități fizice, în cazul accesului de bandă îngustă singura soluție este investirea în acces de bandă largă, proiectarea de noi aplicații cu luarea în considerare a accesibilității și instruirea celor dezavantajați în folosirea de soluții simple care nu consumă bandă, ca de exemplu emailuri fără atașamente mari.

Pe de altă parte, decalajul digital face ca în multe țări sau regiuni accesul la Internet să nu existe sau să se facă cu viteză redusă. Majoritatea aplicațiilor sunt dezvoltate în ultimul timp pentru acces de bandă largă, ceea ce îi privează pe mai mult de jumătate din cei care navighează pe Internet în lume de posibilitatea de a avea acces complet.

Intimitatea

Navigarea în Internet se face cu dorința utilizatorului de intimitate[1] privind datele accesate sau trimise și tranzacțiile efectuate. Intimitatea se referă la dreptul de a fi lăsat singur când dorești, limitarea accesului altora la informații personale, dreptul de avea secrete, protecția relațiilor intime etc.

Dezvoltarea inițială a Internet s-a făcut fără asigurarea aspectelor de bază ale intimității. Cu toate eforturile din ultimii ani, utilizatorii Internet sunt încă supuși la riscuri serioase privind intimitatea.

---

[1] Privacy în limba engleză

În multe situații intimitatea nici nu este dorită de unii actori Internet. Acțiunile de marketing ale firmelor au succes mai mare dacă se pot culege date despre utilizator, metoda de marketing 1:1 fiind superioară marketingului clasic 1:N. Rețelele sociale încurajează oamenii să divulge cât mai multe date personale, multe persoane renunțând la intimitate în mod voluntar sau din lipsă de educație digitală. Malware-ul este o amenințare directă la intimitate, culegând date și folosindu-le în favoarea unor terți.

O soluție la problema intimității este problema setărilor de intimitate, dar mulți utilizatori le ignoră sau nu au pregătirea să le folosească. Pe un plan mai general majoritatea țărilor au adoptat legislații specifice[1], dar caracterul transnațional al Internet face des inoperantă aplicarea lor.

> *Internet: Intimitate? Care intimitate?*

Internetul adânc

Internet fiind o rețea de rețele are în componență miliarde de site-uri web, baze de date, elemente de rețele sociale etc. Numai o parte din acest imens ocean de informație este accesibil navigării nerestrictive. Restul care se estimează a reprezenta 99% din total este Internetul invizibil sau Internetul ascuns[2]. Din comparația cu un ocean, această parte mai este numită și Internetul adânc[3].

> *Partea din Internet care nu este accesibilă motoarelor de căutare este probabil cea mai simplă definiție a internetului invizibil.*

Nu se poate accesa informația care se schimbă permanent ca de exemplu temperaturile într-o anumită localitate prezentate de site-urile meteo, bazele de date actualizate permanent, bazele de date cu informații criptate, paginile protejate prin parole, paginile utilizatorilor din rețelele sociale care se schimbă des. Să adăugăm prezența pe web a unor documente în formate care nu pot fi indexate cum este pdf necercetabil[4], scanări diverse de documente scrise cu fonturi

---

[1] Cum este de exemplu Legea nr. 677/2001 pentru protecția persoanelor cu privire la prelucrarea datelor cu caracter personal si libera circulație a acestor date
[2] Hidden Internet
[3] Deep Internet
[4] Non-searchable PDF

nestandard[1]. Posibil ca entitatea cea mai mare din Internetul adânc să fie Facebook cu miliardul său de utilizatori.

Internetul întunecat

O parte din Internetul adânc este Internetul întunecat[2] unde se găsesc rețele, date și informații ascunse în scopuri ilicite sau criminale: trafic de persoane și droguri, terorism, pornografie infantilă etc.

> *Din Internetul întunecat au apărut însă în Internetul vizibil și documentele Wikileaks, o formă nouă de civism criticabilă sau nu funcție de opiniile fiecăruia.*

Scurtă istorie a Internet

De la e-mail la Internetul lucrurilor

Istoria Internet este scurtă ca interval de timp. În anii '1960 ARPA[3], agenția pentru cercetare avansată a armatei SUA, a dezvoltat un sistem cunoscut sub numele de ARPANET.

> *Primele două calculatoare au fost interconectate la 29 octombrie 1969, dată considerată ca ziua de naștere a Internet.*

ARPANET permitea calculatoarelor din rețea să aibă acces comun la date și să schimbe mesaje în formă electronică. Prin similaritate cu poșta clasică sistemul de schimb de mesaje a fost denumit *poștă electronică* sau e-mail.

În anii '1970 au fost dezvoltate protocoale pentru a se transfera datele între diferite tipuri de rețele. Aceste protocoale „Internet" de la „**internet**working" sau „inter-rețele" au permis dezvoltarea a ceea ce numim azi Internet. S-au creat legături între ARPANet și alte rețele din SUA și alte țări. În lume a apărut rapid o „țesătură" deasă de calculatoare. Analogia cu țesătura pentru care în limba engle-

---

[1] Vezi captcha in capitolul WWW
[2] Dark Internet
[3] US Defense Department's Advanced Research Projects Agency

ză   se foloseşte cuvântul „web[1]" a condus la World Wide Web sau pe scurt web, cuvânt care a intrat în folosirea curentă în contextul Internet în multe limbi ale lumii[2].

În anii '1980 Internet-ul s-a dezvoltat într-un ritm fenomenal. Oricine poseda un calculator, un modem şi perseverenţă putea accesa servere din lumea întreagă. Anul 1989 a adus un instrument nou revoluţionar care a modificat modul în care se foloseşte şi aplicaţiile Internet: world wide web sau www, invenţie apărută pentru prima dată în afara SUA în Europa[3].

În anii '1990 reţeaua Internet creşte în ritm exponenţial, în medie cu dublare anuală. Viteze de 1,5 Mbps se dovedesc prea mici pentru volumele mari de date care se transferă. Viteza maximă a fost crescută pe magistrale la 45 Mbps, s-au dezvoltat serviciile comerciale, a apărut comerţul electronic.

A urmat penetrarea puternică a Internet în toate ţările şi regiunile globului. După statisticile internaţionale între 2000 şi 2014 numărul total de utilizatori Internet a crescut de la 361 milioane la 3 miliarde (8,4 ori), creşteri mai mari înregistrându-se în Orientul Mijlociu , Africa şi America Latină . Aproape jumătate din cei care utilizează Internet sunt în Asia (Internet World Stats, 2015). Deceniul este caracterizat de afacerile electronice[4] pe Internet, de proliferarea accesului de la terminale mobile şi folosirea Internet pentru cloud computing, înglobate în ceea ce numeşte Web 2.0. Sutele de mii de firme care promovează aplicaţii şi forme de afaceri legate de Internet au dat naştere la fenomenul cunoscut în lume ca impactul firmelor *dot.com*.

> *După o perioadă de înflorire a firmelor dot.com în anii 1990 a urmat şi o perioadă de cădere puternică a acestora, situaţia fiind restabilită după o criză de câţiva ani.*

După anul 2000 a avut loc apariţia şi proliferarea reţelelor sociale, a aplicaţiilor cloud şi big data, crowdsourcing şi legarea Internet de cele mai multe dintre obiectele din jurul nostru – Internetul lucrurilor[5].

---

[1] Ţesătură, pânză de păianjen
[2] Mai mult, adesea se folosesc termenii internet, web sau www interşanjabil
[3] La CERN în Elveţia, inventatorul fiind Tim Berners-Lee
[4] eBusiness
[5] Internet of Things

Complexitatea și vulnerabilitatea Internet

Organizații din cele mai diverse, publice, de afaceri, militare etc. realizează marele potențial al Internet ca o infrastructură esențială pentru viitor care aduce noi posibilități de creștere, productivitate sporită, costuri mai scăzute, dar și atingerea unor segmente țintă mai largi. Complexitatea Internet face însă ca adesea în locul transparenței să se manifeste dificultăți în calea atingerii obiectivelor de comunicare, o problematică specifică necunoscută până în prezent. Internetul este o rețea de milioane de rețele interconectate. Complexitatea Internet crește proporțional cu numărul de utilizatori până la nivelul în care nu mai poate fi controlată eficient de oameni. De aceea, complexitatea Internet conduce și la o creștere a vulnerabilității acestuia (Baltac, 2001).

> *Utilitatea rețelelor este proporțională cu pătratul numărului de utilizatori*
>
> *Legea lui Metcalf*

Aparent rutările în acest ocean de informație sunt dispersate. Cercetări recente arată totuși că se manifestă o concentrare a conectivității, există caracteristici independente de scară și autoorganizare. Ansamblul Internet fiind un sistem de sisteme care crește rapid și cu o infrastructură destul de puțin fiabilă există numeroase elemente de vulnerabilitate care au generat preocupări pentru studierea acestora. Internetul este deja cel mai mare sistem creat de om, un fenomen global și care accentuează globalizarea. Volumul de informație stocată și accesibilă pe Internet crește cu repeziciune.

Elementele de vulnerabilitate pot fi evidențiate la nivel micro- și macrosistem. La nivel de micro-sistem, complexitatea fiind suficient de mică, vulnerabilitatea este controlabilă. Vulnerabilitatea Internet la nivel macro este o consecință a arhitecturii sale ca rețea de elemente vulnerabile și a perturbărilor induse prin incidente. Creșterea incidentelor este exponențială. Principalul element actual de vulnerabilitate au devenit atacurile. Dezvoltarea afacerilor electronice de tip eBusiness a introdus un nou nivel necesar de securitate, mult mai ridicat.

Din punct de vedere tehnic viteza de creștere și mai ales timpul scurt nu au permis contracararea eficientă a influenței factorului uman în sporirea vulnerabilității Internet. Se pune justificat întrebarea dacă studiul organizării societății umane nu este o sursă de soluții pentru scăderea vulnerabilității? Astfel de soluții pot fi găsite prin analogia cu societatea umană. Aceasta a fost și ea confruntată încă din fazele incipiente cu problema vulnerabilității. Soluțiile găsite au fost diverse, de la construcții și comunități fortificate la folosirea de sisteme de alarmare eficiente. Nu mai este de mult o dilemă să decizi dacă se pun uși blindate la toate casele sau se folosesc forțe de ordine eficiente. Societatea umană a optat de timpuriu pentru o organizare prin legi și reguli și instituții de aplicare a acestora. Lumea Internet va trebui să evolueze de la absența reglementării la reglementări naționale și globale. Reglementările pot reduce vulnerabilitatea cu costuri mai mici decât măsurile tehnice. Lumea Internet poate deveni globală, democratică și sigură și prin măsuri tehnice dar mai ales prin reglementări naționale și globale[1].

Evoluția Internet în România

În România accesul la Internet a proliferat începând cu '1990, la început în mediile universitare și de cercetare. Dezvoltarea ulterioară a fost foarte rapidă. Conform ultimelor date publicate în România erau în iunie 2014 peste 11 milioane de utilizatori Internet. Majoritatea acestora folosesc accesul la Internet de bandă largă, acest segment al pieței serviciilor de Internet înregistrând o dinamică importantă. Operatorii de telefonie mobilă fac parte dintre operatorii care oferă servicii de conectare la Internet inclusiv de bandă largă, dar și cu mare acoperire națională. Evoluția acestor indicatori poate fi urmărită în mass media și pe web (ANCOM, 2015).

Elemente de bază

Comutarea de pachete, protocoalele TCP/IP

Comutarea de pachete reprezintă o tehnologie cheie în dezvoltarea Internet. Informația circulă în Internet sub formă de pachete și ajunge la destinație prin tehnologia de comutare de pachete. Fiecare pachet are o etichetă electronică prin care se definesc atât expeditorul, cât și destinatarul. La destinație se reface mesajul original din pachetele care au sosit cel mai des pe căi diferite. Rețelele care compun Internet au calculatoare specializate numite rutere, care comută pachetele spre destinație pe o cale optimă pe baza unor algoritmi de rutare.

---

[1] Vezi (Baltac, 2001)

Avantajele comutării de pachete în Internet sunt numeroase. Un mesaj poate fi desfăcut în segmente (pachete) mai uşor de transmis şi distribuit pe imensa reţea de reţele care formează Internet. Pachetele care ajung deteriorate pot fi mai uşor reparate. Retransmiterea ce poate apărea ca necesară se face numai pentru un pachet şi nu pentru întreg mesajul.

Transmiterea informaţiei în Internet se face prin TCP/IP care de fapt este compus din două protocoale diferite: TCP (Transmission Control Protocol) şi IP (Internet Protocol). Aceste protocoale stabilesc regulile de transfer a datelor în Internet. TCP stabileşte regulile de desfacere a mesajului în pachete şi de reasamblare a acestuia la destinaţie. Protocolul IP determină regulile de rutare a pachetelor spre destinaţie. TCP/IP este folosit în prezent şi în reţele locale de tip LAN.

Nume de calculatoare în Internet

Dezvoltarea Internet nu ar fi fost posibilă fără o convenţie acceptată privind modul în care calculatoarele sau alte obiecte conectate la Internet pot fi identificate şi accesate. De aceea s-a convenit ca fiecare obiect conectat la Internet să primească un nume unic numit număr IP[1] sau număr de protocol Internet. Un astfel de număr care identifică univoc un obiect din Internet şi are în reprezentare numerică decimală patru părţi separate prin puncte, ca de exemplu: *193.231.173.95*

Numele unic IP se acorda de către furnizorul de servicii numit ISP[2] prin care obiect se conectează la Internet. Aceste organizaţii rezervă clase de astfel de nume, pentru a putea satisface necesităţile sale actuale şi viitoare.

În unele situaţii administratorii de reţele locale alocă clase de IP în afara celor stabilite conform convenţiilor naţionale şi internaţionale. Astfel de IP-uri pot fi folosite numai local şi sunt transformate în clase regulare când se iese în Internet[3].

---

[1] Abreviere de la Internet Protocol

[2] Abreviere de la Internet Service Provider

[3] Din aceasta cauză unele aplicaţii Internet care includ localizarea geografică pe bază de IP dau erori când sunt conectate la reţele locale

Standardul IPv4 permite alocarea a circa 5 miliarde de nume diferite, ce se dovedeşte insuficient pentru dezvoltarea explozivă a Internet. Din acest motiv există o criză de alocare, ce s-a rezolvat prin trecerea de la 32 biţi la 128 biţi în cadrul standardului numit IPv6[1], care înlocuieşte standardul IPv4. În fapt, IPv6 marchează trecerea de la nume de calculatoare, la nume de obiecte interconecta-te, fie ele calculatoare, telefoane mobile, controlere de echipamente industriale sau casnice etc.

URL

Desigur este greu să reţinem multe astfel de numere formate dintr-un număr aşa de mare de cifre. De aceea de regulă calculatoarele conectate la Internet pri-mesc şi un nume alfanumeric determinat conform unei convenţii numite Locator Uniform de Resurse sau URL[2], *193.231.173.95* amintit mai sus www.softnet.ro. Fiecare dispozitiv depinde de un domeniu precizat ca sufix, în acest caz .ro. Din motive variate administratorii reţelelor schimbă uneori IP-ul unui server, dar numele alfanumeric rămâne.

Cele mai multe dintre navigatoarele folosite pentru accesul la web afişează şi IP-ul serverului care corespunde respectivului URL. Pentru accesul la pagini care implica activităţi de comerţ electronic sau operaţiuni financiare este bine să reţi-nem şi forma numerică a IP pentru a preveni înşelătoria de tip *phishing* în care se folosesc URL-uri apropiate de cele originale, dar IP-ul nu poate fi modificat.

Nume de domeniu

În funcţie de domeniul de activitate al organizaţiei care deţine serverul sau ţa-ra în care se află aceasta, partea de domeniu este standardizată fie precizând aria de activitate, fie ţara unde este înregistrat domeniul respectiv.

Nume generic	Utilizare
.com	*comercial*
.net	*reţele*
.org	*organizaţii neguvernamentale*

---

[1] Internet Protocol version 6
[2] Uniform Resource Locator

.int	organizații internaționale
.edu	universități SUA
.gov	agenții guvernamentale SUA
.mil	armata SUA

Nume generice privind aria de activitate

Cele mai multe servere fiind in SUA, la acestea este de regulă omis indicativul „.us" pentru țară. În restul țărilor se omite cel mai des tipul de activitate. Menționarea țării nu este obligatorie dacă se adoptă un nume de domeniu legat de tipul de activitate. Astfel numele de server *softnet.com* poate sa însemne că serverul este cel mai probabil localizat în SUA, dar poate fi și în orice altă țară.

Pentru evitarea asignării duble există câte o organizație care alocă numele de domeniu la cerere pentru fiecare sufix de domeniu. Algoritmul de alocare este „primul venit, primul servit" și nu se ține cont de țara din care vine cererea. Deoarece costul operației de alocare este scăzut au apărut multe situații în care se fac rezervări de nume, chiar și în vederea revânzării lor ulterioare. Acest lucru se întâmplă deoarece numele de domeniu al serverului DNS se folosește și în alte instrumente Internet de mare interes comercial, în primul rând www[1].

Dezvoltarea foarte rapidă a Internet a făcut să apară o criză de resurse de alocare. S-a adoptat regula indicativului dublu. Astfel în Marea Britanie (Regatul Unit) un server din domeniul comercial va fi de tipul ****.co.uk dar nici în România nu este interzis să se folosească nume cu două sufixe. Astfel *atic.org.ro* arată că este vorba de o organizație necomercială din România[2].

Nume domeniu	Țara
.at	Austria
.de	Germania
.eu	Uniunea Europeană
.fr	Franța
.hu	Ungaria

[1] World Wide Web, vezi mai jos în capitol
[2] Asociația pentru Tehnologia informației și Comunicații din România

.it	![Italia] Italia
.md	![Moldova] Moldova
.ro	![Romania] Romania
.ru	![Rusia] Rusia
.ua	![Ucraina] Ucraina
.uk	![Marea Britanie] Marea Britanie
.us	![SUA] SUA

Exemple de nume de domeniu de ţări

Coordonarea acordării de nume de domenii se face de către ICANN, organism internaţional cu sediul la Marina del Rey, SUA. ICANN a apreciat ca insuficient numărul de indicative şi a adoptat noi indicative de domeniu biz, info, aero, coop, museum etc. (ICANN The Internet Corporation for Assigned Names and Numbers , 2015). ICANN coordonează şi alocarea adreselor IP şi este singurul organism acceptat de coordonare în Internet. O serie de organizaţii au încercat să introducă nume de domenii noi. Lista acceptată de ICANN este prezentată pe situl acesteia[1].

DNS

Echivalarea reprezentării alfanumerice cu IP-urile numerice se face de către servere de nume de domeniu sau DNS[2]. În nucleul Internet există un număr de rootservere care alocă principalele clase de IP pe domenii .com, .org, .edu, .nume_ţară etc. În fapt rootserverele[3] sunt apelate rar. Domeniile şi reţelele locale au propriile baze de nume şi apelarea se face către acestea.

Absenţa sau întreruperea accesului la un DNS face imposibilă cuplarea în reţea a dispozitivului digital respectiv.

---

[1] Vezi (ICANN The Internet Corporation for Assigned Names and Numbers , 2015)

[2] Domain Name Server

[3] Una din temerile privind vulnerabilitatea Internet se referă la posibilitatea atacărilor acestor servere. De aceea cele 13 root-servere si serverele de domenii sunt plasate în medii securizate şi în locaţii nedivulgate

Conectarea prin TCP/IP

Se poate pune întrebarea: Cum ne conectăm la un anumit server din Internet? Conectarea la o anumită pagină din Internet se face conform secvenței de mai jos luând ca exemplu conectarea la site-ul SoftNet:

- se accesează rețeaua direct sau prin linie de transmisie;
- se stabileşte o legătură Punct la Punct cu serverul providerului;
- serverul alocă o adresă IP temporară;
- stația primeşte adresa unuia sau mai multor DNS;
- se porneşte navigatorul (browser);
- se introduce URL SoftNet (www.softnet.ro);
- stația cere DNS adresa IP a serverului SoftNet;
- DNS răspunde cu 193.231.173.95;
- navigatorul deschide calea către *193.231.173.95*;
- se cere accesul la un fişier htm;
- se primeşte fişierul htm.

Anonimizarea IP

Mecanismul de alocare IP nu depinde de utilizator şi orice calculator conectat la rețea poate în principiu să fie depistat de administratorii rețelei şi nu este acoperit total de anonimat. Dorința multora de a accesa Internet anonim a condus la dezvoltarea de soluții de evitare a depistării sursei conectate. De exemplu tehnologia TOR[1] permite anonimizarea locației unui dispozitiv digital trecând datele criptate ce pleacă sau vin printr-o rețea de relee realizată de voluntari, rețea care poate ajunge la sute de persoane.

Apariția Wikileaks a arătat că prin efortul unui grup de oameni se poate realiza anonimatul celor care trimit informații către servere. Pe de altă parte, anonimizarea a permis desfăşurarea unor activități criminale pe Internet, cum ar fi pedofilia sau comunicarea unor rețele de terorişti, traficanți etc. care se ascund în Dark Internet despre care vom vorbi în altă parte.

---

[1] Abreviere de la The Onin Router (Ruterul ceapă)

Interesant este că tehnologia TOR a fost creată de un organism al Administraţiei SUA pentru a ajuta disidenţii din statele totalitare să posteze pe Internet fără teama că vor fi descoperiţi (Corera, 2015). Numai că o tehnologie digitală odată lansată în spaţiul public cu greu mai poate fi stăpânită răspândirea ei.

Phishing

Accesarea unei pagini web care are anumite caracteristici nu înseamnă neapărat că utilizatorul se află în situl pe care doreşte să îl acceseze. A luat amploare fenomenul de *phishing* prin care se creează pagini identice cu ale unor site-uri cunoscute şi se încearcă înşelarea clienţilor unor bănci cerându-li-se de exemplu date personale confidenţiale cum ar date privind cardurile bancare în intenţia de fraudă. Pagina copiată nu are niciodată acelaşi IP cu pagina originală. Este bine de reţinut IP-ul sau clasa de IP-uri ale sitului original pe care navigatoarele de regulă o afişează ca operaţie la cerere, ca de exemplu un add-on al Firefox.

De exemplu, pentru verificare se poate accesa http://showip.net care precizează cine este proprietarul sitului accesat. În acest scop, există numeroase site-uri utile, ele pot fi găsite uşor căutând cu un motor de căutare „my ip" sau „show IP".

Accesul la Internet

Accesul la Internet presupune conectarea calculatorului la una din reţelele care îl compun. Aceasta presupune că utilizatorul are sau introduce calculatorul ca parte dintr-o reţea locală conectată la Internet sau foloseşte un canal de comunicaţie pentru a se conecta la un furnizor de servicii Internet de tip ISP. Cea mai importantă caracteristică a conexiunii este lăţimea de bandă, care determină direct volumul de informaţie care poate fi primit/trimis în unitate de timp. Obţinerea unei lăţimi de bandă cât mai mari reprezintă în prezent una din cerinţele majore ale răspândirii Internet. Din considerente economice furnizorii de servicii Internet folosesc banda închiriată de ei pentru mulţi utilizatori, ceea ce creează în perioade de trafic intens o reducere a calităţii serviciilor individuale. În plus, furnizorii au lăţimi de bandă diferite pentru primirea şi trimiterea datelor, deoarece se constată la mulţi abonaţi o asimetrie a cererii în favoarea primirii de date. În schimb, la servere canalul de trimitere este cel mai folosit.

Metodele de acces cele mai folosite sunt descrise în alt capitol[1]: liniile fixe te-
restre (cupru, cablu coaxial sau fibra optică), legăturile radio de tip Wi-Fi, satelit
sau telefoane mobile. Accesul se poate asigura din puncte de acces private sau
publice. Accesul public este cel mai des un Internet Café, un hotel, o bibliotecă,
un aeroport, o gară etc. Tendința este ca accesul public să fie cel mai des prin Wi-
Fi.

Accesul universal la Internet rămâne un deziderat nu numai până la creșterea
acoperirii ca zonă geografică sau populată, dar și până tehnologiile vor asigura o
funcționalitate simplă, o securitate sporită care să nu fie numai dependentă de
grija utilizatorului și mecanisme de avertizare privind întreruperea funcționării.

> *Din motivele prezentate cu ocazia discutării decalajelor digitale accesul la
> Internet este considerat un drept fundamental al omului[2].*

Metode de acces

Accesul la Internet se face cu conexiuni fixe (linia telefonică, modem de cablu
coaxial sau optic, linii de alimentare cu energie electrică) sau prin radio (Blue-
tooth, Wi-Fi, telefonie celulară, comunicații de date prin satelit) descrise în altă
parte[3].

Mod și loc de acces

Accesul prin rețele publice sau private

Cele mai multe conexiuni se fac prin rețelele de comunicații publice existente.
Motivul principal este acela că investițiile care ar fi necesare pentru crearea de
rețele specializate ar fi uriașe și nu apar a fi necesare având în vedere răspândirea
rețelelor de telecomunicații publice create pe parcursul a aproape 190 ani[4].

---

[1] Vezi capitolul WWW
[2] Vezi capitolul Internet, stilul de viață și societateaa
[3] Vezi capitolul Internet
[4] Anul apariției telegrafului electromagnetic este considerat a fi 1832

Printre problemele care apar la folosirea rețelelor publice se află cele legate de securitatea informației și prezentate într-un capitol separat. Folosirea de firewall-uri sau alte metode de asigurarea securității datelor apare în anumite cazuri insuficientă. În aceste cazuri se recurge la rețele private realizate fie prin linii de telecomunicații care nu fac parte din rețelele publice, fie la rețele de linii închiriate asigurate împotriva penetrării nedorite.

Rețea privată virtuală

O rețea virtuală privată, numită și VPN[1], este o rețea care folosește rețele publice pentru a transmite date confidențiale pentru angajați aflați în afara locului de muncă obișnuit, parteneri, clienți, furnizori etc. printr-un sistem numit "tunneling"[2]. Tunelurile virtuale sunt canale de transmisie private în rețelele publice care permit transmiterea în siguranță a datelor dintr-o rețea în alta. Prin VPN se creează straturi de protecție sigure prin care circulă în siguranță date secrete. Prin tehnologia VPN se elimină nevoia de linii închiriate, folosindu-se legăturile prin Internet între puncte aflate adesea la distanțe foarte mari.

Loc de acces

Accesul la Internet se face dintr-un punct relativ fix cum ar fi rețeaua unei organizații, de acasă sau dintr-un loc public (Internet-Café, hotspot public). Operatorii de telefonie mobilă cu acoperire pe teritorii largi, oferă acces de bandă largă sau îngustă, fără a condiționa accesul de prezența într-un anumit punct fizic. Un astfel de acces corespunde unor cerințe ale unui număr mare de utilizatori Internet și este un mod de acces cu răspândire din ce în ce mai mare, mai ales că terminalul poate fi nu numai un telefon mobil performant , dar el se cuplează la un laptop sau o stație de lucru. Pentru a îmbina avantajele mobilității cu cele ale Wi-Fi, multe terminale au acum facilități de acces fie prin rețelele operatorilor de telefonie mobilă, fie prin Wi-Fi în hot-spoturi.

Accesul la distanță

Utilizatorul dorește adesea să acceseze un calculator la distanță, fie pentru accesarea unor fișiere, fie pentru executarea unor programe aflat pe calculatorul

---

[1] Virtual Private Network
[2] realizarea unui tunel virtual

respectiv. Se apelează în acest scop, fie funcţii ale sistemului de operare cum este TelNet pentru Windows, fie aplicaţii specializate cum este TeamViewer.

> *Rolul instrumentelor de acces la distanţă s-a diminuat prin extinderea aplicaţiilor de cloud computing, dar ele rămân importante pentru depanări de sisteme la distanţă.*

TelNet

`telnet>_`   Prin *TelNet* se poate accesa un calculator aflat la distanţă, dar care este conectat la Internet. Utilizatorul poate da comenzi calculatorului aflat la distanţă şi are în faţă un **emulator de terminal** al acestui calculator. Se pot folosi mai multe pachete software *TelNet*, dar cel mai răspândit este cel disponibil în Windows. Pentru accesarea *TelNet* se da comanda Start/Run/Telnet cu precizarea numelui calculatorului configurat pentru acces *Telnet*. Accesul *Telnet* este condiţionat în mod normal de anumite drepturi de acces, utilizatorul având nevoie de identificator şi parolă de acces.

TeamViewer

TeamViewer   TeamViewer este un pachet de programe care permite controlul la distanţă a unui calculator, dar şi funcţii de teleconferinţă, conferinţe web şi transfer de fişiere între calculatoare. Funcţionează pe majoritatea sistemelor de operare importante, inclusiv pentru dispozitive mobile.

> *TeamViewer nu trebuie instalat decât pentru conectarea cu persoane cunoscute şi de încredere, deoarece obţin acces deplin la resursele dispozitivului respectiv*

Transferarea şi Partajarea de fişiere

Transferarea de fişiere este o activitate curentă, fie că este vorba de documente de tip Office, fotografii, video-înregistrări etc. Pentru fişiere mici soluţia este poşta electronică. Trimiterea de fişiere mari este restricţionată, deşi din ce în ce mai puţin datorită creşterii capacităţilor de transmitere şi stocare de date. Soluţiile pentru transmiterea de fişiere mari sunt folosirea FTP şi soluţii de partajare în cloud.

FTP – Protocol de transfer de fişiere

În reţelele de calculatoare şi implicit în Internet apare frecvent necesitatea de a se transfera fişiere de la un calculator către altul. FTP[1] este un protocol care permite acest transfer deşi fişierele pot fi pe calculatoare în reţele de alt tip decât cea a destinatarului sau chiar cu sisteme de operare diferite. Ca şi în cazul poştei electronice pachetele software care asigură operaţia pot fi şi ele diferite. Se asigură astfel posibilitatea accesului la transfer de fişiere la nivelul global al Internet.

Din punctul de vedere al utilizatorului transferul se poate face fie de la calculatorul aflat la distanţă spre utilizator *descărcare* sau *download*[2], fie de la un calculator spre un alt calculator aflat la distanţă *încărcare* sau *upload*[3]. Operaţia cea mai frecventă este însă cea de *download* utilizatorul putând accede şi astfel imensa cantitate de informaţie existentă pe Internet. FTP se foloseşte în două aplicaţii importante: transferul de fişiere de la un calculator conectat la reţea către alte calculatoare din Internet pe bază de aprobare de acces sau *FTP Neanonim* şi obţinerea de fişiere accesibile public de la alte sisteme din Internet sau *FTP Anonim*.

FTP prin acces controlat - FTP Neanonim

Un FTP Neanonim presupune identificarea utilizatorului care solicită transferul. Pentru a transfera un fişier prin FTP sunt necesare următoarele acţiuni:

- Logarea în calculatorul aflat la distanţă şi care este configurat pentru FTP
- Prezentarea numelui de utilizator şi a parolei de acces pentru a avea acces la calculatorul aflat la distanţă
- Comutarea pe directorul care conţine fişierul căutat sau în care se face transferul
- Transferarea fişierului de la sau spre calculatorul aflat la distanţă

Este necesar să se acorde atenţie la dimensiunea fişierului care se transferă. Dacă este prea mare şi canalul de comunicaţie este de viteză redusă se poate consuma mult timp de conexiune şi implicit costurile şi riscul de erori sunt mari.

---

[1] File Transfer Protocol
[2] În traducere aproximativă "descărcare"
[3] În traducere aproximativă "încărcare"

Obţinerea de fişiere accesibile public - FTP Anonim

Cea mai răspândită formă de FTP este însă FTP Anonim. Un fişier configurat pentru FTP Anonim poate fi transferat spre calculatorul propriu de către orice utilizator Internet. Nu este necesar să se prezinte nici nume de utilizator, nici parolă. De regulă, FTP Anonim permite transferul numai în descărcare şi nu se admite trimiterea de fişiere către calculatorul aflat la distanţă fără autentificarea trimiţătorului şi acordarea de drepturi de acces.

Cele mai multe fişiere de tip FTP sunt disponibile prin web. Există însă încă multe colecţii şi în afara web.

FTP Anonim este foarte uzitat pentru obţinerea de software gratuit, versiuni noi sau mostre pentru evaluare, documentaţii comerciale de marketing, colecţii de legi sau acte normative ale administraţiei publice etc.

Sunt necesare două precizări. Prima este că unele situri comerciale de tip FTP Anonim pretind înainte de transfer identificarea celui care doreşte transferul, inclusiv anumite date de ordin personal. Identificarea se face din motive care se vor prezenta ulterior pentru alcătuirea unor baze de date utilizate în activitatea de marketing de către posesorul aplicaţiei. Desigur, prezentarea de date reale la aceste identificări este facultativă, dar accesul la anumite resurse se face în funcţie de profilul personal al solicitantului.

O a doua precizare este că fişierul transferat prin FTP poate fi folosit ulterior electronic, editat, modificat etc. Devine astfel simplu ca un document original să fie difuzat în continuare într-o formă alterată. Există însă mijloace tehnice care permit ca un fişier transferat să fie protejat la modificări din motive de drept de autor sau altele, permiţându-se numai citirea sau numai citirea şi tipărirea. Un astfel de control îl permite formatul PDF[1].

> *FTP este o tehnologie veche de peste 40 ani. Au apărut multe tehnologii noi care simplifică transferul de fişiere. FTP are şi dezavantaje legate de securitatea transferului şi penetrarea firewall-urilor. Încă se foloseşte FTP însă, fie din ignorarea noilor tehnologii, fie din conservatorism.*

---

[1] Portable Document Format

Partajarea de fişiere de lucru

Partajarea este soluţia cea mai convenabilă, deoarece în afară de transmiterea de fişiere între două dispozitive digitale, permite şi lucrul în comun pe fişierele respective transmiţând de fiecare dată numai modificările. Transmiterea se face automat şi poate include un număr mare de participanţi.

Soluţiile cloud pentru partajarea de fişiere de lucru sunt deja numeroase şi oferă spaţii generoase de stocare pentru utilizatorul individual. Cele mai cunoscute sunt Dropbox, Google Drive, OneBox, Box, Apple iCloud, Amazon Cloud.

Partajarea cloud se referă şi la fişierele audio sau video protejate prin drepturi de autor , operaţie adesea în afara legii, tip de partajare care nu face obiectul prezentei cărţi.

Comparaţie a principalelor servicii de stocare şi partajare fişiere

Principalele servicii de stocare şi partajare fişiere au un model de afaceri similar cu un serviciu gratuit şi o extindere cu plată. Spaţiile oferite gratuit şi cel oferite cu plată sunt cele din tabel[1].

Folosind mai mulţi furnizori de servicii un utilizator poate beneficia de zeci de GB de spaţiu de stocare.

Numele	Spaţiu gratuit (GB)	Spaţiu maxim cu plată
Amazon Cloud Drive	5 GB	nelimitat
Apple iCloud	5 GB	20 GB - 1 TB
Box	10 GB	nelimitat
Dropbox	2GB + n (referinţe) x 500 MB	1 TB
Google Drive	15 GB	30 TB
OneDrive	15 GB	200 GB

Dropbox

---

[1] 2015

Dropbox este un serviciu de stocare și sincronizare de fișiere foarte comod de utilizat deoarece creează foldere pe diverse dispozitive fixe sau mobile și fișierele pot fi accesate și prin navigare pe web. Folderele pot fi partajate și apar în structura de fișiere locală a dispozitivului fiind foarte simplu de accesat. Oferta Dropbox este pentru un serviciu de bază gratuit și un serviciu premium cu plată pentru companii. Există facilitatea de a trimite fișiere către Dropbox prin GMail, precum și multe extensii pentru navigatoare. O facilitate apreciată este încărcarea fotografiilor de pe aparatele foto sau dispozitive mobile direct într-un folder Dropbox. O acțiune similară există și pentru capturile de ecran[1]. Răspunzând unor critici privind securitatea datelor stocate, Dropbox a introdus cerificarea conturilor în 2 pași.

Fondat în anul 2007, Dropbox a ajuns la peste 250 milioane de accesări lunar în 2015 (SimilarWeb, 2015) și îi depășește pe ceilalți furnizori de servicii de stocare și partajare fișiere de lucru. .

Manuscrisul prezentei cărți a fost elaborat folosind Dropbox accesând fișierele din 5 locații diferite pe 7 calculatoare sau dispozitive mobile.

Securitatea accesului

Dacă o persoană străină de autor obține acces la codul *html* al unei pagini poate modifica ușor conținutul acesteia și o poate infecta cu *malware*. După unele statistici 10% din paginile web sunt deja infectate cu scopuri diverse ca răspândirea de viruși, fraudă, furt, spionaj etc. Vizitarea unor pagini web infectate pune în pericol calculatorul vizitatorului și prin el alte calculatoare ale celor aflați în lista de adrese de mail ale acestuia. Industria oferă o gamă largă de produse pentru lupta împotriva malware.

---

[1] Screenshot

Utilitare Internet

Protocoalele TCP/IP permit existența unui număr mare de programe care aju-tă utilizatorul să folosească mai eficient facilitățile Internet. Aceste programe sunt în marea lor majoritate gratuite și se pot descărca[1] de pe situri Internet[2], sau sunt incluse în sisteme de operare cum este Windows.

Ping

Ping[3] testează legătura între două calculatoare și în fapt determină dacă un anumit server este activ în Internet. Funcționarea *ping* este realizată prin trimite-rea unor pachete mici către o anumită adresă și așteptarea unui răspuns. În acest fel se poate verifica întreaga conexiune Internet între calculatorul utilizatorului și calculatorul țintă. Ping este o comandă ce se poate executa din Windows/Run sau se pot găsi alte programe *ping* pe situri Internet.

```
C:\Users\Vasile Baltac>ping www.softnet.ro

Pinging softnet.ro [193.231.173.95] with 32 bytes of data:
Reply from 193.231.173.95: bytes=32 time=12ms TTL=56
Reply from 193.231.173.95: bytes=32 time=7ms TTL=56
Reply from 193.231.173.95: bytes=32 time=7ms TTL=56
Reply from 193.231.173.95: bytes=32 time=31ms TTL=56

Ping statistics for 193.231.173.95:
    Packets: Sent = 4, Received = 4, Lost = 0 (0% loss),
Approximate round trip times in milli-seconds:
    Minimum = 7ms, Maximum = 31ms, Average = 14ms

C:\Users\Vasile Baltac>_
```

Prin *ping* se poate determina și numărul de servere[4] prin care trece un pachet până la destinație. Ca exemplu, pentru a afla dacă situl SNSPA este în funcțiune se execută comanda ping www.snspa.ro și se constată dacă serverul răspunde, primind și informații utile privind timpul de răspuns.

---

[1] download
[2] ca de exemplu download.com
[3] Packet InterNet Gropper
[4] hops

Trasarea rutei - Tracert

Tracert[1] ca şi alte programe similare permite aflarea rutei complete dus-întors între calculatorul utilizatorului şi calculatorul ţintă. El funcţionează pe principii similare ping şi afişează numărul de noduri (hops) şi adresele serverelor prin care trece mesajul până la ţintă. *Tracert* este un instrument util pentru determinarea cauzelor unor accese lente sau inexistente la anumite servere. Este de remarcat că în unele cazuri servere din anumite noduri sunt programate să nu răspundă la mesaje *ping*, respectiv *tracert*.

```
C:\Users\Vasile Baltac>tracert www.softnet.ro

Tracing route to softnet.ro [193.231.173.95]
over a maximum of 30 hops:

  1    <1 ms    <1 ms    <1 ms   www.asusrouter.com [192.168.1.1]
  2     1 ms    <1 ms    <1 ms   ag03a-asr1.digitalcable.ro [89.41.152.8]
  3     1 ms    <1 ms    <1 ms   89.41.152.14
  4     6 ms     6 ms     6 ms   89.47.220.57
  5     6 ms     7 ms     6 ms   buh02a-rc1-v601.digitalcable.ro [89.47.220.2]
  6     6 ms     7 ms     6 ms   Adnet.RoNIX.Ro [217.156.113.37]
  7     8 ms     6 ms     7 ms   cr3-cr2.adnettelecom.ro [46.108.0.2]
  8     6 ms     7 ms     6 ms   backbone.20ge.adnettelecom.ro [46.108.6.46]
  9     7 ms     7 ms     7 ms   193.231.173.95

Trace complete.
```

Cu titlu de exemplu, pentru a afla ruta de acces la serverul ziarului Evenimentul Zilei se dă comanda *tracert* www.evz.ro şi rezultatul este cel prezentat în figură, fiind necesari 4 paşi. *Tracert* afişează atât numele mnemonic, acolo unde este disponibil, cât şi cel numeric al sitului. În acest fel comanda *tracert 94.177.35.54*[2] ar fi condus la acelaşi rezultat.

Teste de viteză a accesului la web

Accesul la un site Internet se face uneori cu întârziere. Sunt implicate multe servere şi fiecare dintre ele poate produce întârziere. Există numeroase instrumente disponibile pe web pentru a măsura viteza de acces între calculatorul utili-

---

[1] Trace route
[2] În luna mai 2011, dacă administratorul domeniului schimbă clasa de IP rezultatul poate fi diferit.

zatorului şi servere din diferite părţi ale lumii. Un astfel de instrument este disponibil la www.speedtest.net care alege serverul pe criterii geografice.

Alte numeroase instrumente de testare a vitezei se găsesc uşor prin căutare pe Internet.

Informaţii despre o adresă web sau IP

Numeroase utilitare oferă informaţii despre a anumită pagină web sau un anumit IP. Cel mai potrivit este să fie instalat un astfel de utilitar ca extensie a navigatorului. Informaţiile sunt extrem de utile în caz de bănuială de phishing. Un exemplu din online banking este edificator, oferind informaţii despre proprietarul site-ului web.

| IPv4 | IPv6 | ISP | Domain | My IP | Options | Help |

IPv4 root -> 194/8 -> 194.150.186.0/24 -> 194.150.186.39

Type domain, IPv4/IPv6 or provider   Search

IP information 194.150.186.39

IP address   194.150.186.39
Description   Bancpost S.A
Location   Romania (RO)
Registry   ripe

Network information

IP address   194.150.186.39
Reverse DNS (PTR record)   fastbanking.bancpost.ro
DNS server (NS record)   ns2.bancpost.ro (194.150.187.36)
                                  ns3.bancpost.ro (194.150.187.163)
                                  ns1.bancpost.ro (194.150.187.34)
ASN number   33971
ASN name (ISP)   Bancpost S.A
IP-range/subnet   194.150.186.0/24
                                  194.150.186.0 - 194.150.186.255
Network tools   Ping 194.150.186.39
                                  Tracert 194.150.186.39

Telefonie si videotelefonie prin Internet

Telefonia prin Internet (VoIP)

Apariția telefoniei VoIP a adus importante schimbări în telefonie, în special prin reducerea costurilor. VoIP înseamnă Voce prin IP, unde IP este Protocolul Internet. Comunicația de voce nu se mai face prin canalele telefoniei clasice, ci descompusă în pachete conversația este transmisă prin rețele, respectiv Internet, ca orice altă informație. Este cunoscut că mesageria instantanee a inclus pe măsura creșterii vitezei canalelor de comunicație posibilitatea de convorbiri de voce prin Internet. Pasul următor a fost apariția de aplicații care au conectat calculatorul dotat cu microfon și cască la rețeaua clasică. Apoi generalizarea a fost naturală, în prezent sistemele VoIP sunt la fel de bune și accesibile ca un telefon obișnuit. Deoarece traficul se face prin Internet și este gratuit (în cadrul abonamentului Internet) reducerea de cost este foarte mare, mai ales la convorbiri internaționale. Folosirea VoIP este în prezent stimulată de interoperabilitatea cu sistemele clasice de telefonie și de apariția de modemuri VoIP care elimină necesitatea unui calculator personal. Telefonia prin Internet are astfel avantajele deja menționate ale Internet și marchează o scădere puternică de costuri mai ales că în principiu costul nu depinde de distanță. La început telefonia VoIP avea probleme de calitatea sunetului, problemă rezolvată odată cu îmbunătățirea infrastructurii Internet. Telefonia clasică își păstrează avantajele independenței de disponibilitatea rețelei internet, existența unui număr de apel de urgență și existența unei surse de alimentare de avarie în cazul căderii alimentării cu energie electrică.

Videotelefonia

Odată cu îmbunătățirea infrastructurii Internet a devenit posibil ca odată cu sunetul să se transmită și imagini video, videotelefonul devenind o realitate. Este de așteptat îmbunătățirea în continuare a calității transmisiei prin videotelefoane. Evoluțiile recente ale Internet ne pot face să fim optimiști și sub acest aspect.

Majoritatea apelurilor de videotelefon se fac prin telefoane mobile inteligente conectate la Internet cel puţin la nivel UMTS.

> *Combinând aplicaţii cum sunt Skype sau Apple FaceTime cu Wi-Fi se obţin convorbiri video acceptabile.*

VoIP mobil

VoIP mobil este o extensie a VoIP la telefonia mobilă. În măsura în care telefonul mobil are acces la Internet, el poate fi integrat ca terminal în reţelele VoIP. Majoritatea telefoanelor mobile au această facilitate şi există aplicaţii prin care ele se pot conecta în reţele naţionale sau internaţionale prin VoIP. Pentru a beneficia de avantajele unui cost scăzut este necesar ca telefonul să se conecteze la Internet ieftin, de exemplu prin Wi-Fi gratuit.

Difuzare fişiere media

Dacă tehnologiile IP au revoluţionat telefonia, posturile de radio şi televiziune au beneficiat şi ele de un alt instrument Internet: transmiterea de fişiere media. Prin această tehnologie[1] se transmit dintr-un punct către toţi beneficiarii care pot accesa situl sau portalul respectiv emisiuni înregistrate sau în direct. Calitatea emisiunii este puternic dependentă de performanţele accesului la Internet şi lăţimea de bandă existentă între streamer şi destinatar. Avantajul este că acest gen de emisiuni nu sunt considerate publice, nu sunt reglementate şi pot fi realizate cu investiţii minime. Emisiunile web sau webcast pot avea teme şi subiecte variate, de la unele tehnice sau ştiinţifice, de istorie, geografie, turism sau alte scopuri pozitive legate de cunoaştere, la altele mai puţin benefice cum sunt pornografia sau răspândirea de falsuri şi propagandă extremistă.

Varianta în care se transmit numai emisiuni audio se numeşte podcast şi în mod practic oricine poate începe o emisiune proprie de tip podcast cu un microfon şi un calculator[2]. Costul redus al achiziţiei şi instalării în reţea a unui webcam face ca transmiterea continuă de imagini şi chiar sunete să se poată face fără restricţii geografice de către oricine. Nu numai că au proliferat reţele mondiale de

---

[1] Streaming
[2] Un astfel de podcast dedicat istoriei IT în România poate fi accesat la http

webcam-uri[1], dar multe persoane îşi supraveghează locuinţa, curtea, camera copilului sau alte zone private cu webcam-uri conectate la Internet şi accesate cu parolă.

---

[1] O astfel de reţea este http

WORLD WIDE WEB (WWW)

Motto:
Suntem cu toții acum conectați la Internet ca neuronii unui creier uriaș
Stephen Hawking

Instrumentul Internet WORLD WIDE WEB sau WWW are în prezent cel mai mare impact asupra utilizatorilor. WWW este un sistem de documente interconectate accesibile utilizatorilor Internet. WWW a crescut rapid în dimensiuni și popularitate și a devenit principalul super-depozit de informație de pe Internet. Propus în laboratoarele CERN din Elveția în 1989 de Tim Berners-Lee[1] și standardizat în 1993, el nu se mai poate separa în prezent de Internet cu care este confundat adesea. Prin www sute de milioane de servere din întreaga lume sunt legate într-o țesătură foarte deasă[2] cu posibilitatea partajării de resurse de informație în cele mai variate forme: texte, tabele, grafice, video, sunete. Adesea se utilizează pentru WWW numele echivalent de *web*.

Noțiuni de bază

WWW este un sistem distribuit de documente interconectate *hipermedia*, adică documente care în afară de texte conțin și grafice, imagini, video etc. și în care se poate naviga prin hiperlegături[3]. WWW se bazează pe legăturile hipertext accesibile printr-un simplu click și protocolul corespunzător HTTP, conceptul de localizare uniformă a resurselor URL, limbajul HTML, un instrument care permite accesarea standardizată la conținutul documentelor, standardul TCP/IP și organizarea în pagini și situri.

Pagini

Informația în *web* este prezentată sub formă de pagini. Pagina este o combinație de text formatat, imagini, sunete și alte obiecte, ca de exemplu hiperlegături sau FTP, prezentată de multe ori într-un singur ecran. Se întâlnește frecvent și situația când o pagină web este mai mare decât dimensiunea unui ecran la monitorului. În acest caz se folosește facilitatea de defilare pentru a avea acces la toată informația afișată în pagină.

> *La început pe web se afișa un volum redus de informație într-o singură pagină și a apărut noțiunea de pagini personale[4] folosită uneori rar și în prezent prin conotație ca prima pagină dintr-un sit web complex.*

---

[1] În prezent Sir Tim Berners-Lee
[2] World Wide Web – țesătură (pânză de păianjen) la nivelul întregii lumi
[3] Hyperlinks
[4] Home Page

Conţinutul paginilor este în continuă schimbare şi este actualizat permanent. Ele pot avea şi *conţinut activ* care interacţionează cu utilizatorul. Navigatoarele păstrează conţinutul unei pagini în memoria calculatorului pentru a accesa în viitor numai modificările, operaţie ce se numeşte memorarea în *cache*[1]. Accesul mai lent la Internet poate uneori conduce la vizionarea paginii din *cache*, fiind necesară actualizarea acesteia.

Numărul de pagini web este estimat la zeci de miliarde din care 4,77 miliarde indexate de motoarele de căutare (The size of the World Wide Web (The Internet), 2015) şi creşte continuu.

Site-uri

Site-ul[2] este o colecţie de pagini legate între ele prin hiperlegături şi folosită ca instrument de prezentare a informaţiei şi conectare cu utilizatorii Internet. În acest fel un sit afişează pe Internet fişiere complexe cu grafică, imagini, multimedia. Situl este un adevărat nod în hiperspaţiul virtual reprezentat de *web*. Numărul de situri este şi el uriaş. Unele estimări arată că există peste 1 miliard de situri (Internet Live Stats, 2015).

Hipertext

Hipertextul este un text care este subliniat sau apare cu o culoare diferită într-o pagină afişată pe ecran. Poziţionarea indicatorului mouse-ului şi clicarea[3] ne transferă de regulă într-o altă pagină care aduce informaţii suplimentare. O legătură între pagini sau chiar situri diferite se numeşte hiperlegătură[4].

Adrese web

Fiecare sit are o adresă unică. Adresa este similară cu adresele calculatoarelor conectate la Internet, dar este posibil ca mai multe situri să se găsească pe acelaşi server şi cele două tipuri de adrese nu trebuie confundate. Nu ar fi fost de conce-

---

[1] Se pronunţă „cheş"

[2] Site în limba engleză, naturalizat şi în limba română cu pronunţia sait. Vom folosi în continuare cuvântul sit existent deja în limba română.

[3] Click - apăsarea pe butonul stânga al mouse-ului

[4] Hyperlink

put dezvoltarea aşa de rapidă a WWW dacă numele de situri nu ar fi fost şi ele prezentate în formă intuitivă alfanumerică şi conform standardului de găsire a locaţiei sitului URL[1]. Prefixul www este folosit pentru a arăta că se accesează un server web, dar nu este obligatoriu. Multe servere adaugă ele prefixul www. Există şi variante ca www1, www2 sau www3 care sunt simple dubluri ale serverului principal.

http

Adresele încep cu http[2]:// pentru a indica apartenenţa conţinutului la WWW prin limbajul HTML şi protocolul HTTP de transfer de tip hipertext.

https

https://[3] este o modalitate de a arăta că avem de a face cu o conexiune http securizată. În fapt, ori de câte ori se foloseşte *https* accesul se face printr-un port diferit de cel folosit pentru *http* şi se asigură un nivel de autentificare şi criptare între site şi client. Serverele web care acceptă conexiuni *https* creează certificate cu cheie publică şi clientul pentru a accesa pagina respectivă trebuie să accepte certificatul. Lipsa semnăturii pe certificat a unei autorităţi de încredere cunoscute conduce în general la refuzarea certificatului şi neaccesarea paginii respective care poate conţine *malware*. O excepţie o reprezintă organizaţia proprie a utilizatorului care poate emite ea însăşi certificate pentru accesul personalului la intranet. Folosirea *https* este o metodă sigură împotriva interceptărilor de date, dar nu criptează datele în calculatorul utilizatorului. Poate fi comparată cu vehiculele blindate folosite pentru transportul valorilor. Ele protejează valorile pe drum, dar nu şi la locul de expediere sau destinaţie.

HTML

HTML[4] este limbajul în care sunt scrise fişierele afişate pe web. În fapt este vorba de un sistem de creare de documente structurate cu etichete standardizate care permit programelor de citire a informaţiei de pe Internet să interpreteze la

---

[1] Uniform Resource Locator
[2] HyperText Transfer Protocol
[3] Hypertext Transfer Protocol over Secure Socket Layer
[4] HyperText Markup Language

fel conținutul paginii. Este posibilă inserarea de imagini sau obiecte web și de legături la alte pagini. Fișierele scrise în HTML au ca extensie **.htm.** Scrierea de fișiere în HTML nu este prea complicată, dar consumă timp. Există programe speciale de editare HTML. Mai mult procesoarele de texte permit și ele convertirea automată a informației din limbajul lor în HTML.

XHTML

XML[1] este o specificație generală pentru crearea de limbaje mark-up particulare o extensie a tipului de date care sunt afișate pe web. Limbajul prezintă conținutul unei pagini web, în comparație cu HTML care prezintă modul în care pagina a fost proiectată. Este considerat limbaj extensibil, deoarece permite utilizatorilor limbajului să-și definească propriile elemente. Scopul primar al XML este să permită partajarea de date structurate prin Internet și poate fi folosit și pentru criptarea documentelor. XHTML este o familie de limbaje bazate pe XML, care permit simplu identificarea tipului de date, prelucrarea acestora cu software nepretenșios și ușurează schimbul de informații economice.

HTML 5

HTML 5 a fost dezvoltat pentru o mai bună interacțiune cu multimedia, dar și facilitează geolocația. Un site elaborat în HTML5 îți poate oferi informații surprinzătoare privind servicii disponibile în apropierea punctului geografic unde te afli. Coordonatele geografice sunt extrase din browser pe baza IP, rețeleleor Wi-Fi din apropiere etc.

Conținutul activ al paginilor web

Internet a evoluat de la pagini statice care erau afișate fără interacțiune cu persoana care navighează spre situri care dispun de servere cu *conținut activ* sau ASP[2]. Acestea conțin programe transparente pentru vizitator care acționează asupra calculatorului client într-o manieră de regulă inofensivă, dar nu întotdea-

---

[1] Extensible Markup Language
[2] ASP Active ServerPages

una. Prin conținutul activ siturile oferă vizitatorilor date, grafice sau imagini în mișcare, informații audio, tabele, texte dinamice etc.

Conținutul activ este necesar, de exemplu, în comerțul electronic pentru interacțiunea cu clientul, adaptarea coșului de cumpărături, calcularea elementelor facturii, verificarea cardului de plată etc.

Prin conținut activ se transferă o parte din activitățile serverului către calculatorul client reușindu-se o decongestionare a acestuia, ca și a liniilor de comunicație. Formele principale de conținut activ sunt: apleturile Java, controalele ActiveX, Java Script, VB Script. **Java Script** și **VB Script** oferă script-uri sau programe care sunt executate pe calculatorul client. Exista limbaje simple de script. Astfel **VB Script** este un subset al MS Visual Basic. Apletul este un program care se executa în alt program. De regulă este vorba de un mic program Java care este inserat într-o pagină HTML. Acesta nu are acces la principalele resurse ale calculatorului țintă, dar permite conectarea cu calculatorul de unde a fost trimis. Apare însă posibilitatea de a executa operații nocive sau nedorite pe calculatorul vizitatorului fără știrea acestuia ca, de exemplu, culegerea de informații, date personale sau secrete etc.

Acționarea unui buton la navigarea pe un site poate declanșa descărcarea unui program care execută astfel de operații. De regulă vizitatorul nu este conștient de operație. Un *troian* este un_program ascuns într-un alt program care-i maschează scopurile. Un *troian* poate transmite informații confidențiale sau șterge fișiere vitale.

Fișiere cookie

Este vorba de un mesaj transmis unui navigator sau server web. Navigatorul memorează mesajul într-un fișier numit cookie.txt. De fiecare dată când navigatorul cere o pagină de la server mesajul este transmis pentru a putea fi pregătite pagini special formatate pentru utilizatorul particular. Fișierele cookie sunt atașate utilizatorului sau programului în funcție de zona explorată. Ele pot avea o perioadă de valabilitate sau pot rămâne în calculator pentru perioade lungi de timp. Cookies sunt necesare în comerțul electronic și în marketing. Dar conținut activ distructiv poate fi transmis și prin cookies. Deci nu totdeauna este bine să se accepte cookies fără discernământ.

Java, apleturi Java și Java Script

Java este un limbaj de programare creat de firma Sun Microsystems. Programele sunt descărcate de pe server la vizitarea paginii web și se execută pe calculatorul client. Navigatorul utilizat trebuie să accepte Java. Principalul avantaj al Java este că programele Java sunt independente de platformă. Se impune protecția față de programe nedorite, existând apleturi credibile și altele necredibile. Se folosesc pentru aceasta setări de securitate.

Controale ActiveX

Tehnologiile ActiveX activează comenzi care se descarcă automat și sunt executate de navigator. Controalele ActiveX sunt dezvoltate în limbaje diverse cum sunt C, C++, Visual Basic și Java și, deși similare cu apleturile Java, preiau complet controlul sistemului de operare Windows. Sub acest aspect sunt foarte puternice și prezintă chiar pericol de distrugere software sau date. Sunt de aceea necesare alerte de securitate în navigatoare pentru a preveni acceptarea necondiționată de comenzi ActiveX.

Semne de carte - Bookmarks

Se folosesc pentru marcarea paginilor web pe care utilizatorul dorește să le viziteze din nou. Se pot face colecții de bookmark-uri schimbate între utilizatori sau transferate de pe un calculator pe un altul. În acest scop unele navigatoare permit sincronizarea automată a listelor de semne de carte folosite, dar există și aplicații pentru sincronizare[1].

www ca prefix în adrese web

Grupul de litere *www* la începutul unei adrese web nu este obligatoriu, fiind rezultatul unei practici care urmărea inițial să arate că este vorba de un server web. Există multe adrese web care nu conțin www. Răspândirea mare a www și a adreselor de IP comercial *.com* face ca multe browsere să adauge automat www

---

[1] O astfel de aplicație este Xmarks www.xmarks.com

înainte şi .com după numele respectiv. Astfel dacă în bara de adresă se scrie *snspa* şi se acţionează CTRL+Enter se obţine *http://www.snspa.com*

Portal

Un portal web este un site web care oferă o gamă largă de resurse şi servicii, o poartă de acces la informaţia care există pe www şi le prezintă în mod unitar, de exemplu ştiri, prognoze meteo, curs valutar, informaţii bursiere, programe TV etc. împreună cu e-mail, motoare de căutare, webcast, comerţ electronic, blog, facilităţi de traducere automată etc. Portalurile posedă facilităţi de personalizare în funcţie de preferinţele utilizatorului. Primele portaluri au fost construite de giganţi ai industriei ca AOL sau Yahoo. Ulterior portalurile au proliferat ajungându-se chiar şi la portaluri personale. Multe portaluri posedă facilităţi de forum sau pot fi integrate cu forumuri.

Navigatoare Internet (browsere)

Un navigator sau *browser* este un produs software care permite afişarea de documente de pe web care cuprind texte, imagini, sunete, video etc. şi urmăreşte hiperlegăturile din pagini şi transferă utilizatorul la paginile respective. Navigatorul poate fi considerat un instrument pentru călătorii pe Internet, afişarea paginilor de pe web dând o anumită senzaţie de călătorie sau navigare, locul de oprire fiind un sit web.

În fapt un navigator este un client software care permite vizualizarea paginilor oferite de servere printr-o interfaţă multimedia care integrează texte, grafice, imagini, înregistrări audio şi video. Navigatoarele sunt folosite şi pentru accesarea informaţiei în reţele locale construite pe principii Internet (intranet, extranet).

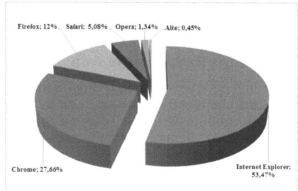

Navigatoare desktop

Tipuri principale de navigatoare

Principalele navigatoare au funcţiuni similare şi adesea chiar arată asemănă-tor. Ele conţin câteva elemente comune: bară de meniu, butoane pe barele de stare pentru principalele funcţiuni, câmpuri de locaţie sau adrese, fereastra pen-tru afişarea documentului, bare de defilare orizontală şi verticală care afişează documentul în situaţiile în care este prea mare pentru a fi prezentat pe un singur ecran, bara de progres a descărcării sau afişare a adresei paginii web, bară sau segment de bară de prezentare a unor semne de pagină preferate de utilizator, câmp cu informaţie privind criptarea/necriptarea legăturii cu serverul ce trimite pagina web, informaţie de mare relevanţă pentru accesul la serverele de comerţ electronic.

Principalele navigatoare folosite pe scară largă pentru accesul la informaţia din Internet sunt: *Internet Explorer(EDGE* începând cu Windows 10*), Mozilla – Firefox, Opera, Safari, Chrome.* Toate navigatoarele sunt livrate în versiuni suc-cesive.

Cotele de piaţă ale navigatoarelor sunt în continuă schimbare. După o poziţie dominantă a Microsoft Internet Explorer a urmat evoluţia spectaculoasă a Mozilla Firefox, apoi Apple Safari şi Google Chrome.

Microsoft prin IE deţine încă majoritatea şi speră să-şi crească ponderea da-torită noului browser EDGE lansat în 2015. Utilizatorul este mai puţin influenţat de astfel de statistici. Alegerea navigatorului se face în funcţie de preferinţele personale: viteză de navigare, suplimente de navigare[1], compatibilitatea mai bună cu aplicaţiile folosite, protec-ţia la malware, suportul oferit etc.

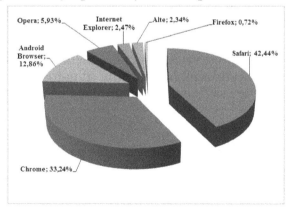

Navigatoare mobil

Navigatoare pentru dispozi-tive mobile

---

[1] Add-on

O mare parte din navigarea pe web este în prezent făcută cu dispozitive mobile. Navigatoarele pentru dispozitivele mobile (telefoane inteligente, PDA, tablete etc.) sunt proiectate pentru a optimiza conținutul web pe astfel de echipamente portabile care de regulă au ecranul de mici dimensiuni și tastatura este de regulă afișată pe ecran. Cel mai des un astfel de navigator este proiectat să țină seama și de alte limitări ale resurselor dispozitivului (memorie, viteză de acces la Internet).

Cele mai populare navigatoare pentru dispozitive mobile sunt Chrome, Safari, Android, Firefox for Mobile, Internet Explorer for mobile, Safari, Opera Mobile și poziția lor pe piață este foarte dinamică, existând o competiție acerbă, ca și în cazul navigatoarelor pentru dispozitive fixe. Folosirea unui navigator depinde și de sistemul de operare folosit pe dispozitivul mobil respectiv: Android, iPhone, Symbian, Windows Mobile etc.

Accesarea web

World Wide Web (www) este principalul sediu al informației pe Internet și prin aplicațiile sale poate fi extrem de folositor utilizatorilor Internet. Există numeroase facilități de utilizare și sunt standardizate multe proceduri Internet. Pe web se pot găsi informații economice, tehnice și științifice, culturale, medicale, turistice, știri din actualitate, activități sociale, oportunități de locuri de muncă etc.

Web-ul a evoluat rapid ca *mediu tranzacțional* oferind posibilități pentru afaceri electronice, interacțiune cu autoritățile, informarea cetățenilor. Este necesar de aceea să fie cunoscute principalele aspecte ale navigării pe Internet.

Caching

Pentru a facilita revizitarea paginilor, navigatoarele păstrează informațiile despre paginile vizitate recent într-o memorie utilizată temporar în acest scop numită *cache*[1]. La accesarea unei pagini se verifică numai modificările efectuate asupra paginii și se descarcă numai informația nouă. Se reduce astfel considerabil

---

[1] Se pronunță *cheș*

traficul de date în Internet. Capacitatea memoriei *cache* şi tehnica de reîmprospătare folosită determină viteza de acces la paginile web.

Probleme de viteză de acces

Viteza de acces la web preocupă pe mulţi utilizatori. Nu numai canalele de acces de bandă îngustă pot reduce această viteză, ruta lungă până la serverul accesat (a se vedea *trasarea* rutei mai sus) poate contribui şi ea la o navigare lentă şi frustrantă. Putem considera că timpii de răspuns sunt:

- ideali, dacă sunt sub 0,1 secunde;
- acceptabili, dacă sunt de maximum 1 secundă;
- inacceptabili, dacă sunt de 10 secunde şi mai mult.

Utilizatorii părăsesc situl respectiv când timpul de răspuns este inacceptabil. Este de remarcat că uneori timpul de răspuns este lungit foarte mult prin ruperea unei legături pe traseul către serverul respectiv. În mod obişnuit timpi de răspuns mari se obţin dacă situl este proiectat necorespunzător, de exemplu dacă se descarcă de pe o pagină fotografii de foarte mari dimensiuni.

Accesul rapid la informaţia de pe web este în mod evident o cerinţă a oricărui utilizator Internet. Un număr insuficient de utilizatori are acces Internet de bandă largă, de la câteva procente la 40-60% în ţări dezvoltate. De aceea, multe aplicaţii le sunt inaccesibile acestora ceea ce accentuează fenomenul de decalaj digital din a doua generaţie.

Legături rupte si arhivarea web

În timp anumite legături indicate de hiperlegături dispar sau sunt modificate, de exemplu un site a fost mutat pe un alt server cu altă adresă, sau a fost desfiinţat. Astfel de legături se numesc *legături moarte*[1]. Un caz tipic sunt site-urile unor manifestări expoziţionale, congrese, conferinţe etc. Ele sunt menţinute un timp determinat după desfăşurarea manifestării respective, apoi situl este dezactivat din motive de economii de resurse.

---

[1] Dead links

În acest caz este importantă arhivarea informaţiei accesate, dacă este valoroasă pentru vizitator. Există o organizaţie numită Internet Archive, înfiinţată în 1996, care a arhivat *petabaiţi* de conţinut Internet.

Un caz particular este acela al informaţiei de pe bloguri, la un moment dat de importanţă pentru istorici. Se poate pune întrebarea fără a da un răspuns corect pentru moment: câte procente din informaţia de pe bloguri va mai putea fi accesată peste 20-30 ani?

Captcha

Captcha a apărut ca reacţie la apariţia unor programe care în mod automat accesează anumite pagini web, fie pentru indexare, fie pentru anumite tranzacţii. Prin captcha se verifică dacă accesul este cerut de un om sau de o maşină. Numele vine de la cunoscutul test Turing propus de omul de ştiinţă englez în 1936 prin care se verifica dacă în spatele unei conversaţii este un om sau o maşină[1]. Multe site-uri de comerţ electronic, înregistrări online, poştă electronică

Captcha

etc. folosesc captcha permanent sau când au bănuieli că un robot încearcă să acceseze pagina respectivă. Pentru ca verificarea să reuşească este necesar ca textul să aibă o formă dificil de citit cu procesoare de citire caractere de tip OCR[2].

---

[1] Testul Turing
[2] "Vezi capitolul Echipamente digitale

CĂUTARE ÎN INTERNET

Motto:
Dacă nu este găsit de Google, nu există!
Jimmy Wales

Căutarea este probabil una dintre cele mai frecvente activități în Internet. Cantitatea de informație prezentă în Internet este uriașă[1] și căutarea se poate dovedi adesea o acțiune dificilă. Este utilă de aceea trecerea în revistă a unor metode și instrumente de căutare. Buna pregătire și adoptarea celor mai potrivite soluții de căutare pot reduce considerabil efortul și timpul de căutare sau chiar succesul acesteia.

Motoare de căutare

Volumul mare, amintit deja, al informației prezente pe web face necesară existența unor instrumente eficiente de căutare a datelor care sunt necesare la un moment dat unei anumite persoane sau organizații. Acestui deziderat îi corespund motoarele de căutare.

Un motor de căutare este un instrument software care găsește pagina de web unde se află cuvântul, sintagma sau textul căutate de persoana respectivă. Procedeul cunoscut de la bazele de date se mai numește interogare[2]. Desigur, nu este posibil ca această căutare să se facă în momentul când se face interogarea din motive evidente de timp și de consum de resurse. Motoarele de căutare își creează baze de date în care apoi fac rapid interogarea. Rezultatul interogării este o listă de pagini găsite sau hituri[3]. Un *hit* este un *link* la o pagină unde motorul de căutare a găsit cuvântul sau cuvintele respective.

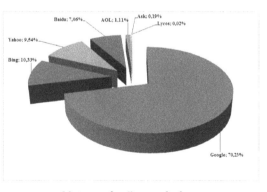

Motoare de căutare desktop

---

[1] O estimare a autorului este de 10^{16} - 10^{17} bytes din care 50% este în mișcare (2010)

[2] În limba engleză *querry*

[3] În limba engleză *hit* are sensul de lovitură, nimereală

Componentele motoarelor de căutare

Motoarele de căutare au trei componente distincte. *O primă componentă* este un program[1] care vizitează periodic cu frecvenţă mare un foarte mare număr de site-uri web. În urma vizitelor se creează şi se actualizează o bază de date cu conţinutul paginilor site-urilor vizitate. În procesul actualizării este important ca informaţia care nu mai există să fie ştearsă din bazele de date, în caz contrar rezultatele interogării ulterioare putând fi eronate. O *a doua componentă* creează un index pe baza căutărilor realizate anterior. Indexul este de dimensiuni foarte mari şi este actualizat la fiecare vizită a sitului în cauză. Cum vizitele nu pot fi aşa de dese cum se fac modificări în situri, se întâmplă frecvent ca interogarea să dea linkuri care nu mai sunt actuale. Căutarea propriu-zisă o face cea de *a treia componentă* care încearcă să găsească cuvântul, grupul de cuvine sau sintagma în index.

În funcţie de acoperirea siturilor şi de frecvenţa vizitelor o bază de date a unui motor de căutare poate fi mai completă decât a altora. În acest fel se explică şi rezultatele diferitelor ale interogării cu acelaşi cuvânt sau grup de cuvine obţinute cu motoare de căutare diferite.

Motoare de căutare active

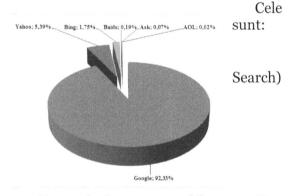

Motoare de căutare pentru mobil

Cele mai cunoscute motoare de căutare sunt:

- Google
- Bing (fost MSN Search and Live Search)
- Yahoo! Search
- Baidu (China)
- AOL
- Ask.com (fost Ask Jeeves)
- Lycos
- Yandex (Rusia)

Un număr de motoare de căutare sunt spe-

---

[1] numit şi *spider* (păianjen), *crawler* (persoană sau obiect care se târăşte aleatoriu) sau *bot* (omidă)

cializate. De exemplu motoarele de căutare Quora, True Knowledge, Wolfram Alpha sunt specializate în oferirea de răspunsuri la întrebări diverse. Google oferă un număr important de motoare de căutare specializate.

Meta-motoare de căutare

Meta-motoarele de căutare nu au componente proprii, ele caută în alte motoare textul solicitat oferind o sinteză a căutărilor. Câteva din cele mai cunoscute meta-motoare de căutare sunt:

- Blingo
- Yippy (formerly Clusty)
- DeeperWeb
- Dogpile
- Excite
- HotBot
- Info.com

Motoare de căutare oprite

Unele motoare **au fost oprite** din motive comerciale: Infoseek, Inktomi, Lotus Magellan.

Google

Google s-a afirmat rapid ca unul dintre cele mai eficiente sisteme de căutare afișând linkurile tuturor paginilor în care se găsesc cuvintele interogate și având cea mai mare bază de date dintre toate motoarele de căutare. Inovația majoră adusă de Google a fost un nou algoritm de căutare. Căutarea clasică determina rangul paginii după frecvența cuvintelor selectate în pagină. Utilizatorii nu folosesc mai mult de 10 mii de cuvinte dintr-o limbă și rezultatele căutării erau adesea nerelevante. În plus, adesea, pe bază de plată suplimentară se putea obține un rang superior. Algoritmul PageRank[1] atribuie paginilor web o importanță în funcție de numărul de legături către aceasta și

---

[1] Page provine de la inventatorul Larry Page, și nu de la cuvântul englez *page* care se traduce prin pagină

la rândul lor rangul acestora, clasamentele căutării fiind astfel mult mai relevante.

Compania *Google* fondată inițial de doi studenți[1] a cunoscut o dezvoltare rapidă și domină piața căutărilor cu o cotă de 70% pe desktop și 92% pe mobil. Metodele de marketing folosite au reprezentat și ele premiere în domeniu. Pagina principală a motorului a rămas și în prezent foarte simplă. Dar Google folosește rezultatele căutărilor pentru campania de marketing proprie afișând mesaje promoționale pe o anumită pagină a utilizatorului corelată cu subiectul căutării. Sintagma „boală de inimă" va atrage cel mai probabil reclamele producătorilor de medicamente pentru cardiaci alături de rezultatele căutării.

Succesul Google a relansat competiția atât *Microsoft* cât și *Yahoo* anunțând noi produse care tind să egaleze tehnic performanțele Google. Bătălia ce se anunță demonstrează rolul crucial al căutării în Internet. Căutarea are șanse să devină personalizată, competitorii înmagazinând profile de utilizatori[2] sau anunțând fie înglobarea căutării în alte aplicații[3], fie oferte de servicii complementare. Răspunsul Google a fost un serviciu de e-mail gratuit GMail, căutare pe desktop și foarte multe alte aplicații inovatoare (Google Earth, Docs&Spreadsheets, Reader, Picasa etc.).

Numai in domeniul căutării se pot menționa câteva aplicații Google cunoscute:

- Google Books (books.google.com),
- Google Scholar (scholar.google.com),
- Google Image Search (images.google.com),
- Google Videos (video.google.com).
- Google News (news.google.com),
- Google Maps (maps.goohle.com),
- Google Shopping (shopping.google.com),
- Google Finance (finance.google.com), ș. a.

Din anul 2007 Google are un centru și în România și multe aplicații sunt traduse în limba română.

---

[1] Larry Page și Sergey Brin, Stanford University
[2] 140 milioane Yahoo în aprilie 2004
[3] Microsoft o va face foarte probabil în Windows sau Word

Companie de dimensiuni uriaşe cu o cifră de afaceri globală de peste 70 mi-
liarde dolari, Google, Inc. este acuzată că are strategii de evitare a taxării în
diverse ţări (Marea Britanie), practică preţuri de transfer discutabile (Franţa)
şi este obiectul unei cercetări anti-monopol de către Comisia Europeană (Chee &
Auchard, 2015). Din anul 2014 o anchetă privind presupuse acte de corupţie
privind achiziţia de licenţe Microsoft se desfăşoară în România. După dezvălui-
rile lui Edward Snowden Google a fost acuzată şi că nu a criptat comunicaţiile
între serverele sale facilitând NSA colectarea de date privind emailurilor abo-
naţilor GMail şi alte date (Harding, 2014).

Căutarea

Pregătirea căutării

O primă acţiune este o analiză preliminară care să determine care cuvinte de-
finitorii, nume proprii, prescurtări sau sintagme sunt relevante pentru căutarea
dorită. Uneori este important de asociat căutarea cu firme sau organizaţii care au
legătură cu subiectul dorit.

Sintagmele, care se trec între ghilimele în lansarea căutării pot fi utile pentru
restrângerea ariei de căutare, dar se pot dovedi contra-productive dacă sunt defi-
nite diferit de modul în care par pe Internet. Căutarea folosind cuvintele din sin-
tagmă separat duce la rezultate similare dar extinzând considerabil numărul de
pagini al răspunsului şi îngreunând găsirea răspunsului dorit.

Găsirea unor sinonime se poate dovedi adesea o măsură care facilitează mult
căutarea. Pentru cei care nu vorbesc limba de afişare a informaţiei ca limbă ma-
ternă dificultăţile sporesc.

În reviste, ziare, în general mai nou în toate formele de mass-media sunt pre-
zentate adrese web dedicate unor firme sau organizaţii. Consultarea acestora poa-
te familiariza persoana care caută pe Internet cu termenii specifici căutării folo-
siţi pe site-urile Internet.

Motoarele de căutare nu dau rezultate identice. Se recomandă de aceea că-
tarea unui cuvânt sau sintagme cu mai multe motoare de căutare

Obţinerea de rezultante relevante

Indiferent de motorul folosit găsirea unor rezultate relevante este adesea ne-satisfăcătoare. Motoarele de căutare indexează o mică parte din Internet şi nu au acces la Internetul ascuns. În plus, algoritmii de afişare pot prezenta cu prioritate alte rezultate decât cele dorite de cel care caută.

Ca exemplificare, dacă vom căuta cu Google Search pentru "Bucureşti" obţinem ca prime 4 rezultate:
1. *Bucureşti – Wikipedia* https://ro.wikipedia.org/wiki/Bucureşti
2. *Bucharest - Wikipedia, the free encyclopedia*
   https://en.wikipedia.org/wiki/Bucharest
3. *Aeroporturi Bucureşti - Aeroportul Internaţional Henri ...*
   www.bucharestairports.ro/ro/program-zboruri/sosiri
4. *Universitatea din Bucureşti - Pagina principală* www.unibuc.ro/

Dar dacă presupunem că dorim să obţinem informaţii despre străzile oraşului şi cătam cu "Bucureşti" şi "străzi" obţinem:
1. *Lista strazi Bucuresti - Harta Bucuresti* www.bucuresti.com.ro/toate-strazile/
2. *Harta Bucuresti 3D recenta noua - Localizare exacta harta-*
   bucuresti.com.ro/harta-strazi-bucuresti.html
3. *STRAZI BUCURESTI de la A la Z - Bucurestiul.info*
   bucurestiul.info/strazi/
4. *ghidBucurestean - harta Bucuresti, catalog firme ...*
   www.ghidbucurestean.ro/

şi dacă folosim sintagma "Bucureşti străzi":
1. *STRAZI BUCURESTI de la A la Z - Bucurestiul.info*
   bucurestiul.info/strazi/
2. *ghidBucurestean - harta Bucuresti, catalog firme ...*
   www.ghidbucurestean.ro/
3. *Harta bucurestiului - Hartionline.ro*
   www.hartionline.ro/buc/harta/strazi.html
4. *Distante Bucuresti harta rutiera Bucuresti strazi online km*
   www.1automoto.ro/Distante.../Distante-Bucuresti.aspx

Este posibil să se dorească localizarea unei străzi care are în nume "Ionescu" şi atunci cu Bucureşti străzi Ionescu se obţine:
1. *Strada Ionescu Florea, Bucureşti - Străzi şi bulevarde ... bulevar-*
   de.ro/bucuresti/strada-ionescu-florea
2. *Strada Tache Ionescu, Bucuresti - Harta - Bucurestiul.info*
   bucurestiul.info/strazi/strada-tache-ionescu/

3. *Strada ionescu-gion george din Bucuresti - Harta Bucuresti*
   ehartabucuresti.ro/bucuresti/strada/ionescu-gion-george/
4. *Strada Ionescu Grigore - harta Bucuresti harta.bucuresti.rou.ro › ... ›*
   harta.bucuresti.rou.ro

Căutarea poate fi o operaţie frustrantă, mai ales când utilizatorul ştie ce doreşte, ceea ce poate fi o pagină, un document sau o ştire pe care accesat-o cândva. Numai că acea pagină putea fi ştearsă între timp sau aflată în Internetul inaccesibil motoarelor de căutare[1].

Câteva recomandări pentru o căutare relevantă (Merrill & Martin, 2011):

- încearcă o descriere cât mai completă;
- foloseşte ghilimelele la o sintagmă;
- caută adjective;
- exclude ce nu doreşti cu semnul – (minus);
- foloseşte limitele numerice (exemplu "pantofi" 100 lei...300 lei);
- caută un site după nume şi obţii pagina cu căutarea în acel site (exemplu www.cnn.com şi mai departe Search CNN);
- caută un fişier de anumit tip (exemplu "plan de afaceri" filetype:xls sau doc sau pdf sau ppt).

> *Motoarele de căutare oferă rezultate nu numai după cuvântul specificat, ci şi după variante rezultate din căutările mai des întâlnite de motorul respectiv. Personal am constatat că la căutarea pentru "baltac" se oferă şi rezultate pentru "baltic"*

Alte utilizări ale căutării în Internet

Mai puţin cunoscut este şi că unele motoare de căutare pot fi folosit drept calculator (exemplu căutând "=1,24/4" obţinem valoarea calculată 0,3125), convertor de valute (exemplu "euro in lei" dă cursul zilei), conversii unităţi de măsură (exemplu "90 fahrenheit to celsius" dă rezultatul 32,22..), ora în diverse locuri (exemplu "time Edinburgh" arată ora exactă în Edinburgh), starea meteo (exemplu "weather Brasov" va prezenta situaţia meteo la momentul căutării la Braşov), hărţi (exemplu "harta câmpulung" sau "map campulung" pentru harta oraşului),

---

[1] Vezi mai jos Limitele căutării

traduceri în altă limbă (exemplu "translate obicei in english" va da "custom", numere de telefon din anumite ţări (exemplu phonebook: numele oraşul), cotaţii bursiere (exemplu "Google stock", dar şi "Transgaz stock"), corector ortografic (exemplu pentru "difereent" se oferă variantele "different, differentiation, differentiate, differentials") etc.

Căutări locale

Avantajele căutării au condus la folosirea de motoare de căutare pentru dispozitivele digitale folosite de fiecare, dar şi pentru diverse website-uri sau aplicaţii. Un exemplu relevant în al doilea caz este Wikipedia, dar şi YouTube.

> *Perfecţionarea motoarelor de căutare pentru căutarea pe dispozitivele proprii permite un efort mai mic al utilizatorului de sistematizare a informaţiei sale putând căuta după conţinutul fişierelor, nu numai după numele lor.*

Căutarea pe desktop, dispozitiv mobil sau în cloud

Prin căutare pe desktop înţelegem căutarea în propriul calculator sau propria reţea a utilizatorului. Principalele instrumente actuale sunt Google Desktop, Microsoft Windows Search, Apple Spotlight Search. Sunt căutate după informaţia relevantă fişierele de orice tip din calculator (text, arhive e-mail, istorii web, fişiere multimedia etc.). Utilitatea căutării desktop este mare. Majoritatea informaţiei se găseşte în calculatoare sau alte sisteme digitale atât în organizaţii cât şi la persoane private în formă nestructurată şi în consecinţă greu de găsit fără astfel de instrumente. Mecanismele de căutare sunt similare cu acelea ale căutării pe web. De aceea, motoarele de căutare locale trebuie activate înainte de căutare sau pornite odată cu dispozitivul.

> *Pericolul folosirii unor astfel de motoare de căutare pe desktop rezidă în faptul că]n cazul echipamentelor aflate în intraneturi se pot indexa şi fişiere din calculatoare care nu aparţin persoanei care face căutarea şi chiar mai mult, o serie de informaţii indexate pot trece prin firewall în afara organizaţiei. Din acest motiv unele organizaţii/firme interzic folosirea de motoare de căutare pe desktop în interiorul firmei.*

Dispozitivele mobile dispun de aplicaţii de căutare proprii similare cu cele desktop. Toate aplicaţiile de stocare pe cloud deţin motoare de căutare proprii uşurând accesarea informaţiei stocate de utilizator.

Limitele căutării

Căutarea în Internet are limitări serioase. În primul rând componenta de baleiere a Internet (crawling) nu acoperă întregul Internet vizibil. Apoi motoarele de căutare clasice nu pot accesa Internetul invizibil[1] fie el format din site-uri private cu acces interzis sau limitat pentru oameni cu tehnologia captcha, din reţele sociale, baze de date guvernamentale etc.

O parte din rezultate nu sunt afişate din motive legale în anumite ţări. Site-urile web neonaziste nu sunt afişate în Franţa şi Germania unde legea interzice negarea Holocaustului, unele cuvinte şi sintagme sunt filtrate în China, în multe ţări referirile cu context de pedofilie sunt restricţionate etc.

Eric Schmidt (CEO Google) a recunoscut că din 5 milioane terabaiţi cât ar fi dimensiunea Internet motorul de căutare Google a acoperit în primii 7 ani de activitate numai 200 terabaiţi, adică 0,004%. (wiseGEEK, 2015).

---

[1] Vezi Internetul invizibil

POȘTA ELECTRONICĂ

Motto:
eMailul este familiar, confortabil și ușor de folosit.
Dar poate fi și cel mai mare atac
la timpul și productivitatea biroului de azi
Ryan Holmes

Poșta electronică sau ***e-mail***[1] este instrumentul de comunicare prin rețele informatice similar cu binecunoscutele servicii poștale. Oricine cunoaște adresa de e-mail a unei alte persoane îi poate trimite o 'scrisoare' electronică. O scrisoare electronică este în fapt un fișier de calculator trimis de la o adresă e-mail la o altă adresă e-mail. Se folosește un software specific care atașează un 'plic' la fișier. Pe 'plic' sunt marcate adresa destinatarului și adresa de retur.

Infrastructura poștei electronice

Adrese E-mail

@ O adresă E-mail are 2 părți: un *identificator al expeditorului* unic fiecărei persoane care folosește poșta electronică, și o *adresă de calculator* unică și ea fiecărui calculator care este parte din Internet sau din rețeaua LAN sau WAN în care este instalat instrumentul de poștă electronică. Indicatorul utilizatorului și adresa de calculator sunt separate prin simbolul "@" , care a fost adoptat ca standard *de facto* după folosirea lui prima dată în anul 1972. Într-o adresă tipică de e-mail: *Prenume.Nume@snspa.ro* recunoaștem identificatorul utilizatorului *Prenume.Nume* și adresa IP calculatorului de e-mail *snspa.ro*. Adresa calculatorului sau serverului are o parte de nume propriu-zis al calculatorului și o parte de nume de domeniu, care arată cărui tip de utilizare sau zone geografice îi aparține serverul. Atât identificatorul utilizatorului cât și numele de server pot conține mai multe cuvinte separate prin punct. Asignarea se face de către administratorul rețelei în care funcționează poșta electronică, respectând anumite reguli adoptate în Internet și achiziționând anumite drepturi de folosire.

Servere e-mail

Mesajele electronice circulă sau sunt stocate într-un calculatoare și sunt prelucrate de pachete software specifice. Acestea sunt denumite generic servere de e-mail sau mai pe scurt **servere de mail**. Serverele de mail pot fi considerate ca fiind similare centralelor telefonice și în mod normal funcționează 24 ore din 24, 7 zile din 7. Varietatea mare de servere și pachete software de e-mail a condus la

---

[1] Abreviere de la electronic mail sau poștă electronică

necesitatea unor protocoale specifice, datorită cărora mesajele e-mail pot fi transmise fără dificultate între utilizatorii extrem de numeroşi şi răspândiţi geografic ai Internet .

Protocoale specifice e-mail

Principalele protocoale de e-mail sunt SMTP, POP şi IMAP. Se răspândeşte din ce în ce mai mult citirea mail-urilor prin accesarea unor site-uri web, metodă mult mai comodă şi accesibilă numită generic *webmail*.

SMTP

Protocolul **SMTP**[1] permite schimbul de mesaje pe baza unei scheme client/server între calculatorul utilizatorului şi serverul de mail. Protocolul specifică formatul mesajului e-mail şi descrie cum este administrat.

POP

Protocolul **POP**[2] are ca destinaţie administrarea serverelor de mail. Mesajele sunt trimise la destinatar şi consecutiv şterse sau pot fi trimise la destinatar şi păstrate o perioadă de timp determinată sau nedeterminată pe server. Protocolul POP permite serviciile necesare pentru ataşarea de fişiere text la mesaje prin extensiile MIME[3], în care caz fişierele ataşate sunt descărcate pe calculatorul utilizatorului de e-mail.

IMAP

Protocolul **IMAP**[4] ca şi POP poate descărca mesajele şi le poate şi şterge de pe server, dar poate în plus numai să interogheze serverul dacă există mail şi să descarce numai anumite mesaje la dorinţa utilizatorului. Pe calculatorul client se pot astfel vizualiza numele expeditorilor şi subiectele mesajelor mesajele primite şi utilizatorul poate decide pe care dintre ele să le descarce. IMAP creează posibilitatea administrării mesajelor e-mail de către utilizator (citire, ştergere, ordonare

---

[1] Simple Mail Transfer Protocol
[2] Post Office Protocol
[3] Multipurpose Internet Mail Extensions
[4] Internet Message Access Protocol

etc.) fără a mai fi nevoie de descărcarea acestora pe calculatorul client. Facilitatea se dovedeşte foarte utilă atunci când se citeşte cutia poştală de pe alt calculator decât calculatorul propriu.

Pachete software de e-mail

În cazul serviciilor poştale nu contează ce fel de cutie poştală posezi. Dacă trimiterea are pe ea adresa corectă scrisoarea sau coletul ajunge la destinatar şi i se introduce în cutia poştală sau se predă la adresa respectivă. Trimiterea poate trece prin mai multe servicii poştale dintr-o ţară sau mai multe.

În mod similar în Internet nu contează ce software de e-mail ai şi nici ce tip de calculator. Dacă software-ul respectiv interpretează corect adresele Internet se pot transmite şi recepţiona mesaje către şi de la orice persoană conectată la Internet. Aşa cum s-a mai arătat în capitolul privind comunicaţii de date, transmiterea se face în pachete şi la destinaţie se reface mesajul. Există pachete software de e-mail specializate, dar mai ales facilităţi de e-mail oferite de pachete cu funcţii complexe, ca de exemplu MS Outlook, AOL etc.

Webmail

În cazul serviciilor de e-mail oferite gratuit de către mai multe portaluri internaţionale accesul se face cu software-ul general de navigare prin Internet. Principiile de gestiune a mesajelor sunt similare celor descrise la IMAP. Cele mai cunoscute sunt serviciile de email oferite de Google (GMail), Microsoft (Hotmail), Yahoo (Yahoo!Mail), Facebook (Messages).

Utilizări şi avantaje ale e-mail

Poşta electronică prezintă numeroase avantaje şi facilităţi. Ele sunt legate de timp, cost, locaţie geografică, format, evitarea barierelor de comunicaţie, procesarea comunicaţiei, simplificarea trimiterilor în grup, interactivitate, uşurarea gestiunii biroului etc.

Timp

Un mesaj transmis oricând ajunge aproape instantaneu în orice colţ al lumii. Mesajele se pot transmite şi când calculatorul destinatarului este ocupat, spre deosebire de telefon sau fax. Nu contează ora la care transmiţi, spre deosebire de telefon (să ne reamintim regula de bună educaţie să nu suni după orele 22 pe cineva la domiciliu). De asemenea, nu contează tipul de antet sau plic utilizat

Cost

Un furnizor Internet închiriază canalele de acces la magistralele Internet cu discount de volum. Ele trimite simultan mesajele mai multor utilizatori, deci regia fiecărui mesaj este redusă considerabil. Într-o convorbire telefonică de 20 minute ambele telefoane sunt 'ocupate' pentru terţi. În timpul de 20 minute în care se redactează un mesaj e-mail ambele calculatoare sunt 'libere' să primească mail. Transmiterea mesajului se face de regulă în secunde. Toate acestea fac ca în fapt costul trimiterii unui mesaj e-mail suplimentar faţă de costul accesului să fie foarte scăzut sau chiar tinde spre zero[1]. Mai multe organizaţii se întrec să ofere e-mail gratuit în domenii proprii, cum sunt Hotmail, Google, Yahoo etc. Recuperarea costurilor se face prin publicitatea la care este expus utilizatorul sau din cotizaţii sau alte taxe în cazul unor organizaţii.

Loc

Nu contează unde se află din punct de vedere geografic destinatarul, atât timp cât îi cunoşti adresa de E-mail poţi coresponda. O adresă de e-mail este specifică unei persoane, nu unei locaţii. Apar mari avantaje pentru cei care pot primi şi transmite mesaje şi după orele de program, la sfârşit de săptămână sau din călătorie. Cu facilităţile de e-mail gratuit se păstrează adresa şi la schimbarea locului de muncă.

---

[1] În anumite zone din SUA accesul la Internet este gratuit, ca şi convorbirile telefonice locale.

Format

Faxurile şi scrisorile sunt documente care nu pot fi procesate ulterior. Un mesaj e-mail poate avea multe forme. Dar odată imprimat el devine similar cu faxul sau scrisoarea. Spre deosebire de fax sau scrisoare un mesaj e-mail poate fi păstrat arhivat electronic. Alt avantaj este că un mesaj e-mail poate fi editat după necesităţi înainte de trimitere sau la redirectarea lui.

Evitarea „cerberului"

În multe organizaţii există un "cerber", de regulă secretara[1], care determină mai mult sau mai puţin obiectiv, cine şi când poate comunica cu şeful respectiv. Această barieră poate exista şi în cazul scrisorilor şi faxurilor. Secretara decide cine, când şi dacă şeful este cazul să comunice sau citească scrisorile, sau le repartizează altora. "Cerberul" devine o verigă în calea comunicării şi mesajul se poate altera. Folosind poşta electronică se poate "evita cerberul". Mesajele e-mail merg direct la persoana dorită indiferent de poziţia în organizaţie. Desigur există limitări la organizaţiile mari, unde este necesară o triere a mesajelor care vin la persoane foarte solicitate mesaje care fiind prea numeroase nu mai pot fi citite în timp rezonabil[2].

Procesarea comunicaţiei

În cazul poştei electronice, decizi singur când citeşti mesajele e-mail spre deosebire de telefonul care sună şi la care trebuie să răspunzi. Poţi trimite mesaje e-mail fără grija că poţi deranja destinatarul. Se pot transmite mesaje cu grad înalt de securitate (identificare, criptare). Se poate aşa cum s-a mai amintit comunica de jos în sus pe scară ierarhică. Dar desigur că trebuie să fii atent când foloseşti acest mod de comunicare. Ignorarea unor reguli ierarhice poate dăuna uneori. Indiferent de acest considerent, poşta electronică democratizează considerabil relaţiile inter-umane.

---

[1] Desigur postul respectiv se poate numi altfel (predominant asistent) şi poate fi ocupat şi de bărbaţi.

[2] Ca un exemplu evident, este imposibil ca preşedintele SUA să poată citi toate mesajele ce îi sosesc la adresa sa publică de la whitehouse.gov. Oficiul Preşedintelui sortează mesajele şi răspunde după caz.

Liste de mail

Poşta E-mail este foarte eficientă când transmiţi acelaşi mesaj la mai multe persoane odată. Se pot crea liste de mail cuprinse în cărţi de adrese de mail[1] cu toţi destinatarii cu care se doreşte a se corresponda curent. În majoritatea cazurilor se pot folosi abrevieri, nume de cod sau "porecle". Se pot face abonamente la unele liste generate de organizaţii interesate în diseminarea informaţiei ca scop în sine sau pentru crearea unei atractivităţi a prezenţei lor pe Internet. În acest fel se primesc periodic informaţii cel mai adesea personalizate. Desigur că există posibilitatea de a renunţa oricând la abonamentul pe o anumită listă.

Interactivitate

Probabil că telefonul este cel mai interactiv mijloc de comunicaţie. Se poate pune întrebarea dacă lipsa interactivităţii este un neajuns al e-mail ? Să remarcăm în primul rând că poşta electronică este mai interactivă decât orice alt mijloc scris de comunicare. Nu se poate conversa prin e-mail ca prin telefon, dar se poate cel mai des primi un răspuns imediat şi continua conversaţia. Se pot face referiri directe la mesajul primit ataşându-l la răspuns şi chiar intercalând în text comentarii. Este vorba de o nouă interactivitate cu posibilităţi de schimb de informaţie multimedia la un nivel neatins de mijloacele de comunicaţie clasice.

Gestiunea biroului – creşterea productivităţii

Ordonarea şi clasarea mesajelor e-mail se face extrem de eficient. De asemenea, trimiterea de răspunsuri se face simplu, flexibil şi eficient. Folosirea funcţiei de Răspuns/Replay/ permite să nu fie necesar să memorezi adresa expeditorului căruia i se răspunde. Se poate răspunde şi în colectiv la mai multe adrese. Mesajele vechi şi arhivate pot fi recitite cu uşurinţă şi răspunsurile se pot da oricând se doreşte. După dorinţă se păstrează copii ale mesajelor trimise şi primite. Acestea pot fi clasate pe subiecte, parteneri, dată, destinatar, dimensiune mesaj etc. Mesajele memorate pot fi folosite pentru cronologia unei afaceri, relaţii etc. Recipisa de primire[2] confirmă rapid dacă destinatarul a recepţionat mesajul. Facilitatea de

---

[1] Address Book
[2] Return Receipt

a transmite informația că destinatarul este plecat *Absent de la birou* (*Out of Office*) este valoroasă pentru indicația că mesajul nu va fi citit o perioadă de timp sau sugerează redirectarea. Toate acestea, precum și alte facilități, permit o mult mai bună organizare și o mai mare productivitate a muncii de birou.

Dezavantaje și pericole ale folosirii e-mail

Există și dezavantaje și pericole legate de folosirea e-mail. Ele nu pun sub semnul întrebării folosirea poștei electronice, dar cunoașterea lor este necesară pentru folosirea e-mail în condiții de maximă eficiență și securitate.

Masa critică

Principalul dezavantaj al e-mail este ca atât expeditorul cât și destinatarul trebuie să aibă acces la Internet sau un sistem de mail cu răspândire geografică potrivită necesităților. În fapt toate formele de comunicații au aceiași problemă. Dar ele au depășit masa critică, adică numărul de utilizatori de la care folosirea începe să prezinte interes. Poșta electronică devine din ce în ce mai acceptată pe măsură ce crește numărul celor ce au acces la Internet. Acest număr așa cum am mai arătat crește exponențial și se poate prevede un impact extraordinar al poștei electronice asupra comunicațiilor, mai ales prin răspândirea telefoniei mobile cu terminale ieftine, ușor de folosit și pentru e-mail.

Securitatea mesajelor

Există posibilitatea ca folosind e-mail, mesajele să fie transmise din greșeală altui utilizator sau să nu ajungă la destinatar. Acest lucru se petrece rar și de regulă în perioade de mare congestie a canalelor de comunicație sau când expeditorul sau destinatarul este conectat la un ISP cu server de e-mail subdimensionat și fără protecție

Uneori chiar expeditorul trimite din greșeală mesajul unui alt destinatar. Cele mai frecvente cazuri sunt folosirea facilității de răspuns *Reply* la un mesaj care are în partea sa de adresă o adresa de răspuns eronată, folosirea de abrevieri de nume interpretate greșit de software-ul de mail, alegerea greșită din lista de adrese a numelui destinatarului. Se recomandă trimiterea mesajelor cu Recipisă de primire (Return Receipt). Majoritatea serverelor de e-mail trimit confirmarea imediat ce mesajul a fost transferat în calculatorul destinatarului și în anumite situații și când a fost citit.

Informații confidențiale pot fi relativ ușor interceptate, deoarece rămân stocate într-un număr mare de servere intermediare. Se recomandă de aceea ca în cazul trimiterii de mesaje e-mail cu informații confidențiale mesajele să fie criptate. Sunt disponibile comercial produse software care realizează criptarea și s-au dezvoltat proceduri de identificare a partenerilor prin semnătură electronică și certificate digitale. Deoarece evoluția lor a fost legată în special de apariția comerțului electronic, aceste metode sunt discutate în capitolul respectiv. Relativ des anumite sisteme de mail sau schimb instantaneu de mesaje avertizează utilizatorul că trimite informații pe un canal nesigur. Este vorba de o măsură de precauție care doar avertizează utilizatorul că pericolul există, și nu că mesajul va fi în mod real interceptat.

Răspândire de malware

Mesajele sosite din surse nesigure pot conține malware, mai ales viruși, în special prin fișierele atașate. Virușii pot afecta uneori grav calculatorul celui care le primește. Chiar avantajele e-mail cum sunt listele și cartea de adrese e-mail pot favoriza răspândirea de viruși. De exemplu, prin folosirea opțiunii de redirecționare (Forward) virușii pot fi transmiși de către o persoană care a primit un mesaj virusat în mod involuntar la un alt destinatar sau mai grav la o listă. Este cunoscut cazul virusului "*I love you*" care s-a răspândit în 1999 cu multiplicare exponențială și a produs pagube de zeci de milioane de dolari. Odată ajuns într-un calculator de abonat e-mail acest program virus căuta lista de adrese a persoanei respective și redirecționa automat mesajul la toate persoanele din listă, chiar dacă mesajul nici nu era citit. Odată deschis fișierul atașat, informații vitale din calculator erau distruse.

> *Se recomandă instalarea unui program anti-virus performant și multă grijă la deschiderea unor fișiere atașate care pot conține viruși. Programul anti-virus trebuie actualizat periodic, deoarece apar permanent viruși noi pe care programele vechi nu le recunosc.*

Invadarea cu mesaje nesolicitate - spam

Din motive comerciale sau de altă natură care poate fi benignă, de exemplu trimiterea de felicitări, sau malignă, cum ar fi încercarea unor persoane rău-intenționate de blocare a Internet, numărul mesajelor e-mail poate deveni atât de mare încât saturează rețelele sau creează inconveniente utilizatorilor. Fenomenul este facilitat de ușurința cu care se pot trimite mesaje pe liste în Internet se numește invadare cu mesaje sau trimitere de mesaje nesolicitate sau *spam*. El nu trebuie confundat cu marketingul prin e-mail.

Prin spam se trimite un număr mare de copii ale aceluiași mesaj pentru a forța citirea lui de către cât mai multe persoane care de fapt nu doresc să-l primească. Cel mai des este vorba despre oferte pentru produse dubioase, scheme de îmbogățire rapidă, servicii quasi-ilicite etc. Costurile de expediere sunt foarte mici pentru expeditor, dar pot fi mari pentru ISP-uri și destinatari. Studiile arată că 80% din mesajele spam sunt trimise de numai circa 200 spameri. Costul este suportat de beneficiarii spamului.

Există numeroase alte proceduri anti-spam, incluse în majoritatea pachetelor software de e-mail. Ele se aplică la nivel de server de organizație sau la nivelul persoanei. Se pot opri mesaje de la o anumită adresă, dar măsura este relativ ineficientă, deoarece spamerii folosesc adrese de retur false. Se poate opri un mesaj bazat pe folosirea de cuvine cheie în subiect sau conținutul mesajului.

> *Inventivitatea spamerilor pentru a evita filtrele anti-spam este foarte mare. Se ortografiază nume devenite clasice în spam cum sunt Viagra sau Rolex ca V:a:g:r:a, V1@gra, Ro-l,lex etc., . .*

Filtrele anti-spam au deci o eficiență discutabilă și în plus prezintă dezavantajul că pot bloca și mesaje legitime. Folosirea unei facilități a e-mail de avertizare în caz de absență a titularului[1] poate deveni o sursă de spam deoarece îi avertizează pe spameri că adresa respectivă este activă. Lipsa de metode eficiente anti-spam face ca în multe cazuri soluția finală să fie abandonarea cutiei de e-mail și alegerea altei adrese.

Din punct de vedere juridic în multe țări spam-ul este considerat ilegal. În România, Legea comerțului electronic Nr. 365/2002 art. 6 prevede că efectuarea de comunicări comerciale prin poșta electronică este interzisă, cu excepția cazului

---

[1] Out-of-Office Reply

în care destinatarul şi-a exprimat în prealabil consimţământul expres pentru a primi asemenea comunicări.

> *În 2004 în SUA s-a pronunţat prima condamnare într-un caz flagrant de spam1, spamerul respectiv fiind cotat ca al 8-lea intr-un clasament mondial. Bătălia cu spam-ul este în curs şi a inclus jucători importanţi ca Google, Microsoft, AOL ş.a.*

Un alt factor agravant este şi trimiterea de mesaje la destinatari multipli cu fişiere ataşate mari de peste 10 MB care pot crea şi congestii ale canalelor de comunicaţie. Invadare cu mesaje este produsă şi de variante de jocuri piramidale care solicită multiplicarea numărului de jucători prin retransmiterea mesajului la un număr cât mai mare de destinatari. Se recomandă a nu se răspunde la astfel de solicitări, oricât de inofensive ar părea, deoarece transformă trimiţătorul în generator de *spam*. O măsură simplă şi care se recomandă este limitarea dimensiunii mesajelor primite prin setarea corespunzătoare a software-ului de mail. Desigur, se creează dezavantajul ca nu se pot citi astfel şi mesaje mari care ar putea fi de interes. Alte metode[2] permit citirea numai a informaţiilor de bază ale mesajului[3], mesajul în întregime putând fi citit opţional. În acest fel utilizatorul recunoaşte mesajele de tip spam şi le şterge înainte de a le citi.

Alarme false, farse, escrocherii

Există posibilitatea de a se trimite o alarmă de virus falsă în scop publicitar sau chiar ca o farsă[4] sau escrocherie. Proliferarea lor are la bază fie lipsa de educaţie în folosirea tehnologiilor informatice, fie exploatarea anumitor superstiţii sau credinţe religioase[5]. Ne vom opri numai asupra a câteva tipuri de mesaje e-mail: scrisorile nigeriene, mesajele cu imagini de relaxare si texte moralizatoare şi anunţurile de pericole iminente.

---

[1] Într-a singură zi din Iulie 2003 Jeremy Jaynes a trimis 7,7 milioane mesaje e-mail către clienţii AOL folosind identităţi false pentru a le vinde o aplicaţie software numită ``FedEx refund . Apărarea a susţinut că nu este o infracţiune să promovezi produse pe Internet.

[2] De exemplu cutiile poştale de tip IMAP

[3] Header

[4] Hoax

[5] O intervenţie pe blog dezvoltă subiectul
http://vasilebaltac.blogspot.com/2009/03/internetul-si-biletelele-sfantului.html

- *Scrisorile nigeriene.* Nocivitatea scrisorilor nigeriene a fost expusă pe larg în mediul Internet şi în majoritatea cazurilor aplicaţiile anti-spam le opresc. Inventivitatea autorilor acestor mesaje este debordantă[1]. Numai este de mult un secret, dar este bine de reamintit. Indiferent de formă scrisorile nigeriene sunt o escrocherie, care exploatează credulitatea şi lăcomia omenească.

- *Prezentări pps.* Alt tip de mesaje din ce în ce mai răspândit sunt emailurile care conţin prezentări cu imagini şi muzică, cel mai des din cele mai frumoase. Prezentări bogate în megabaiţi care se transmit şi ele piramidal. Cel mai puţin nocive sunt cele de promovare turistică. Singura obiecţie ce le poate fi adusă este că fişierul ataşat ar putea fi pus undeva pe web, de exemplu cu o aplicaţie Google Photo sau alta similară, şi trimis destinatarului numai un link pentru a descărca fişierul numai dacă doreşte. Altele conţin texte moralizatoare cu inspiraţie creştină, budistă, musulmană sau a altor religii sau crezuri. Provin de pe toate meridianele traduse sau nu în limba română. Finalul acestor mesaje nu promite nenorociri dacă nu le multiplici, ci fericirea în funcţie de ... numărul celor care le vor primi de la tine[2]. Dacă e-mailul primit are un text sau fişier cu calităţi artistice, ştiinţifice sau turistice trimiteţi-l mai departe, dar cu grijă. Veţi face şi pe alţii părtaşi la o bucurie aleasă. Dacă ştiţi şi puteţi să folosiţi cloud computing trimiteţi numai un link cu adresa unde aţi pus prezentarea/textul respectiv. Dacă nu, este acceptabil să faceţi forward. Dar nu uitaţi că este posibil ca dacă aţi menţionat zeci de adrese, e-mailul să fie considerat spam. În plus unele aplicaţii de mail nu permit fişiere ataşate mai mari de 10 megabaiţi. Dacă e-mailul este din categoria textelor moralizatoare de tip piramidal nu-l trimiteţi decât celor care ştiţi că le ac-

---

[1] De la Nigeria au ajuns în Coasta de Fildeş, apoi au devenit rude ale lui Sadam Hussein sau Pinochet, bancheri din Afganistan, Siria etc..

[2] Pentru vorbitorii de franceză citez dintr-un astfel de mesaj ″Envoyez ceci à au moins 5 personnes et votre vie s'améliorera. 0-4 personnes: Votre vie s'améliorera légèrement. 5-9 personnes: Votre vie prendra la tournure que vous voulez. 9-14 personnes: Vous aurez au moins 5 surprises dans les 3 prochaines semaines. 15 et plus: Votre vie changera drastiquement!!″ Autorul cuantifică fericirea în sistem zecimal! Trimiţi e-mailul la 15 persoane şi ai scăpat de griji ...

ceptă. Cei mai mulţi sunt prieteni şi le va fi greu să vă spună să nu le mai trimiteţi. O soluţie ar fi în acest caz să trimiteţi numai celor care vă trimit şi ei, sau eventual vă răspund cu comentarii care nu presupun respingerea tipului de mail respectiv. Oricum nu trimiteţi acest gen de mesaje pe liste de mail. Unii participanţi la liste pot fi nemulţumiţi. Nu le postaţi pe intranetul firmei sau organizaţiei dacă politica acesteia nu vă permite.

- *Farse de tip acţiuni caritabile.* Mesajul se referă la un bolnav în fază terminală, de regulă copil, care poate fi salvat prin multiplicarea piramidală a emailurilor pentru care o companie, adesea Microsoft sau Google, oferă un cent pentru fiecare mail. Este o absurditate care exploatează credulitatea şi lipsa de educaţie digitală.

- *Alarme false (hoax).* Acest tip de mesaje difuzează texte care conţin alarme de virusuri informatice sau alte nenorociri sau profeţii dintre care cele mai multe se referă la sfârşitul lumii sau la "arderea" discului hard. Utilizatorul pierde timp şi resurse cu acest tip de mesaje şi de regulă alarmează şi alte persoane. Şi în acest caz se recomandă prudenţă înainte de trimite mai departe un mail suspect.

- *Escrocherii de tip accidentarea unei persoane sau impasul financiar.* În acest caz mesajul provine de la o rudă, un prieten, un cunoscut care cere ajutor financiar pentru că aflat în străinătate a pierdut sau i s-au furat actele, cardurile bancare, banii etc. şi cere ajutor. Adresa pentru răspuns este una similară celei a cunoştinţei. Asemenea mesaje sunt de create prin infectarea cu un virus a calculatorului unei persoanei care vă are în lista de adrese şi conţin la rândul lor un virus care se activează accesând un link, un fişier ataşat sau răspunzând.

Recomandarea este de a căuta pe web cu unul dintre motoarele de căutare textul menţionat în emailul suspect şi de regulă se găseşte un site care fie îl listează ca veridic sau demonstrează că este o alarmă falsă sau escrocherie.

Anonimatul sau substituirea expeditorului

Un pericol real în folosirea e-mail este şi acela că nu se poate cunoaşte întotdeauna cu siguranţă cine este expeditorul. O persoană poate relativ simplu să semneze cu un alt nume şi adresă sau un cod în loc de nume. Numele sau codul poate fi de tip anonim. sau substituind o persoană reală.

Buna credinţă nu poate fi acceptată ca înţeleasă de la sine în corespondenţa e-mail.

Metoda este des folosită de persoane sau firme pentru mesaje cu conţinut neacceptabil conform unor standarde de etică sau chiar nelegale, cum ar fi erotism, propagandă politică extremistă sau a unor secte religioase etc. Este bine de reţinut că în principiu furnizorul de servicii Internet poate localiza sursa de mesaje. Există şi firme care oferă servicii de detectare a traseului parcurs de mesajul primit[1]. Chiar şi trimiţătorul unor mesaje prin Yahoo sau Hotmail care crede că este anonim poate fi reperat cu precizie. Atenţie însă la folosirea unor astfel de metode: adresa IP se schimbă funcţie de providerul Internet, în unele cazuri sunt viruşi care sunt transmişi prin e-mailuri care folosesc adresa unei persoane cunoscute destinatarului, există furnizori de servicii de anonimat care ascund IP-ul real, serverul a fost „preluat" şi folosit ilegitim etc. Evitarea unor astfel de fenomene în tranzacţiile comerciale se face apelând la organizaţii de certificare a originii mesajului prin semnături electronice.

Incertitudinea transmiterii şi primirii mesajului

Volumul mare de mesaje transmise zilnic, riscurile la care este supusă mesageria electronică face ca în multe cazuri să existe o incertitudine a primirii mesajului de către destinatar. În primul rând nu toate serverele au implementată facilitatea de Recipisă de primire[2] sau este posibil ca destinatarul să o fi dezactivat. Multe organizaţii şi firme nu au personal suficient sau apreciază că nu este necesar să se răspundă la emailuri. Procentul de mesaje la care nu se răspunde poate ajunge la 40-50%. Un număr de firme oferă servicii de monitorizare a livrării şi citirii mesajului cu informaţii relativ certe privind data, ora şi aproximativ locaţia

---

[1] Ca de exemplu eMailTrackerPro, VisualRoute
[2] Return Receipt

de unde a fost citit mesajul[1]. Incertitudinea se naște atunci când destinatarul folosește clase de IP din altă țară sau ascunde IP-ul.

Gestiunea biroului – scăderea productivității

Infrastructura de e-mail a organizației este folosită și în scopuri personale. Studii de specialitate arată că aceasta conduce la scăderea productivității muncii și consumarea de ore în interes personal. Este adevărat că această scădere nu este la fel de mare ca și creșterea produsă de introducerea e-mail.

Managementul poștei electronice

Folosirea poștei electronice este foarte simplă și se poate presupune că orice persoană care accesează Internet folosește și poșta electronică, ceea ce conduce la peste 3 miliarde de oameni[2] la care se adaugă folosirea corespondenței prin poștă electronică a unor organizații publice sau private.

Adresa de e-mail

Nu se poate estima cu precizie numărul total de adrese de poștă electronică. Majoritatea celor ce au acces la internet au cel puțin o adresă de e-mail, dar din ce în ce mai mulți au o adresă la locul de muncă, una privată și adesea alta atunci când se înregistrează pe web, în acest caz pentru a evita spamul. Se adaugă adresele unor organizații și cele de răspuns automat ale unor site-uri web, de exemplu pentru confirmarea unor tranzacții. Numărul total de adrese de e-mail depășește cel mai probabil valoarea de 2 miliarde.

O parte dintre aceste adrese nu mai sunt funcționale, fie prin schimbarea locului de muncă, fie sunt părăsite de posesori. În multe cazuri provederii de servicii de poștă electronică șterg adresele nefolosite o perioadă de timp.

Pericolul de spam face ca multe persoane să nu dorească să comunice adresa de e-mail decât celor cu care vor să corespondeze. Din motivele de mai sus în

---

[1] Printre aceste firme se pot enumera ReadNotify, TraceYou, Piper Software etc.

[2] Decembrie 2014

mod practic nu există un director sau catalog de adrese de e-mail. Există câteva site-uri specializate în căutare, dar cu eficiență limitată.

Adresa proprie de e-mail

Este recomandat ca fiecare persoană să aibă adrese diferite pentru utilizări oficiale și pentru utilizări personale. Adresa oficială este potrivit să conțină numele și prenumele., ca în exemplul dat deja:

Prenume.Nume@gmail.com sau *Prenume.Nume @yahoo.com*

În multe organizații acest format a devenit standard și simplifică activitatea de memorare a adreselor. Adresa privată poate fi la același furnizor de poștă electronică, dar poate conține și licențe colocviale, deoarece se folosește numai între prieteni sau rude, ca de exemplu: sandu_duru@ .... sau ionica.balaie@....

> *Am văzut e-mailuri trimise de studenți către decanat sau profesori semnate iubitzik@... , kykyutza@... sau papusica.mea@... (!!) sau adrese ca "Trombonel" nume.prenume@... sau "Iubitzel" <nume.prenume@.>*

Este nepotrivită însă folosirea acestui tip de adrese în relații oficiale. Crearea de adrese noi de e-mail este în prezent gratuită și foarte facilă și există în majoritatea cazurilor posibilitatea de redirectare pentru a citi e-mailurile într-o singură cutie poștală. Se pot crea deci atâtea adrese cât este nevoie. De exemplu, Google Mail permite citirea a mai multor conturi într-o singură aplicație, etichetând fiecare mesaj cu adresa de unde provine.

O atenție sporită este necesară la publicarea adreselor pe web. Majoritatea spamerilor culeg adresele țintelor de pe Internet prin scanare sau furt de liste de adrese. Se recomandă afișarea publică a adreselor de e-mail într-o formă care să împiedice culegerea lor automată, evitând folosirea semnelor specifice: @ și .,

> *În loc de Prenume.Nume@snspa.ro se poate folosi Prenume DOT Nume AT snspa DOT ro sau Prenume PUNCT Nume LA snspa PUNCT ro*

Metoda nu este aplicabilă listelor de adrese care se stochează în formate standard.

Adresa destinatarului

Se recomandă ca adresa destinatarului să fie luată din directorul propriu de adrese[1]. În acest fel se pot evita erorile de ortografiere, care uneori pot face ca mesajul să nu ajungă la destinație. La înscrierea unui nou contact în directorul de adrese este recomandat să se scrie cu grijă antetul adresei respective. Antetul pleacă odată cu mesajul și este văzut de destinatar și chiar și de alte persoane la care ajunge e-mailul. Dacă antetul conține o poreclă sau un diminutiv/alint consecințele pot fi uneori neplăcute[2].

Mesajele colective trimise la mai multe adrese sunt frecvente. Menționarea tuturor adreselor la Către/To sau Copie/cc[3] face ca toți destinatarii să vadă care sunt celelalte adrese, uneori nerecomandat, dacă unul dintre destinatari nu vrea să i se cunoască adresa de mail. Trecerea tuturor la Copie invizibilă/Bcc[4] este în unele cazuri deranjante pentru destinatari. Pe de altă parte prezența unui mare număr de adrese de destinație, indiferent de formă, este interpretată adesea ca spam și mesajul nu ajunge la destinatarii dotați cu filtre anti-spam.

> *Există aplicații e-mail care trimit e-mailuri colective serial, particularizat fiecărui destinatar în parte (GroupMail, 2015). O astfel de aplicație este potrivită în campanii de marketing de orice fel, trimitere de newslettere, dar și personal pentru felicitări, anunțare evenimente etc.*

Subiectul mesajului

Subiectul mesajului trebuie sa exprime conținutul. Spre deosebire de conținutul mesajului, subiectul este vizibil pentru multe persoane inclusiv administratorii rețelelor. Alegerea lui poate contribui la creșterea interesului cititorului pentru e-mail sau dimpotrivă ștergerea lui fără a fi citit. Din păcate multe persoane trimit emailuri neglijând importanta subiectului sau chiar trimițând mesaje fără subiect. Exista câteva reguli simple care urmate pot face mesajele mai atractive.

---

[1] Address Book

[2] De exemplul în cazul unor adrese ca "Trombonel" nume.prenume@... sau "Iubitzel" <nume.prenume@... >

[3] Cc : Carbon Copy

[4] Bcc: Blind Carbon Copy

Una dintre ele este folosirea unei descrieri sumare a conţinutului[1]. O alta este folosirea de cuvinte cheie care sa descrie tipul de conţinut al mesajului[2]. În niciun caz nu se recomanda trimiterea de mesaje fără subiect. Multe aplicaţii e-mail nu indexează astfel de mesaje si căutarea ulterioara a mesajului devine dificilă.

> *Subiectul mesajului este una dintre metadatele interceptate, culese şi stocate în Internet pentru diverse scopuri licite sau ilicite , ca şi adresele expeditorului şi destinatarului, data mesajului etc.*

Conţinutul mesajului

Textul trebuie sa fie îngrijit, corect gramatical si ortografic. Folosirea diacriticelor este de dorit, dar numai daca destinatarul foloseşte un software care le recunoaşte, altfel mesajul devine greu de urmărit diacriticele fiind înlocuite cu grupuri de semne.

> *Ortografia şi exprimarea gramaticală corectă contează. Un mesaj cu greşeli de ortografie sau gramaticale enervează şi adesea rămâne necitit. Este cunoscut cazul unui politician român care a ajuns subiect de glume în mass-media pentru frecventele greşeli de ortografie în mesajele sale pe reţelele de socializare.*

Expeditorul poartă responsabilitatea conţinutului mesajului. Textul trebuie să corespundă normelor care se aplică în schimbul de mesaje respectiv. În general nu este acceptabil un e-mail fără formulele de politeţe de început şi sfârşit şi fără semnătura finală. Neconcordanţa cu antetul adresei expeditorului creează confuzii şi este bine să fie evitată. Stilul trebuie adaptat caracterului e-mailului, mai pretenţios pentru e-mailurile oficiale sau de afaceri, mai personal pentru corespondenţa privată.

> *E-mailul înlocuieşte scrisorile nu telegramele.*

Adesea mesajele sunt redirectate de către destinatar. Dacă nu se doreşte ca noul destinatar să afle de unde provine mesajul original şi către cine a mai fost

---

[1] Un exemplu: Subiect: Agenda sedintei AGA din 31 martie 2009

[2] Exemple: Subiect: Anecdota de la XY sau Subiect: Noutati de la prenume-nume (sau numai prenume sau nume)

trimis se recomandă ștergerea antetului[1] mesajului redirectat. În acest caz expeditorul își asumă responsabilitatea conținutului mesajului. Este important să recitiți conținutul înainte de trimiterea mesajului. Există multe situații când mesajul pleacă înainte de a termina redactarea lui cu consecințe uneori neplăcute.

> *Nu este potrivit să se presupună că un mesaj e-mai ajunge numai la destinatar. El poate fi foarte ușor accesibil altor persoane. Există aplicații software care interzic retransmiterea, dar sunt ușor de ocolit, de exemplu prin metoda Print Screen.*

Google Mail a introdus facilitatea de *Undo*[2] care acorda un răgaz de câteva secunde pentru a renunța la un mesaj deja trimis. Folosirea de imagini si înregistrări sonore este larg răspândita, dar este util sa se știe daca destinatarul are software corespunzător sa le citească.

Fișiere atașate

Fișierele atașate unui e-mail pot crea probleme. Câteva dintre posibilele probleme sunt:

- Unii destinatari au instalate aplicații e-mail care nu acceptă fișiere atașate, mai ales în cazul listelor de mail sau știri.
- Fișierul atașat conține un virus care poate ataca software-ul destinatarului. Se recomandă instalarea unei aplicații anti-virus și menționarea în mesaj a faptului că a fost scanat anti-virus cu menționarea aplicației
- Fișierul atașat este de foarte mari dimensiuni. Multe servere de e-mail limitează dimensiunea fișierelor atașate acceptate. În multe situații destinatarii nu șterg e-mailurile mai vechi și cutiile de mail sunt blocate din cauza depășirii cotei alocate, iar mesajul nu este acceptat.
- Fișierul atașat poate să nu respecte legile privind proprietatea intelectuală.

---

[1] Header
[2] Revenire la situația anterioară

Răspunsul la mesaj

E-mailul simplifică trimiterea răspunsului la mesaje prin existența comenzii Răspuns / Reply sau Răspuns către toți/Reply to all.

> *Să răspunzi la timp nu este numai o regulă de politețe, ci și de eficiență*

Câteva acțiuni simple, dar cu efect:

- Mesajul propriu este bine să fie la începutul răspunsului și nu la sfârșit pentru a nu obliga destinatarul să-și citească din nou propriul conținut.
- Formula de adresare corespunzătoare nu trebuie omisă.
- Pentru claritate și economie de timp se pot însera răspunsurile în textul mesajului primit, dar cu o formatare (culoare, italic, bold, inițiale la început de text) care să permită diferențierea de textul original.
- Pentru economie de spațiu se poate răspunde cu ștergerea totală sau parțială a mesajului primit, dacă prin aceasta nu este afectată claritatea răspunsului.
- Înainte de expedierea răspunsului este recomandat să se verifice adresele către care pleacă răspunsul. Există cazuri frecvente când mesajele sunt trimise de la alte adrese decât cea a expeditorului și răspunsul poate ajunge la persoane nedorite. O greșeală frecventă este trimiterea unui răspuns către toți cei care au primit mesajul original , când de fapt se dorește un răspuns individualizat.

Arhivarea mesajelor e-mail

Mesajele trebuie arhivate periodic. Se pot pierde informații și documente importante dacă e-malurile sunt șterse fără a fi arhivate în prealabil. Organizațiile stabilesc reguli de arhivare care trebuie cunoscute și aplicate. În anumite țări arhivarea e-mailurilor este obligație legală ca și a celorlalte tipuri de documente.

Ștergerea mesajelor e-mail

Aparent ștergerea mesajelor e-mail pare o operație simplă, utilizatorul folosind comanda de ștergere. În realitate, mesajul rămâne pe servere și este ascuns doar utilizatorului. În cazul servelor de firmă depinde politica acesteia păstrarea și pentru cât timp. În cazul furnizorilor globali (GMail, Yahoo!Mail, Hotmail etc.) depinde de condițiile de furnizare a serviciului pe care, de regulă ,nimeni nu le citește și de obligațiile legale de păstrare pentru o perioadă de timp. Prioritate la ștergere trebuie să aibă mesajele cu atașamente de mari dimensiuni, atașamente care se pot salva dacă prezintă interes.

Cutiile de e-mail devin o arhivă importantă nu numai la nivel de organizație, ci și la nivel personal. Nu se recomandă ștergerea mesajelor importante, doar a mesajelor promoționale, a fluxurilor de știri perimabile, a spamului, a notificărilor de pe forumuri, rețele sociale etc.

Dacă dimensiunea admisă a cutiei poștale este depășită se poate proceda la arhivare.

> *Am întâlnit cazuri de persoane care fiind avertizate că au depășit limita de stocare e-mailuri și-au făcut o nouă cutie cu altă adresă. Cine știe câte e-mailuri importante au fost trimise la adresa părăsită și pe care nu le-a mai citit nimeni!*

Confidențialitatea mesajelor e-mail

Mesajele e-mail sunt protejate la divulgare de legile existente în fiecare țară și aplicabile corespondenței. Față de corespondența clasică e-mailurile sunt mult mai vulnerabile la interceptare. Neglijența în stabilirea și schimbarea parolelor introduce o vulnerabilitate suplimentară. În cazul webmail-ului este necesară certificarea existenței criptării prin existența https:

O atenție specială trebuie acordată parolele folosite pentru asigurarea confidențialității accesului la cutia poștală. Cum în prezent cei mai mulți oameni posedă mai multe cutii de e-mail este bine să folosim parole diferite pentru ca în cazul compromiterii uneia să nu fie compromise toate. Păstrarea parolelor trebuie să fie și ea sigură[1].

Filtrarea mesajelor e-mail

Pachetele software pentru e-mail oferă posibilități de filtrare a mesajelor după trimițător, subiect, cuvinte cheie etc. Folosirea acestei posibilități permite buna

---

[1] Vezi capitolul Securitatea sistemelor digitale

organizare a mesajelor pentru citirea lor ulterioară, mai ales că nu se limitează numărul de filtre. Filtrarea permite eliminarea unor e-mailuri din ecranul principal sau împărțirea acestuia pe categorii.

Căutarea în cutiile de e-mail

Existența posibilității de căutare simplifică mult accesul la informații stocate în cutiile de e-mail cu condiția ca acestea să nu fi fost șterse. Se reduce astfel importanța filtrării.

Suprasarcina informațională produsă de e-mailuri

E-mailul contribuie la un bombardament informațional fără precedent. O persoană care ar citi toate e-mailurile primite ar pierde cu siguranța multe ore zilnic.

> *Să presupunem conform unor statistici 150 mesaje pe zi pentru o persoană cu 3 minute în medie pentru răspuns. Ajungem la aproape întreaga zi de muncă numai pentru managementul poștei electronice.*

Locul de muncă modern este caracterizat prin inundare cu date venite pe cele mai diverse canale: telefon, e-mail, sms, mesaje instant etc. Lucrul acesta produce nu numai stres, dar și distragere de la deciziile importante. Concentrarea atenției, stabilirea de priorități, deconectarea periodică de la mijloacele economiei digitale, autolimitarea mesajelor trimise la strictul necesar reprezintă metode de combatere a suprasarcinii informaționale. Ignorarea e-mailurilor devenita practică în multe firme produce pe de alta parte pierderi importante prin decizii greșite.

Reguli de comunicare, eficiență și etichetă în e-mail

Avantajele e-mail se transformă adesea în dezavantaje în absența unor proceduri simple de folosire e-mail. Există statistici conform cărora peste jumătate din e-mailuri, excluzându-le pe cele de tip spam, sunt ignorate sau nu primesc răspuns. Cauza principală este volumul mare de e-mailuri și posibilitatea de ștergere a lor simplă, inclusiv de persoane incompetente sau rău-voitoare din organizație.

Câteva reguli pot simplifica managementul poștei electronice și respecta reguli de etichetă:

- Marcaţi e-mailurile sosite după importanţă şi nu întârziaţi mai mult de 48 ore cu răspunsul sau ştergerea/arhivarea lor. Ori de câte ori este posibil răspunsul sau/şi arhivarea este bine să se facă imediat.
- Delegaţi altor persoane tratarea volumelor mari de mesaje primite . E-mailurile se prelucrează în ordinea sosirii.
- E-mailurile se pot citi pe măsura sosirii lor sau de câteva ori pe zi. A doua metodă este mai eficientă, deoarece altfel se distrage atenţia de la activităţile curente.
- E-mailurile cu texte lungi, imagini, prezentări de tip PowerPoint, înregistrări sonore etc. pot deranja destinatarii şi trebuie trimise cu discernământ.
- Nu multiplicaţi e-mailurile de tip circular/piramidal, prin care se cere să fie trimise cât mai multor persoane. Cele mai multe dintre ele sunt de tip hoax.
- E-mailurile colective trimise la un număr mare de destinatari cu adresele în clar deranjează în multe cazuri. Folosirea bcc: deranjează şi ea în multe situaţii. Se pot folosi aplicaţii care le trimit personalizat.
- Folosirea Absent de la birou (Out-of-Office) este recomandată în caz de absenţă de la locul de muncă, dar trimite mesaje suplimentare pe listele abonate sau produc interferenţă cu autorii de spam care de regulă nu folosesc adrese reale. Este bine să fie limitată la persoanele din lista proprie de adrese.
- Alegeţi cu grijă subiectului şi limitaţi textul la minim.
- Nu se permite folosirea de cuvinte şi expresii indecente sau agresive.
- Citirea atentă a mesajului înainte de trimitere poate conduce la reformularea lui. O regulă simplă este ca un mesaj trimis să fie acceptabil ca formă şi conţinut şi pentru autorul lui.

Forme de colaborare bazate pe e-mail

Evoluția Internet a condus la dezvoltarea și consolidarea unor forme noi de colaborare cu instrumente specifice care se extind de la simple liste de discuții la aplicații complexe de tip *cloud computing*.

Discuții, grupuri de interese, forumuri

Grupurile de discuție permit participanților să abordeze subiecte de interes comun indiferent de locația la care se află un participant. Grupurile de discuție sunt de 2 feluri funcție de timpul când intervine un participant: liste de discuții prin e-mail și grupuri de conversație prin schimb de mesaje în timp real[1]. Grupuri de discuții au existat inițial și în afara Internet prin intermediul unui sistem central care îi conectează pe participanți, sistem numit BBS[2], dar prin Internet accesul s-a lărgit, simplificat și costurile sunt mult mai mici. Fiecare participant poate prezenta un mesaj, citi toate mesajele celorlalți și răspunde la ele. Accesibilitatea în cazul listelor de pe Internet este teoretic globală, orice persoană cu acces la Internet putând participa la un grup de discuții. Dacă la început numai posesorii unor tehnologii specifice puteau organiza grupuri de discuții, în prezent orice persoană sau organizație poate organiza astfel de grupuri[3].

Liste de discuții prin mesaje e-mail

Dacă participanții schimbă mesaje sub formă de e-mail se poate vorbi de o listă de discuții. În cazul listelor de discuții toate mesajele se transmit simultan la toți membrii listei și oricare participant poate interveni. Lista poate fi *moderată* sau *nemoderată*.

În cazul listelor moderate există o persoană numită moderator care triază mesajele înainte de a le disemina la membrii listei verificând concordanța cu tematica și obiectivele listei. În multe cazuri moderatorul grupează mesajele individuale sau transmite un rezumat al acestora. În cazul listelor nemoderate mesajele se transmit automat la toți membrii listei. Participarea la liste se face de regulă prin

---

[1] În traducere liberă "discuție neformală"
[2] Bulletin Board System
[3] Exemple sunt oferite de grupurile care pot fi organizate de Google, Yahoo, Linkedin etc.

invitare sau la cerere cu acordul deţinătorului listei. Există posibilitatea părăsirii listei în orice moment printr-un mesaj specific, de regulă *unsubscribe*.

Cele mai mari platforme de discuţii online sunt oferite de Google şi Yahoo. Oricine are un cont de mail GMail sau Yahoo! Mail poate crea unul sau mai multe grupuri de discuţii folosind facilitatea Google Groups (groups.google.com) sau Yahoo! Groups (groups.yahoo.com) devenind moderator şi/sau administrator.

O formă particulară de listă este aceea la care persoana abonată primeşte informaţii periodic prin mesaje e-mail, dar de regulă nu poate răspunde decât pentru a se dezabona sau sesiza nereguli în recepţia mesajelor. Răspunsul utilizatorului listei nu este transmis celorlalţi participanţi. Apariţia reţelelor de socializare a condus la integrarea listelor de discuţii ca parte din acestea.

Grupuri de interese

Există probabil zeci de mii de grupuri de interese folosite de sute de milioane de oameni. Ele acoperă subiecte variate de la ştiinţe exacte la politică, de la artă la călătorii etc. Participarea se face prin înscriere sau prin invitaţie în funcţie de tipul listei. Utilitatea listelor este desigur foarte mare. Din păcate printre grupuri se pot găsi şi unele care se referă la activităţi (folosirea de droguri, propagandă politică extremistă, perversiuni sexuale etc.) care în multe ţări sunt ilegale sau nerecomandate minorilor. De aceea, alegerea grupului de discuţie trebuie făcută cu multă grijă şi cu evitarea diseminării unor date personale prea detaliate.

Reguli de comportament pe liste în Internet

Ad-hoc s-au stabilit reguli de comportare privind participarea la discuţii sau alte acţiuni pe Internet. Acestea au primit numele de *netichetă*, prescurtare de la reguli de eticheta pe net.

De exemplu, în cazul discuţiilor pe liste aceste reguli cer ca la înscrierea pe o anumită listă să se o observe mai întâi „cultura" listei, adică să se înveţe diferenţa între o intervenţie acceptabilă şi una inacceptabilă. Pentru aceasta trebuie citit materialul documentar afişat de regulă pe un sit aferent listei. Evitaţi să puneţi întrebări la care s-a mai răspuns, deoarece lucrul acesta îi deranjează pe mulţi participanţi. În general comportamentul pe listă este determinat de majoritatea participanţilor şi o persoană poate fi admonestată de ceilalţi participanţi pentru violarea regulilor listei. Se poate ajunge la a se trimite chiar un mesaj administratorului listei pentru eliminarea intrusului care deranjează. Un exemplu de abatere gravă este încercarea de a face reclamă unor produse sau servicii legate de subiectul listei.

Utilizări şi avantaje ale listelor

Se pot evidenţia utilizări şi avantaje ale listelor de discuţii.

- *Loc de întâlnire în spaţiul cibernetic.* Listele oferă posibilitatea de întâlni persoane cu interese similare fără a fi limitat de bariere geografice, de timpi de întâlnire, de costuri ale comunicaţiei. Adesea întâlnirea în spaţiul virtual este urmată de o relaţie personală profesională sau privată.

- *Mediu de învăţare.* Un mediu propice de învăţare pentru oameni cu interese comune. Chiar şi un participant pasiv este ţinut la zi cu noutăţi ale domeniului. Participanţii au posibilitatea de a pune întrebări şi a de a primi un răspuns autorizat de la mai multe persoane.

- *Loc de muncă virtual.* Listele de discuţie pot fi folosite pentru a rezolva unele probleme de birou prin schimb de idei cu persoane cu aceiaşi sferă de preocupări. Un exemplu particular ar putea fi punerea unei întrebări legate de interpretarea unei legi într-un anumit caz particular pe o listă la care participă persoane competente în domeniu sau a unor întrebări privind un produs sau serviciu la care pot răspund persoane competente, uneori chiar de la firma producătoare. Birou sau loc de muncă virtual are şi o altă conotaţie modernă, şi anume realizarea unei replici a locului de muncă primar pentru a putea lucra la distanţă de locul de muncă fizic.

- *Sursă suplimentară de informaţii.* Listele reprezintă şi o sursă alternativă de noutăţi şi ştiri. Desigur că aceste informaţii pot fi culese şi direct de către orice persoană interesată. O listă specializată focalizează mai bine subiectele de interes informaţia poate fi direcţionată focalizat către cei interesaţi. Listele oferă abonaţilor un canal puternic de amploarea mass-media cu ştiri interne şi internaţionale din cele mai variate domenii ştiinţifice, tehnice, politice, sociale etc. Numeroase agenţii mass-media oferă abonamente la liste personalizate la cererea utilizatorului cu ştiri din domeniul de interes la utilizatorului. Mesajele e-mail sunt transmise în multe cazuri imediat după ce evenimentul s-a produs. Astfel *CNN Breaking News* oferă abonatului ştiri prin e-mail chiar înainte ca acestea să poată fi chiar prezentate în programul TV al CNN.

- *Anonimatul*. Participantul este identificat după adresa sa de E-mail şi după conţinutul mesajelor. Se creează astfel posibilitatea unei prime impresii bazate pe conţinutul mesajelor şi nu determinate de personalitatea celui ce intervine. Aprecierea intervenţiilor după conţinut elimină subiectivismul şi poate crea reputaţii în rândul membrilor listei.

- *Mediu pentru socializare*. Listele de discuţii reprezintă şi o cale de lărgire a cercului de cunoştinţe. Ele se constituie astfel ca o opţiune de activitate socială pentru persoane care nu se pot deplasa sau interveni de la locul de muncă.

- *Cultură de grup*. În rândul participanţilor la o listă de discuţii se creează o cultură de grup care încurajează schimbul de idei. Soliditatea acestei culturi de grup depinde de calitatea participanţilor şi de modul de respectare a regulilor de comportament cunoscute şi sub numele de *netichetă*. Din păcate, un fenomen constatat în prezent este că tonul este dat de un număr mic de participanţi care sunt activi, marea majoritate fiind pasivi şi neparticipând la discuţii.

- *Instrument educaţional pentru activitatea de clasă* Listele de discuţii sunt un instrument de învăţare puternic care facilitează comunicarea între profesor şi elevi sau studenţi. Ele se pot folosi şi pentru dialog între elevi şi între elevi şi profesor. O problemă poate fi pusă pe listă, răspunsurile sunt date de elevi şi analizate de toţi ceilalţi. Adesea dispare timiditatea şi intervenţiile sunt mai directe.

Mesageria instantanee

Dezvoltarea Internet a adus soluţii pentru interactivitate din ce în ce mai mare. Un astfel de instrument este mesageria instantanee[1]. Aceasta este un serviciu prin care două sau mai multe persoane pot schimba instantaneu mesaje în timp ce fiecare este conectat la reţea.

Spre deosebire de e-mail mesajele apar pe ecran imediat ce sunt trimise. În unele cazuri se vede simultan ce trimite fiecare participant la dialog la nivel de caracter alfanumeric. Schimbul de mesaje dă impresia unei conversaţii. În plus există şi alte avantaje: se poate conversa cu mai multe persoane simultan, se poate controla cu cine doreşti să conversezi şi cu cine nu, se poate declara un statut de prezent sau absent cu observare în continuare a activităţii, se pot alege icoane cu emoţii incorporate[2], se pot seta alerte proprii sau pentru interlocutori, se pot ataşa fişiere simple sau multimedia, se poate ataşa o camera de luat vederi şi obţine aproape gratuit videoconferinţă etc. Există furnizori de servicii Internet ca Microsoft, AOL, Yahoo, ICQ, Google, Facebook care oferă gratuit aceste servicii de mesagerie instantanee. Pericolul major pentru organizaţii privind folosirea mesageriei instantanee este lipsa de securitate. Există sisteme securizate care criptează mesajele schimbate[3]. Una dintre problemele cu care se confruntă utilizatorii mesageriei instantanee este arhivarea corectă a mesajelor.

Utilizarea e-mail şi a listelor de discuţii

Mesajele e-mail şi listele de discuţii sunt instrumente noi care facilitează comunicaţia între persoane şi între organizaţii. Ele sunt complementare altor instrumente Internet care sunt folosite pentru căutarea şi sortarea informaţiei. Desigur că folosirea e-mail şi a listelor de discuţii presupune anumită instruire şi precauţie. Unele avantaje cum ar fi anonimatul pot fi considerate şi dezavantaje pentru că pot conduce la informaţii false sau diseminarea unor informaţii social nocive. Şi cum listele pot face informaţia accesibilă la zeci de mii sau sute de mii de oameni este evident că avantajul poate fi rapid transformat în dezavantaj în astfel de situaţii.

---

[1] Instant messaging
[2] Emoticons
[3] Exemple Sametime de la IBM, Jaber Open-Source

La fel ca orice nou instrument de mare pătrundere în societate mesageria Internet trebuie folosită cu atenţie şi în cunoştinţă de cauză.

Spamul şi mesageria instantanee - pericole la adresa e-mail

Viitorul e-mailului este ameninţat de spam şi mesageria instantanee. Se trimit în prezent sute de miliarde de mesaje spam zilnic. Impactul asupra afacerilor este foarte mare. Costul eliminării spamului este deja uriaş. O mare parte din spam este trimis prin relee, respectiv calculatoare infectate cu viruşi, posesorul calculatorului nefiind conştient că este sursă de spam.

În aceste condiţii se recunoaşte des valoarea mesageriei instantanee care autentifică partenerii şi are valoare similară din punct de vedere legal.

Mulţi autori au declarat că e-mailul este mort sau a reînviat şi a murit din nou. Există totuşi[1] 2,5 miliarde de oameni cu 4,1 miliarde conturi de e-mail şi care trimit 122 miliarde mesaje pe oră! (Dvorak, 2015)

---

[1] În iunie 2015

INTERNET - PLATFORMĂ PENTRU APLICA-ȚII

Motto:
Internetul devine piața centrală
a satului global de mâine
Bill Gates

Milioane de aplicații

În Internet este înmagazinat un volum uriaş de informaţie. Fiind în esenţă un instrument democratic, informaţia care se găseşte poate fi atât utilă, cât şi falsă sau dăunătoare. Rămâne la latitudinea utilizatorului să aleagă ce doreşte să acceseze. Evoluţia rapidă a Internet a condus şi la posibilitatea de a descărca din Internet cele mai variate aplicaţii, unele gratuite, altele contra cost. Mai mult, a fost deschisă calea ca oricine să poată deveni dezvoltator de aplicaţii, care odată testate şi acceptate să poată fi distribuite prin canale de mare accesibilitate.

Avantajele aplicaţiilor web derivă din simplitatea instalării şi utilizării lor. Fiind bazate pe instrumente Internet care sunt larg cunoscute nu este nevoie nici de un efort mare de instruire. Modificările se fac simplu în servere cu o mică implicare a utilizatorului. Avantajele Internet se extind şi la aplicaţii. Navigatoarele folosite pot fi diverse şi există compatibilitate între sistemele de operare folosite. În cele mai multe cazuri pot fi folosite şi dispozitive mobile. Desigur, există şi dezavantaje produse de continuitatea unor sisteme de operare sau a unor standarde de documente, de disponibilitatea unei conexiuni la Internet de bandă largă, unele probleme de securitate etc.

Aplicaţiile simple accesibile prin Internet pot fi din mai multe categorii:
- office pentru activitate de birou sau de grup;
- utilitare pentru gestionarea calculatorului propriu sau fişierelor;
- cămin;
- hobby;
- amuzament – jocuri.

Unele aplicaţii se descarcă şi se instalează în dispozitivul propriu, altele sunt folosite accesând servere la distanţă (cloud computing).

Marile firme din domeniu furnizează de cele mai multe ori gratuit astfel de aplicaţii din considerente de marketing. Una dintre cele mai cunoscute surse de aplicaţii pe Internet, Google Apps a crescut rapid la peste 1,5 milioane în cele mai variate domenii: financiar-contabil, administrare, agendă, managementul clienţilor, managementul documentelor, educaţie, productivitate, managementul proiectelor, vânzări şi marketing, securitate a reţelelor, flux de lucrări, arhivare, analiză web, managementul întreprinderilor mici, suport şi servicii, instruire

(Google, 2015). O gamă largă de aplicații este oferită și de Apple (Apple, 2015), Amazon (Amazon, 2015) și Microsoft (Microsoft, 2015).

Un clasament[1] al magazinelor de aplicații pentru dispozitive mobile arată poziția dominantă a Google Play cu 1,6 milioane de aplicații, urmat de Apple AppStore cu 1,5 milioane, Amazon AppStore cu 400 mii și Microsoft Windows Phone Store cu 340 mii (Statista, 2015).

Dezvoltarea aplicațiilor se face de un număr uriaș de dezvoltatori, dar marile firme oferă platforma de dezvoltare și verifică aplicația din punctul de vedere al siguranței utilizării, lipa malware etc.

> *Informații despre valoarea diverselor aplicații se pot culege din publicații sau chiar din Internet. Uneori o aplicație obținută din Internet, deși atractivă, poate fi insuficient testată și perturba calculatorul sau chiar mai rău poate conține malware. Se recomandă instalarea numai a aplicațiilor testate și omologate de marile firme din domeniu.*

Prin Internet se pot desfășura în prezent activități majore pentru organizații și persoane fizice: comerț electronic, operații bancare, interacțiunea administrației publice cu cetățenii etc.

Organizare personală și a locului de muncă

Pentru multe persoane organizarea locului de muncă și a activității personale se reduce la aplicațiile de tip office. Realitatea lumii digitale este mult mai complexă și conduce la necesara stăpânire a unor aplicații și concepte din ce în ce mai diverse. Printre ele arta căutării, ordonarea și clasificarea informației, poșta electronică, agendele personală și de grup (Merrill & Martin, 2011). Aplicațiile sunt diverse, apar permanent și în cele mai multe cazuri sunt de tip cloud computing.

Multe aplicații sunt oferite gratuit, cu extensii contra-cost care deseori nu sunt necesare. În anexa 1 sunt prezentate preferințele autorului, care au un rol pur orientativ. Întotdeauna există aplicații alternative și este greu de stabilit care este cea mai potrivită unei necesități a unei persoane sau organizații.

---

[1] Iulie 2015

Comerț electronic

Comerțul electronic se referă la desfășurarea activităților specifice mediului de afaceri (tranzacții) într-un sistem automatizat integrat pentru schimbul de informații utilizând mijloace electronice (rețele de calculatoare).

O definiție posibilă a comerțului electronic ar fi: „orice formă de tranzacții în afaceri în cadrul căreia părțile interacționează electronic în loc de a realiza schimburi fizice sau de a avea contact fizic direct pentru tranzacție".

În comerțul electronic informația circulă între agenții implicați în afacere (vânzător, cumpărător, bancă, transportator, agent de service), fără a utiliza suportul de hârtie (imprimantă sau fax). Din poziția cumpărătorului, avantajele sunt legate de timp: cumpărătorul poate vizita mai multe magazine virtuale într-un timp foarte scurt (mult mai scurt decât timpul pe care îl implică prezența fizică a unei persoane într-un magazin real) și libertatea de a alege: datorită numărului mare de magazine pe care clientul le poate vizita, acesta va avea posibilitatea de a alege un produs în funcție de un număr mult mai mare de opțiuni (preț, data livrării, culoare etc.).

Din punctul de vedere al organizațiilor ce utilizează comerțul electronic, se disting avantaje importante: creșterea semnificativă a vitezei de comunicare, reducerea unor costuri (utilizând e-mail se reduc costurile cu poșta sau mesageria), întărirea relațiilor cu furnizorii și clienții (prin web clienții companiei vor fi puși la curent cu ultimele produse apărute, li se va oferi suport tehnic pentru produsele cumpărate; furnizorilor li se poate oferi în cadrul acestui site un domeniu special în care își pot prezenta și ei la rândul lor ultimele noutăți),   existența unei căi rapide și comode de furnizare a informațiilor despre companie.

Comerțul electronic presupune existența unui sistem securizat de plăți electronice, altfel magazinul electronic este o simplă casă de comenzi on-line cu plata la livrare în numerar, o formă primitivă de comerț electronic.

Internet Banking

Putem considera că banking on-line sau Internet banking este o formă particulară de comerț electronic prin care clienții unei bănci pot executa operații financiare normale pentru banking într-un site sau portal securizat.

Printre operaţiile care nu implică tranzacţii se află consultarea conturilor bancare, obţinerea de extrase de cont şi primirea de informaţii despre ofertele băncii. Tranzacţiile pot fi transfer între conturile proprii, transfer la alt beneficiar, plata de ordine de plată, creare de depozite etc.

Băncile sunt foarte preocupate de asigurarea securităţii operaţiilor on-line şi aplicaţiile de internet banking sunt concepute pe clase de securizare, cu folosirea sau nu de autentificare puternică. Tranzacţiile sunt permise numai cu folosirea de parole de unică utilizare sau smartcarduri, cum este descris în capitolul de securitatea datelor. Pentru acces cu identificator şi parolă, de regulă, se admit numai operaţii netranzacţionale.

Mobile banking

Unele operaţii bancare se poate face şi cu aplicaţii care folosesc dispozitive mobile. Cele mai folosite sunt telefoanele inteligente şi tabletele. Desigur se fac operaţii şi prin laptop-uri sau notebook-uri, dar acestea pot fi încadrate în categoria Internet banking. Din ce în ce mai mult, tranzacţii simple se fac şi prin sms. Principala problemă a acestor tranzacţii este securitatea şi este o problemă reală. Este foarte util, de aceea, să nu se salveze şi să se schimbe frecvent parola utilizată chiar în aplicaţie.

Traducerea automată

Încercările de traducere automată datează din zorii calculatoarelor electronice[1]. Memoria redusă a calculatoarelor şi viteza de calcul mică au făcut ca traducerile să fie stângace şi cu multe erori. Evoluţia tehnologică a condus la creştere a performanţei în traducerea automată. Creşterea de performanţă se bazează pe algoritmi complecşi de analiză a textelor şi pe folosirea traducerilor autorizate existente în bibliotecile unor state care folosesc mai multe limbi oficiale (exemplu Canada) sau ale Uniunii Europene. Google Translate domină piaţa cu traducere automată din 90 limbi şi 200 milioane utilizatori zilnic.

---

[1] Oprimă încercare a avut loc în România în anul 1963 folosindu-se calculatorul MECIPT -1 (Wikipedia.ro, 2015)

Noua media

Revoluţia digitală a influenţat puternic industria tipăriturilor, inclusiv cea a publicaţiilor. A apărut ceea ce se numeşte Noua (New) Media[1] caracterizată prin costuri de publicare extrem de reduse şi posibilitatea ca orice persoană cu acces la Internet să publice pe web, accidental sau cu regularitate, prin crearea de site-uri sau bloguri. Chiar şi fără acces la Internet sunt disponibile cărţi în format electronic[2], ce pot fi citite pe cititoare electronice specializate sau generale[3], şi ediţii off-line ale unor publicaţii. Tirajul cărţilor şi periodicelor tipărite a scăzut considerabil, făcând pe mulţi să anunţe sfârşitul tipăriturilor. Cu toate acestea tirajele cărţilor care se publică şi ele cu costuri mai reduse şi al periodicelor arată că dispariţia vechilor tipărituri este mai mult un mit decât realitate.

Realitatea noii media arată că există sute de milioane de bloguri, dar circa 40% sunt inactive, reţelele sociale au devenit fenomen de masă, dar încă nu au suficiente instrumente cu capacitate reală de penetrare şi feedback. Potopul informaţional reduce din avantaje, oamenii nu au capacitatea şi voinţa de a şterge înregistrări, fenomenul hoax şi distribuţia prin e-mail de fişiere pps[4] reduce receptivitatea la informaţia cu adevărat utilă etc.

Audienţa noii media depinde şi de gradul de penetrare a Internet şi de instruirea persoanelor în folosirea lui. În fapt Noua Media coexistă cu Old Media, există costuri net inferioare pentru Noua Media, este utilă o combinaţie între ele pentru succes şi schimbări structurale se pot face în timp, educaţia digitală fiind un factor important.

Forumuri

Forumurile pe Internet sunt aplicaţii Internet în care conţinutul este generat de utilizatori. Ele reprezintă o continuare a sistemelor mai vechi de tip Buletin Board . Forumurile se creează în legătură cu o anumită tematică sau sunt generate de un articol sau luare de poziţie. Diferenţa faţă de listele de discuţii este că în

---

[1] Ambele forme se regăsesc în uz curent în România

[2] numite generic eBook

[3] cum sunt iPad sau Kindle

[4] Personal am avut în 2010 experienţa a 10 Gbytes primiţi in 3 luni de la 4 persoane; ar necesita 3 luni pentru vizualizat

cazul forumurilor participantul nu primește, de regulă, pe e-mail conținutul intervențiilor, fiind necesar să viziteze situl pentru a vedea conținutul discuției. Ele diferă și de chat sau mesageria instantanee prin faptul că participanții nu trebuie să fie conectați la forum simultan.

Forumurile pot cere înregistrarea participanților și cunoașterea identității lor sau pot permite anonimitatea participanților. În anumite țări (SUA șu multe țări europene) înregistrarea este obligatorie și identitatea este verificată, desigur în anumite limite. În majoritatea cazurilor de forumuri profesionale sau cu tematică pe anumit profil este acceptat un nou participant pe bază de recomandare. În multe cazuri forumurile admit anonimitatea cu avantajele și dezavantajele acesteia.

Forumurile pot fi moderate de o persoană numită moderator sau nemoderate, în care caz respectarea anumitor reguli este lăsată pe seama participanților. Toate forumurile sunt guvernate de reguli care sunt afișate pe site. Aplicarea regulilor este urmărită de moderator care poate interveni și admonesta sau elimina pe cel care nu le respectă. Mai mult conținutul ofensator este șters. Regulile de etichetă pe forumuri sunt similare cu cele amintite privind listele de discuții. Caracterul interactiv al forumurilor poate genera mesaje care încalcă normele de conviețuire socială. De aceea, în unele cazuri anumite cuvinte vulgare sau indecente sunt supuse cenzurii. Moderatorii elimină textele injurioase, jignitoare sau calomnioase. O categorie aparte o reprezintă persoanele care recidivează în încălcarea normelor de etichetă. Nu numai moderatorii, dar și participanții au un rol important in stoparea unor potențiale războaie digitale. Printre abaterile frecvente de la regulile forumurilor putem aminti: înregistrarea cu nume diferite pentru a prezenta și opinii diferite, folosirea forumurilor pentru reclamă mascată, postarea dublă sau multiplă, mesaje anonime. Administratorii și moderatorii forumurilor au responsabilitatea respectării normelor forumului respectiv[1].

Alte aplicații web cum ar fi blogurile sau rețelele sociale incorporează și ele facilități de forum.

---

[1] Nu este cazul, din păcate, al unor publicații din România. Din considerente de cost pe forumuri nemoderate sub acoperirea anonimității sunt postate texte care ies din cadrul nu numai al comportamentului civilizat, dar și al celui legal.

Publicarea de pagini și site-uri web

La începutul www publicarea de pagini web era costisitoare necesitând apelarea la programatori specializați html. În prezent publicarea de pagini web a devenit un serviciu disponibil cu anumite limitări oricărei persoane. Numeroase site-uri sau portaluri încurajează crearea și postarea gratuite de pagini web și chiar site-uri. Un astfel de instrument este oferit de Google la http://sites.google.com. În aceste condiții nu este de mirare că numărul de site-uri a ajuns la 1 miliard (Internet Live Stats, 2015).

Apariția rețelelor sociale și în special a Facebook care are facilități de micro-site a plafonat oarecum creșterea numărului de site-uri web.

Weblog/Blog

Un weblog sau blog este un site Internet care este modificat frecvent și care conține texte și alte fișiere care reprezintă puncte de vedere ale autorului sau informații oferite de acesta. Tonul este informal și de multe ori are aspect de jurnal personal. În fapt blogurile sunt mesaje postate pe Internet. Succesiunea este în ordine cronologică inversă, cele mai noi mesaje fiind primele accesibile. Conținutul blogurilor variază foarte mult și nu li se poate detecta o structură anume. Unele sunt strict personale, altele încearcă să abordeze teme de interes general. La o intrare pot exista comentarii. Blogurile pot fi și instrumente de comunicare într-o organizație, putând ajuta grupuri de persoane sa comunice mai simplu si mai ușor decât prin poșta electronica sau forumurile de discuții.

> *A apărut și o modă a blogurilor. Multe persoanele publice au bloguri, dar nu le alimentează singure, o eroare costisitoare, deoarece pot apărea pe bloguri opinii care nu le aparțin.*

Clasificări

Blogurile pot fi de multiple forme: personale, de organizație, specializate (politice, turism, educație, muzică, hobby etc.), media, video, audio. Colectivitatea blogurilor se mai numește blogosferă. Mai multe motoare de căutare sunt folosite și pentru căutarea de conținut în bloguri. De aceea, autorii blogurilor au șansa ca în funcție de cuvintele cheie folosite să fie citiți de persoane cu preocupări similare. Blogurile sunt extreme de populare în prezent și printre jurnaliști. Fenomenul este cunoscut ca *jurnalism participativ*.

Expansiunea blogurilor

Fenomenul blogurilor este în expansiune. Statisticile anunță peste 200 milioane bloguri publice. Ușurința cu care pot fi create conduce și la o cronică neutilizare a lor. Studii de profil arată că numai două treimi dintre bloguri sunt active, adică actualizate în ultimele 8 săptămâni, restul sunt depășite ca informație sau abandonate de autor etc.

Cele mai cunoscute platforme pentru bloguri gratuite sunt Blogger (www.blogspot.com), Tumblr (www.tumblr.com), WordPress (www.wordpress.com) și Technorati (www.technorati.com).

Edițiile electronice ale celor mai multe ziare importante oferă posibilități de blog nu numai jurnaliștilor proprii dar și unor colaboratori externi selectați.

Blogul ca instrument de promovare

Prezența ca blogger poate contribui la promovarea persoanei proprii sau a organizației. Se recomandă câteva tehnici : subliniază conversația cu elemente noi, clare și într-o formă atractivă, introdu conexiuni cu comentariile altora, introdu cuvinte cheie legate de subiect în titlu motoarele de căutare vor găsi mai ușor citatul și crea clienți potențiali, descoperă conexiuni neașteptate care să stimuleze discuția, afirmă-ți personalitatea.

Consecințe sociale și juridice

În funcție de țară conținutul blogurilor poate atrage răspundere legală sau alte consecințe pentru autor. Autorul poate deveni și el ținta unor comentarii anonime răuvoitoare sau injurioase pe care nu le poate stopa juridic.

> *Interacțiunea cu comentariile de pe blogul tău este o binefacere și un blestem. Spencer Ackerman, blogger Huffington Post (The Huffington Post, 2008)*

Web feed

Un web feed este un format de date care permite utilizatorilor să acceseze conţinut care se schimbă frecvent. Furnizorul de conţinut publică o legătură de tip feed şi utilizatorul folosind un software numit agregator sau feed reader are acces la titlurile care reflectă conţinutul schimbat. Distribuitorii de conţinut se asociază sau sindicalizează pentru a oferi posibilitatea de abonare la web feed. Conţinutul este livrat de regulă la pagină html, sau legătură la o pagină.

Printre avantajele web feed se poate menţiona că nu este nevoie de specificat adresa de e-mail, ferind astfel utilizatorul de pericolul unui nou spam, dacă utilizatorul doreşte oprirea serviciului o face simplu fără a trimite mesaje e-mail şi articolele web feed sunt sortate automat. Feedreader-ul este un instrument care funcţionează ca un program de mail, dar fără adresă de mail. El se încorporează în navigator.

RSS

RSS este o familie de formate de web feed care sunt folosite pentru a publica informaţie actualizată frecvent în portaluri de ştiri, blog-uri sau podcast. Formatele RSS sunt specificate într-un fişier numit RSS feed, RSS stream sau RSS channel.

Streaming media

Canalele de transmisie limitate ca bandă fac ca un fişier multimedia mare cum sunt cele video să fie descărcate lent, provocând dificultăţi utilizatorului. Streaming media este o metodă prin care fişierele multimedia sunt afişate continuu pe măsura primirii lor. O înregistrare audio sau video apare astfel cu continuitate. Streaming media deschide cale către televiziunea prin Internet şi mai ales a Televiziunii la cerere. Streamingul este implicit conexat cu existenţa unor canale de bandă largă. Deoarece volumele de date transmise prin streaming sunt mari se foloseşte compresia şi decompresia fişierelor pentru reducerea costurilor de transmisie.

Multe posturi de televiziune şi radio oferă în site-urile lor posibilitatea de fluxuri audio şi video. Există însă şi posturi de radio şi televiziune care emit numai în Internet. În România o activitate de pionierat o au postul de radio Radio3Net aparținând Societății Române de Radiodifuziune și ArenaTV .

Înainte de a avea posturi de radio sau televiziune complete asistăm la prolife-rarea site-urilor care prezintă scurte înregistrări video obținute pe căi variate de la echipamente profesionale la webcam sau telefon mobil cu cameră video. Lipsa de reglementări privind cenzura sau licențierea face ca uneori conținutul difuzat să fie contestabil. Prin webcam, echipament ieftin și ușor de instalat, sunt create site-uri personale cu imagini ale locuinței sau altui obiectiv personal transmise on-line prin Internet.

YouTube este un fenomen mondial prin larga lui utilizare, fiind cel mai mare portal din lume care transmite fișiere video în regim de streaming care pot fi vizi-onate liber fără înregistrare prealabilă. Fondat în 2005, crește zilnic cu peste 1 milion de filme prin contribuția a sute de mii de persoane. A devenit comun ca televiziuni clasice să preia ultimele noutăți de pe YouTube.

IPTV

IPTV este un protocol de transmisie televiziune prin Internet, care oferă mult mai multe facilități decât streamingul. Fluxul video este codat ca pachete Internet cu caracteristici superioare de calitate a imaginii.

Odată cu generalizarea broadband se așteaptă ca IPTV să pătrundă în peste 400 milioane locuințe. iNES Group este primul operator de televiziune digitală prin fibra optică din România care a oferit serviciul IPTV prin propria rețea de fibră optică securizată.

Webcast

Termenul web cast este derivat din web și broadcast, adică transmisia de con-ținut audio sau video către un public larg prin web sau Internet. Similar cu emisi-unile radio sau de televiziune se transmit emisiuni în direct prin Internet. Webcast-ul folosește tehnologia streaming media.

Prin webcast se transmit de către firme întâlniri importante sau mesaje către o audiență largă. O folosire largă a webcast este în prezent pentru eLearning pentru a transmite cursuri sau seminarii. Un exemplu este firma Microsoft care are în portalul propriu o secţiune specială Bill Gates Webcasts ce include principalele conferinţe ale fondatorului firmei . Principalul avantaj al webcast este costul scăzut al tehnologiilor folosite.

Webinar

Termenul *webinar* a intrat în uz pentru a descrie organizarea de întâlniri interactive cu audienţa conectată prin Internet. Originea termenului este alipirea cuvintelor *web* şi *seminar*. Prin webinar se pot organiza conferinţe, cursuri, prezentări de marketing etc.

Spre deosebire de webcast, webinarul presupune interactivitate cu audienţa.

Radio prin Internet

Radio-ul prin Internet este serviciul de radiodifuziune prin Internet. În fapt este o formă de webcasting, nefiind vorba de o transmisie radio propriu-zisă, care prin nume presupune emisie prin unde radio. Spre deosebire de posturile de radio clasice care pot fi recepţionate pe arii limitate, serviciile radio prin Internet pot fi audiate în lumea întreagă cu condiţia existenţei accesului Internet, de preferinţă de bandă largă. Cu streaming de 64 kbit/s sau 128 Kbit/s posturile de radio prin Internet oferă o calitate ce se apropie de CD. O practică a devenit şi oferirea unei calităţi superioare şi fără reclame abonaţilor contra cost.

Televiziunea prin Internet

Cunoscută şi sub numele de Internet TV, iTV sau On-line TV, televiziunea prin Internet este un serviciu de televiziune distribuit prin Internet. Cele două metode principale de transmisie a programului sunt:

- streaming al conţinutului direct către aplicaţia de redare din echipamentul utilizatorului;
- descărcarea programului în echipament şi apoi redarea lui.

Televiziunea prin Internet câştigă în popularitate adresându-se acelora care doresc să vizioneze filme sau programe TV „la cerere" . Posturile TV clasice adaugă în portalurile proprii şi posibilitatea de streaming sau descărcare de emisiuni, audienţa lor crescând considerabil, putând fi urmărite oriunde în lume ca şi posturile radio care emit prin Internet. Principalele posturi TV din România au recurs deja la această facilitate. Televiziunea prin Internet câştigă teren pe măsura creşterii vânzărilor de televizoare inteligente – Smart TV.

Podcast

Un podcast este o formă de webcast în care fişiere multimedia digitale sunt distribuie prin Internet şi pot fi accesate la cerere. POD este abrevierea Playable On Demand. Podcast-ul permite descărcarea automată şi accesarea se face prin formate cum este RSS.

Colaborarea în masă (crowdsourcing)

Lumea digitală a ridicat colaborarea pe nivele greu de bănuit înainte de apariţia Internet şi mai nou a cloud computing. Odată cu proliferarea accesului la Internet a început să fie posibilă colaborarea în masă la anumite proiecte, devenită acum normală.

Un proiect de pionierat a fost proiectul Einstein@Home care a apelat la milioane de persoane să fie de acord să se folosească timpul în care nu foloseau calculatorul personal de acasă pentru calcule astronomice. Sunt folosite date de la un radio telescop şi un satelit artificial al pământului. Voluntarii proiectului au descoperit deja 50 de noi stele neutronice şi se speră la mai multe (Einstein@Home, 2015)

Evoluţia continuat cu portaluri sau site-uri web la care îşi aduc contribuţia mii sau zeci de persoane. Un exemplu este enciclopedia Wikipedia care este realizată numai prin contribuţia unor voluntari care creează intrări noi şi alţii le editează. Au apărut variante de finanţare în masă a unor proiecte (crowdfunding) sau de distribuire în masă a unor sarcini simple dar repetitive. Un exemplu este Amazon

Mechanical Turk (Amazon Mechanical Turk, 2015). Organizaţii sau persoane cer celor care vor să participe să execute anumite operaţii ca de exemplu recunoaşterea unor texte sau fotografii, personaje, citate etc. Participanţii sunt plătiţi pentru activitatea depusă. Numărul de participanţi este de sute de mii din aproape toate ţările lumii.

eGUVERNARE

Motto:
eGuvernarea trebuie să fie centrată pe cetățean, nu pe birocrație
US E-Government Strategy

Guvernare electronică

Guvernarea electronică sau eGuvernarea[1] se afirmă ca o caracteristică majoră a noii societăți bazate pe informație și cunoștințe. Fenomenul este complex și se referă la multiplele conexiuni care există între autorități și persoanele fizice și juridice. Guvernarea electronica a cunoscut in ultimii ani o evoluție exponențială

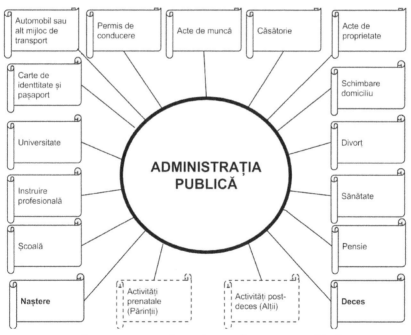

Interacțiunea cetățeanului cu administrația publică

la nivel global, fapt confirmat de numărul tot mai mare de cetățeni ce participă la dezbateri on-line, rolul central al Internetului ca sursă de informații publice, numărul mare de servicii guvernamentale oferite on-line, planurile de dezvoltare in domeniu, cum ar fi inițiativele i2010 sau Agenda Digitală la nivelul Uniunii Europene (European Union Digital Agenda 2020, 2015).

Administrația publică este în prezent puternic influențată de folosirea tehnologiilor moderne ale informației și comunicațiilor. Folosirea acestor tehnologii

---

[1] eGovernment

oferă posibilitatea schimbării calitative a serviciilor oferite cetăţenilor şi entităţi-lor organizatorice şi sociale. Începând cu eliminarea hârtiei şi continuând cu re-ducerea timpului de acces la resursele publice, aplicaţiile de eGuvernare câştigă încrederea cetăţenilor şi eficientizează serviciile publice contribuind major şi la democratizarea societăţii în ansamblu.

Persoanele atât fizice cât şi juridice au nevoie toată viaţa de serviciile AP. Evo-luţia sistemelor eGuvernare a fost rapidă cu trecerea de la hârtie la baze de date şi de la proceduri manuale la sisteme informatice mari. Într-o primă fază, tot mai mulţi funcţionari au început să folosească diferite sisteme informatice. Treptat s-a trecut la procesul care se desfăşoară şi în prezent de interacţiune cu cetăţenii şi organizaţiile din teritoriul deservit. Dezvoltarea eGuvernare a fost determinată în toate ţările şi de măsuri legislative privind serviciile oferite on-line, care au coin-cis şi cu evoluţia rapidă a utilizării Internet.

Pentru autorităţile publice folosirea Internet aduce avantajele clasice ale dis-ponibilităţii, informaţia pe site fiind oferită 24 ore din 24, 365 zile pe an şi al ac-cesibilităţii şi interacţiunii, persoanele interesate putând accesa informaţia şi efectua tranzacţiile de oriunde au acces la Internet în lume. eGuvernarea este o necesitate. Dar este nevoie de un efort concertat de îmbunătăţire a infrastructurii şi instruire în masă. Pe de altă parte există efecte directe importante.

> *Prin eGuvernare cetăţeni din zonele rurale, persoane vârstnice, persoane cu dizabilităţi etc. pot beneficia de servicii suplimentare la care altfel nu au acces.*

Programele de eGuvernare pot contribui la un mediu înconjurător mai bun. Un astfel de efect este reducerea consumului de hârtie. Tăiem copaci pentru a produce hârtie. Orice aplicaţie eGuvernare care reduce consumul de hârtie în-seamnă mai multe păduri salvate. Un alt efect este reducerea traficului în marile oraşe, care a devenit de nesuportat. Înlocuirea unei deplasări cu autoturismul sau alte mijloace către administraţia publică prin acces Internet înseamnă o viaţă mai bună şi un aer mai curat.

> *Este mai convenabil să aglomerăm şoselele digitale din Internet decât dru-murile şi şoselele fizice!*

eGuvernarea acoperă trei sectoare: îmbunătăţirea proceselor de guvernare, accesul cetăţenilor la serviciile publice şi crearea de interacţiuni externe.

În guvernarea electronică sunt incluse servicii publice pentru cetăţeni: plata impozitelor şi taxelor, căutarea de locuri de muncă prin centre de ofertare, ajutor prin servicii sociale, ajutor de şomaj şi social, rambursări sau plăţi cu scop medical, burse de studii, acte personale (acte de identitate, paşapoarte, permise de conducere), înmatriculări de autoturisme (noi, vechi, importate), autorizaţii de construire, solicitări şi reclamaţii către poliţie, acces la biblioteci publice (cataloage on-line şi instrumente de căutare), solicitarea şi obţinerea de certificate (naştere, căsătorie), înmatricularea în universităţi, notificarea schimbării adresei de domiciliu, servicii legate de sănătate (de exemplu prezentarea ofertei medicale a spitalelor, programarea la consultaţii) etc. precum şi servicii publice pentru entităţi juridice: plata contribuţiilor la asigurările sociale, declaraţii şi plata de impozite, declaraţii şi plata TVA, înregistrările de noi firme, furnizarea de date pentru statistici, declaraţii vamale, permise legate de mediu, inclusiv raportări, achiziţii publice etc.

> *eGuvernarea nu este o problemă de tehnologia informaţiei, ci de guvernare.*

eGuvernarea şi decalajele digitale

Decalajele digitale condiţionează implementarea şi gradul de folosire a aplicaţiilor de eGuvernare. Asistăm de mai mulţi ani la lansarea în multe ţări a unor programe de eGuvernare cu multă publicitate şi care atrag atenţia publicului larg. Se omite de multe ori relaţia care există între succesul unui program de eGuvernare şi statutul ţării respective în raport cu decalajul digital. Un program scump de eGuvernare într-o ţară cu infrastructură lacunară de tehnologie a informaţiei şi comunicaţiilor poate conduce la o risipire de resurse valoroase. De asemenea, mentalităţile şi lipsa de instruire digitală reprezintă bariere serioase în calea acestui gen de programe. Încă din anul 2000, autorul a semnalat aceste aspecte, dar a subliniat că programele de eGuvernare nu trebuie întârziate ci programate judicios. Programele eGuvernare contribuie la răspândirea tehnologiilor digitale şi Internet, inclusiv contribuind la schimbarea mentalităţilor.

> *Nici România nu a fost ocolită de acest gen de efecte. Primul program de plata taxelor locale prin Internet lansat inclusiv printr-o hotărâre guvernamentală în anul 2001 care îl făcea obligatoriu a fost o aplicaţie utilă de eGuvernare, dar rar folosită de cetăţeni în lipsa accesului la Internet generalizat şi a*

cardurilor bancare. Situaţia persistă pentru alte aplicaţii de eGuvernare cu toate marile progrese în accesarea Internet şi folosirea de carduri bancare.

Programele de eGuvernare trebuie să ţină seama de obiectivele şi interesele administraţiei publice, dar în aceiaşi măsură de potenţialul de acceptare al ţării care determină priorităţile acestor programe.

Reducerea decalajului digital se bazează pe 4 piloni: infrastructură TIC corespunzătoare, acces Internet răspândit şi accesibil ca preţ, abilităţi generalizate de folosire a TIC şi disponibilitatea de conţinut util. Primii trei piloni condiţionează succesul unor programe reale de eGuvernare, cel de al patrulea adaugă un conţinut util la bazele de date de cunoştinţe ale ţării.

Relaţionarea eGuvernare cu decalajul digital demonstrează că simpla imitare a ţărilor dezvoltate este inutilă şi duce la risipire de resurse. Preocupare pentru primii doi piloni există în majoritatea ţărilor, dar programele de eGuvernare trebuie însoţite de programe intensive de instruire. Un astfel de program este numit în UE eInclusion. Altfel programele de eGuvernare rămân pentru elitele ţării. Un astfel de program este oferit de ECDL prin eCitizen, un grup de module care pune accentul pe pregătirea pentru folosirea aplicaţiilor de eGuvernare.

eGuvernare – necesitate sau modă?

Răspunsul este că eGuvernare este o necesitate (Baltac, 2015). Dar este nevoie de un efort concertat de îmbunătăţire a infrastructurii şi instruire în masă.

Pe de altă parte există efecte directe importante. Cetăţeni din zonele rurale, persoane vârstnice, persoane cu handicap etc. pot beneficia de servicii suplimentare la care altfel nu au acces.

Programele de eGuvernare pot contribui la un mediu înconjurător mai bun. Un astfel efect este reducerea consumului de hârtie. Tăiem copaci pentru a produce hârtie. Orice aplicaţie eGuvernare care reduce consumul de hârtie înseamnă mai multe păduri salvate. Un altul este reducere traficului în marile oraşe, care a devenit de nesuportat. Înlocuirea unei deplasări cu autoturismul sau alte mijloace către administraţia publică prin acces Internet înseamnă o viaţă mai bună şi un aer mai curat.

eGuvernarea nu poate fi implementată numai cu bani şi cu specialişti în tehnologii digitale. Este necesar un efort managerial important cu voinţă politică de vârf. În multe ţări proiecte importante eşuează în absenţa acestui cadru. Se vorbeşte chiar de o rată a eşecurilor proiectelor de eGuvernare de 60-80%[1].

Domenii eGuvernare

În funcţie de tipul de interacţiune sistemele de eGuvernare pot fi de 3 tipuri:
- Guvernare – cetăţeni   G2C[2]
- Guvernare – mediul de afaceri G2B[3]
- Guvernare – Guvernare   G2G[4]
- Guvernare – Salariaţii proprii   G2E[5]

Faze eGuvernare

Prima fază a eGuvernare a reprezentat-o prezentarea de informaţii.

Cea de a doua a fost aceea de a oferi posibilitatea de descărcare de formulare necesare în interacţiunea cu autorităţile care după tipărire şi completare sunt prezentate autorităţilor pe cale clasică. Formularele trebuie să fie disponibile concomitent cu formele de distribuire clasice.

Cea de a treia fază oferă posibilitatea completării formularelor on-line şi efectuarea şi a altor tranzacţii cum ar fi plăţile datorate autorităţilor.

În multe cazuri în fazele de mai sus eGuvernare s-a implementat prin transpunerea ineficientă a soluţiilor utilizate pe hârtie în formate electronice.

---

[1] UNPA http://www.unpan.org
[2] Government to Citizens
[3] Government to Business
[4] Government to Governemnt
[5] Government to Employees

În prezent se trece la o *a patra fază* în care soluţiile sunt regândite pentru a face uz deplin de posibilităţile tehnologiei şi a fi simplificate, mai ales sub aspectul facilitării interfeţei cu persoanele care apelează sisteme eGuvernare.

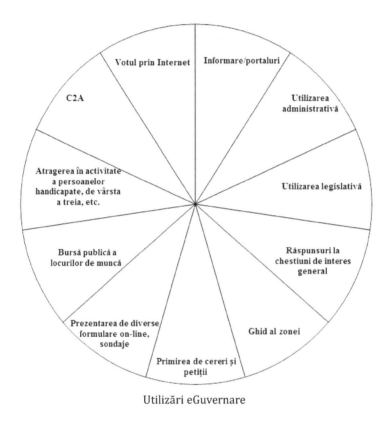

Utilizări eGuvernare

Impactul asupra relaţiei cetăţean – administraţie

Internetul este fără îndoială un fenomen major. Facilitatea de a fi folosit, costurile reduse fac deja din Internet un instrument digital de larg consum. Statisticile recente arată un acces pe familie in SUA, unele ţări din Europa şi Asia. A apărut o nouă şansă pentru administraţie de a servi cetăţeanul şi o nouă şansă pentru tehnologiile informaţiei de a pătrunde în societate.

Viziune strategică

Succesul unui program de eGuvernare depinde de existenţa unei strategii clar definite şi de o implementare corespunzătoare. Principiile viziunii strategice a programului de eGuvernare în SUA sunt (Executive Office of the President of the United States, 2010):

- Centrarea pe cetăţean, nu pe birocraţie
- Orientarea spre rezultate
- Orientarea spre piaţă, promovând inovarea

mGuvernare

Guvernarea cu mijloace mobile sau mGuvernarea este un subset al guvernării electronice în care se folosesc tehnologiile telefoniei mobile şi/sau fără fir (wireless). mGuvernarea are succes mare în ţările unde penetrarea telefoniei mobile este foarte mare, în special în zonele urbane. Tehnologiile mGuvernare asigură o mai bună comunicare între guvern şi cetăţeni, oferirea de servicii publice către cetăţeni (de exemplu, plăţi), coordonarea angajaţilor serviciilor guvernamentale via wireless. Folosirea dispozitivelor mobile pentru activităţile zilnice are avantajele prin universalitatea lor, uşurinţa de utilizare, eficienţa ridicată, individualizarea simplă.

Studiu de caz: Malta (Malta Gov., 2015)

Este un serviciu dezvoltat pentru guvernul maltez care reuneşte cei doi operatori de telefonie mobilă din Malta, autoritatea de reglementare în comunicaţii şi agenţiile guvernamentale în domeniul IT şi care oferă utilizatorilor acces către anumite servicii guvernamentale, precum şi posibilitatea de a primi notificări şi informaţii folosind telefonul mobil, cum ar fi:

> *• notificarea înregistrărilor şi a parcursului documentelor înregistrate din partea oficiilor de relaţii cu publicul a unui număr de autorităţi publice înregistrate în sistem;*
> *• notificări privind expirarea licenţelor;*
> *• notificări privind rezultatele examenelor;*
> *• notificarea termenelor de amânare a proceselor aflate pe rol;*
> *• notificarea efectuării plăţilor direct din cont către asigurările sociale.*
>
> *Servicii ce vor fi introduse într-o etapă ulterioară:*
> *• notificarea prin sms a donatorilor de sânge atunci când este nevoie urgentă de sânge;*
> *• programul autobuzelor locale.*

eGuvernare TV

Televiziunea digitală este exploatată cu succes în scop comercial şi în aplicaţii de eGuvernare respectiv de tip G2E. Pe canale dedicate sau publice sunt prezentate programe de informare şi instruire fie a funcţionarilor publici fie a cetăţenilor.

> **Studiu de caz**
> *Marea Britanie - canal dedicat funcţionarilor din toate sectoarele publice - www.egovtv.tv*
> *• Programele sunt prevăzute pentru o schemă lunară*
> *• Gamă largă de subiecte menite să-i ajute pe funcţionarii publici*
> *• Programele sunt arhivate pe site şi sunt disponibile de asemenea pe CD.*

Securitatea sistemelor de eGuvernare

Interacţiunea sistemelor de eGuvernare cu un număr mare de cetăţeni şi entităţi juridice se poate face numai cu asigurarea unei securităţi ridicate a informaţiilor transmise şi a unui climat de încredere. În astfel de sisteme se stochează date personale, informaţii confidenţiale ale autorităţilor, se oferă servicii care trebuie să fie disponibile permanent, se necesită identificarea precisă a participanților în anumite tranzacții.

Securitatea informației este un aspect major. Măsuri de securitate excesive pot îndepărta cetățeanul de sistemele de eGuvernare. Lipsa lor poate produce daune importante. Apare deci importantă selectarea datelor și serviciilor oferite, o politică potrivită de securitate, alegerea de tehnologii corespunzătoare și o instruire suficientă.

Aspecte juridice ale folosirii aplicațiilor de eGuvernare

eGuvernarea implică protecția datelor personale, folosirea criptării și protecția la intruziune care sunt condiții legiferate și în România.

Evaluarea stadiului eGuvernării

Importanța eGuvernării face necesară evaluarea și a proiectelor și a stadiilor de implementare. O astfel de evaluare a fost asumată și de ONU care evaluează bi-anual stadiul pregătirii țărilor pentru eGuvernare prin UN e-Government Development Index. Acest indicator ține cont de stadiul eGuvernării și nivelul de eParticipare prin evaluarea prezenței online (website-uri), infrastructura telecom, indexul resurselor umane pregătite.

> *Lideri în anul 2014 au fost în Europa Franța și Finlanda, în America SUA și Canada, în Asia Coreea de Sud și Singapore, în Oceania Australia și Noua Zeelandă și în Africa Tunisia. Lideri Globali pe primele 4 locuri Coreea de Sud, Australia, Singapore și Franța. SUA se află pe locul 7, Marea Britanie pe locul 8 UK, iar Estonia pe locul 15. România ocupă locul 64 și Republica Moldova locul 66. Ultimul loc 193 este ocupat de Somalia (ONU, 2015)*

eGuvernare in România

În România au fost lansate încă din 2001 mai multe programe de eGuvernare. Printre cele cu impact mai mare sunt plata taxelor şi impozitelor prin Internet[1], ghişeul electronic[2], licitaţii electronice[3], sistemul electronic de atribuire a autorizaţiilor de transport[4], proiectul eRomania[5].

Realitatea eGuvernare în România anului 2015:

• Cetăţenii nu sunt pregătiţi, există decalaje digitale serioase şi lipsă de instruire

• Funcţionarii publici nu stăpânesc suficient aplicaţiile sau le birocratizează,cetăţeanul trece încă pe la 4-6 ghişee la care funcţionarii consultă aceiaşi bază de date

• Multe aplicaţii sunt subfinanţate sau prost concepute, proiectul eRomania a eşuat lamentabil

• Suntem pe penultimul loc în Uniunea Europeană

• Plata online a taxelor şi impozitelor se face de către numai câteva mii de oameni în Bucureşti

---

[1] eTax
[2] www.ghiseul.ro
[3] eLicitaţie
[4] www.autorizatiiauto.ro
[5] http://www.romania.gov.ro/

MANAGEMENTUL DOCUMENTELOR

Motto:
Documentul este esenţa afacerilor
Anonim

Documentele şi tehnologiile digitale

Documentele sunt elemente cheie pentru succesul organizaţiilor. Odată ce am intrat în secolul 21 şi pe măsură ce tehnologiile se dezvoltă, este de aşteptat ca documentele să îmbrace noi forme şi să ofere noi posibilităţi de comunicare. Ne putem întreba justificat ce ne rezervă viitorul în privinţa documentelor? Ce impact au ele în organizaţii, fie le private sau publice?

Redefinirea documentului

Înainte de revoluţia digitală, documentul era ceea ce definea dicţionarul: "*act prin care se adevereşte, se constată sau se preconizează un fapt, se conferă un drept, se recunoaşte o obligaţie; text scris sau tipărit, inscripţie sau altă mărturie servind la cunoaşterea unui fapt real actual sau din trecut*" (DEX ediţia a II-a 1996, Editura Univers Enciclopedic). Pentru mulţi, pe scurt, un document este o foaie de hârtie pe care e scris ceva important, ce poate fi o informaţie.

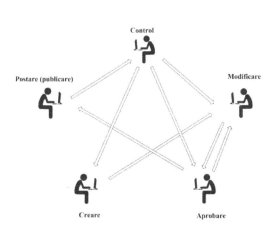

Astăzi, tehnologiile integrate, puternice, pe care le avem permit o redefinire a documentului: "*orice pachet de date structurate care poate fi folosit ca informaţie*". Cu alte cuvinte se poate defini şi ca "*orice informaţie înregistrată sau obiect care conţine informaţie şi poate fi tratat ca o unitate*". Adică un document poate fi în forme variate: holograme, CD-ROM-uri, secvenţe video. Esenţial este că documentul va fi definit chiar de autorul său. În clipa în care autorul îl numeşte document devine document.

Un document tipic devine o compoziţie cu text şi elemente multimedia, şi care se află în formă tipărită mult mai rar ca înainte. Documentul poate fi citit, vizualizat, auzit, simultan pe dispozitive wireless portabile sau pe echipamente de birou. Cu ajutorul documentului se pot realiza tranzacţii de oriunde, fără constrângeri de spaţiu şi timp.

Documente interactive

Documentul ne ajută mult mai mult în prezent ca înainte să creăm noi relaţii, prin posibilitatea de a-l particulariza în concordanţă cu dorinţele destinatarului. A apărut şi varianta de document interactiv. Acest lucru oferă autorului documentului posibilitatea de a diversifica accesul, conţinutul şi modalitatea de transmitere a documentului, în funcţie de destinatar.

Noile structuri de administrare, noile tehnici şi strategii vor fi efectul adoptării unui marketing de tipul unu la unu. Documentul viitorului va sprijini comunicarea şi colaborarea în sensul măririi eficienţei şi a gradului de satisfacţie în munca noastră. De asemenea, documentele ne-ar putea permite să construim mai multe medii de comunicare conectate între ele.

Fluxuri de documente

În orice organizaţie se defineşte un flux al documentelor care are ca scop eficienţa şi calitatea actului definitoriu al activităţii.

Fluxurile trebuie să precizeze modalităţile de creare, verificare sau modificare, aprobare, control şi publicare a documentelor, precum şi actorii implicaţi.

În cele mai multe organizaţii fluxul documentelor este manual şi adesea implică rutare prin transportarea de către persoane a documentelor fizice, lipsa de informaţie precisă prin locul şi persoana unde au ajuns documentele, pierderea de documente, blocarea fluxului prin absenţa temporară a unor persoane din organizaţie, nerespectarea procedurilor etc.

Biroul fără hârtie?

Biroul fără hârtie?

O conectare globală prin intermediul documentelor nu va avea ca efect obligatoriu apariţia birourilor fără hârtie[1]. Tehnologiile care ne permit să administrăm şi să gestionăm documente, fără necesitatea de a le tipări, cresc semnificativ cantitatea de informaţie înglobată în documentele unei firme, aceasta putându-se dubla chiar anual. Dar în ciuda conversiilor digitale a documentelor, cantitatea de hârtie consumată în firme este în creştere an de an.

Nu există soluţii unice pentru un birou fără hârtie, concept apărut încă din 1975. Hârtia are avantaje prin obişnuinţa de a folosi notiţele pe hârtie, existenţa unor documente care trebuie să rămână pe hârtie, mai ales din domeniile financiar şi juridic, dar şi dezavantaje prin greutăţi în regăsirea informaţiei, probleme de arhivare a documentelor pe hârtie, volatilitate mare.

Formatul digital are flexibilitate mai mare, posibilitatea de a nota din multiple locuri: noaptea, în avion sau tren etc., acces la distanţă, backup simplu, folosire cloud computing, partajare a folosirii şi elaborării documentelor, protejare mai mare a mediului ambiant.

Tipărirea (printarea) la cerere

Se mai afirmă că „biroul fără hârtie" are şanse de existenţă graţie tehnologiei de „tipărire la cerere", care înseamnă tipărirea documentelor atunci când se cere acest lucru, eliminându-se astfel necesitatea de a se tipări de pildă un întreg inventar deoarece tocmai au apărut anumite actualizări. Că această tehnologie se va numi „tipărire la cerere" sau, după alte propuneri, „tipărire la nevoie" are mai puţină importanţă. Mult mai importantă este tehnologia în sine, de care vom tot auzi în următorii ani. Potenţialul real al tipăririi la cerere este tocmai posibilitatea de a tipări ceea ce este necesar, atunci când este nevoie. Utilizatorul documentului are posibilitatea de a asambla doar informaţia de care are nevoie şi să tipărească astfel documentul, când are nevoie. Valoarea economică în birouri a acestui concept va putea fi observată şi printr-o simplă privire spre coşul de hârtii.

Nu ne putem imagina o eliminare imediată şi totală a hârtiei. Ea se face gradual şi în anumite cazuri, legea cere ca unele documente să fie păstrate pe suport de hârtie. Biroul fără hârtie este un concept viabil, dar strâns legat de implementarea unor sisteme de management de documente, aşa cum se va vedea mai departe.

---

[1] Paperless office

Managementul conținutului

Volumul de informație în era digitală crește continuu[1]. Managementul conținutului[2] devine preocupare de bază a organizațiilor. Datele prelucrate devin informație și informația utilă organizației devine conținut.

Managementul conținutului înseamnă colectarea și filtrarea informației utile, implementarea unui sistem de stocare, organizare și arhivare a informației utile, existența unei interfețe cu beneficiarii informației atât interni cât și externi; portalul sau un site web sunt forme predilecte în prezent.

> *Informațiile sunt actualizate pe măsura necesarului. Informațiile despre instituții publice, agenții economici, societăți de asigurare, brokeri, organizații neguvernamentale sunt oferite cu selecție după codul unic de identificare sau nume și județ și sunt actualizate anual pe baza declarațiilor fiscale ale organizațiilor respective și acolo unde există datele sunt prezentate pe fiecare an începând cu 1999.*

Managementul modern al conținutului conduce la viteze mari de distribuire a informației, păstrarea formatului original al documentelor, partajarea conținutului funcție de politici de distribuire, posibilitatea automatizării procesului de postare de noi informații, folosirea de personal fără instruire specială în IT, implementarea de măsuri de protecție la atacuri informatice etc.

Managementul informațiilor publice

Administrația publică interacționează cu cetățenii și alte organizații publice și private oferind un număr important de informații, atât fiind obligate prin lege, cât și pentru buna funcționare a acestora. Managementul conținutului și fluxului de informație este o funcție importantă a sistemelor de eGuvernare. Astfel de sisteme se regăsesc în administrația publică și conțin sisteme de management relației cu cetățenii, proceduri și biblioteci de informații publice și interne etc.

> *Studiu de caz – Ministerul Finanțelor Publice*

---

[1] Vezi capitolul Date, informație, cunoștințe
[2] Content management

> *Ministerul Finanţelor Publice din România a dezvoltat un portal[1] care oferă un volum important de informaţie[i]:*
>
> • *Ajutor de stat*
> • *Ghidul investitorului*
> • *Ghid concesiuni Parteneriat Public Privat*
> • *Info TVA*
> • *Verificare online rambursare TVA*
> • *Informaţii fiscale şi bilanţuri*
> • *ANAF - Programe utile (Declaraţii-ghişeu, fişe fiscale, ordine de plată, centralizator autovehicule in leasing)*
> • *Informaţii depunere declaraţii electronice*

Managementul cunoştinţelor

Informaţia prelucrată devine cunoştinţe. Cunoştinţele sunt un activ esenţial al unei organizaţii şi permit eficientizarea şi performanţa acestora.

Cunoştinţele pot fi explicite sub formă documentată, uşor de organizat în baze de date, tacite, în formă nedocumentată, idei, notiţe necentralizate, opinii în întâlniri de lucru etc.

Prin managementul global al cunoştinţelor în organizaţie se acumulează valoare prin integrarea cunoştinţelor tacite cu cele explicite se susţine inovarea, colaborarea, se creează noi oportunităţi.

Managementul cunoştinţelor este un aspect important legat de documentele viitorului, cu toate că nu există o adeziune globală în ceea ce priveşte definiţia managementului cunoştinţelor. Oricum, aproape orice implementare de management al cunoştinţelor se bazează pe o tehnologie inteligentă. Fie că aplicaţiile sunt destinate lucrului în colaborare sau partajării cunoştinţelor, acestea sunt dependente de tehnologiile din spatele documentelor, cum sunt managementul conţinutului, crearea de legături între documente sau uneltele pentru bazele de date integrate destinate magaziilor de date sau mineritul datelor.

---

[1] http://www.mfinante.ro

Documentele ca structuri de date

Este o evidenţă că organizaţiile sunt diferite atât ca percepţie pentru persoane diferite, cât şi privind comportamentul în cazul unor persoane diferite care fac parte din organizaţie. Diferenţele individuale contează şi tehnologiile noi fac ca vechile reguli de organizare să fie depăşite. Este necesară o abordare nouă a organizării, putem fi aparent dezorganizaţi, dar în realitate organizarea de ansamblu să fie performantă.

Se cunoaşte că datele care sunt la baza documentelor pot fi *structurate* şi *nestructurate*[1]. Pentru prelucrarea lor în calculator datele sunt organizate în anumite structuri pentru eficienţa operaţiunilor la care sunt supuse. O structură răspândită este cea arborescentă. Există şi alte tipuri de structuri de date şi algoritmi de acces la date.

Datele nestructurate sunt acela care nu corespund unor structuri de date şi sunt mai greu prelucrate de calculator. În orice organizaţie există un volum important de date nestructurate: documente, notiţe, mesaje e-mail, înregistrări audio şi video etc. Tendinţa de structurare a datelor în organizaţii a precedat era digitală prin introducerea de formulare, apariţia de metode de arhivare, crearea de registraturi şi altele.

Căutarea

Tehnologiile moderne de căutare[2] au simplificat considerabil efortul de structurare. Datele şi implicit documentele pot fi în prezent accesate simplu, chiar dacă sunt nestructurate, prin instrumentele de căutare, fie ele Google, Bing, Ask, Yahoo Search etc. Cel mai utilizat motor de căutare este în prezent Google şi utilizarea lui se poate face şi local.

Existenţa motoarelor de căutare permite să păstrăm în memorie numai ce este necesar, să filtrăm informaţia utilă personal, să creăm filtre şi marcaje.

---

[1] Vezi capitolul Date, informaţie , cunoştinţe
[2] În limba engleză Search

Documentele - esenţa activităţii organizaţiei

Este greu de subestimat importanţa documentelor. Organizaţia este structurată în jurul acestora: teancuri de scrisori, copii după diverse documente, rafturi pline cu dosare, cutia poştală plină de mesaje electronice - sunt doar câteva exemple. Iar întreaga activitate a firmei este organizată în jurul acestor documente. Să amintim de contractele aranjate în raft, la bazele de date din departamentul TI şi la tranzacţiile diverse. Afacerea poate fi definită ca o arhitectură de documente. De aceea, putem spune că documentele reprezintă esenţa întregii afaceri.

O simplă analiză a problemelor legate de fluxul manual de documente arată dificultăţile managementului clasic de documente în condiţiile unei organizaţii moderne.

Sisteme de management al documentelor

Managementul documentelor se poate face în prezent prin *sisteme de mana-*

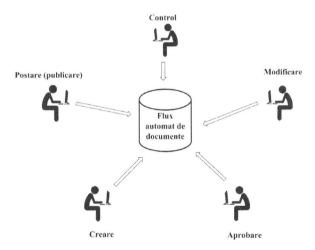

gement al documentelor (SMD) care reprezintă sisteme informatice care permit circulaţia (pentru informări, aprobări sau modificări), stocarea şi regăsirea documentelor aflate in orice format electronic, cu facilitaţi de conectare la alte sisteme informatice sau dispozitive electronice (de exemplu, prin conectarea la dispozitive de scanare pot fi introduse automat in sistem documentele pe hârtie).

Statisticile arată că pentru încheierea unei tranzacţii, în prezent sunt necesare de două ori mai multe documente decât în urmă cu cinci ani. Introducerea unui sistem de asigurarea calităţii (condiţie obligatorie pentru companiile care doresc să se încadreze standardelor europene), aduce cu sine un volum impresionant de documente care trebuie să circule în interiorul firmei sau în relaţiile cu partenerii.

Sistemul de management al informaţiilor şi documentelor este proiectat să transmită informaţia exactă, exact oamenilor care trebuie, atunci când ei au nevoia de ea, să asigure deplina siguranţă a informaţiilor, să urmărească permanent stadiul deciziilor şi instrucţiunilor transmise.

Un sistem performant de management al documentelor implementează rapid fluxuri de documente, este flexibil la orice structură organizaţională, are un grad înalt de securitate, este adaptabil la orice tip de document, este conectabil la alte aplicaţii, prezintă uşurinţă în exploatare, este scalabil la dezvoltări ulterioare.

Funcţiile SMD

Sistemele de management al documentelor asigură:
- alocarea unui număr unic de înregistrare fiecărui document;
- stabilirea locului unde se află fiecare document activ;
- urmărirea întregului ciclu de viaţă al unui document;
- personalul însărcinat cu recepţia acestuia;
- momentul la care a fost recepţionat;
- persoana care răspunde de avizarea/răspunsul formulat;
- data la care răspunsul/avizarea au fost finalizate.

Avantaje ale SMD

Spre deosebire de sistemele manuale sistemele automate de management al documentelor:

- stochează informaţiile legate de document într-un singur loc;
- permit accesul rapid la locul în care se află documentul în organizaţie;
- informează privind stadiul de avizare (rezoluţie) în care se află un document;
- urmăresc timpul necesar finalizării unei avizări (rezoluţii) şi cele care au depăşit acest termen;
- vizualizează numărul de documente intrate zilnic, săptămânal şi lunar.

Tipuri de aplicaţii ale SMD

Biblioteci de documente

Element central al unui sistem de management de documente, bibliotecile de documente conţin:

- documente relative la un proiect;
- proceduri ale sistemului calităţii, manualul calităţii;
- norme, proceduri, regulamente care trebuiesc consultate de personal;
- documente interne etc.

Aplicaţii de flux (workflow)

Documentele într-o organizaţie nu sunt statice. Ele sunt create, modificate, distribuite pe rute clar definite. De aceea, sistemele de management de documente conţin aplicaţii de flux care determină cu precizie unde se trimite un document, dacă a ajuns la destinaţie, când a fost redirectat şi care este statutul lui la un moment dat.

Printre aplicaţiile de flux se pot aminti:

- informaţii trimise din/în sistemul intern spre informare / aprobare;

- Planuri şi Rapoarte de activitate;
- Referate, Note, Cereri, Cereri de concediu, Cereri de Transport, Cereri de Achiziţii;
- generarea şi publicarea de politici pentru asigurarea calităţii, a politicilor de resurse umane;
- transmiterea spre aprobare a documentelor cerute de procedurile sistemului calităţii, multiple aprobări;
- tratarea neconformităţilor.

Funcţionalităţi de bază SMD

Un sistem de management de documente conţine aplicaţii uşor de utilizat, foarte intuitive si bine organizate, are un sistem integrat de mesagerie electronica pentru comunicaţii rapide şi sigure în interiorul companiei, şi cu alte organizaţii sau agenţi economici conectaţi la Internet şi permite:

- circulaţia documentelor pe trasee ierarhice bine precizate, sau definite de către autorul documentului, cu posibilitatea aprobării sau respingerii acestora;
- crearea standardizată, distribuirea şi circulaţia informaţiilor şi documentelor interne din companie, precum şi a celor generate în relaţia cu alte organizaţii, asigurându-se cele mai înalte standarde de securitate şi confidenţialitate;
- urmărirea stării documentelor, în diferitele stadii prin care trec acestea, evidenţierea modului de rezolvare a documentelor. Sistemul permite persoanelor autorizate din companie să cunoască în

orice moment unde se află un document și care este starea acestu-ia, prin înregistrările care se fac asupra documentelor.

* psibilitatea de a obține rapid statistici și situații privind dosarele rezolvate sau în lucru, după stare, tip, responsabili etc.

Comparativ cu sistemele manuale, fluxul automat de documente prezintă ast-fel numeroase avantaje.

Implementarea sistemelor de management de documente

Un sistem de management de documente nu este în sine complex, dar necesi-tă implicarea și instruirea tuturor participanților din organizație. Există nume-roase piedici și preconcepții privind folosirea lor în organizații.

Costul instalării

Sisteme de management de documente există în abundență pe piață și costul lor este relativ redus, prin structura lor modulară beneficiarul putând alege nu-mai modulele de care are nevoie. În consecință și amortizarea unei investiții în sisteme de management de documente se face într-un timp scurt.

Instruirea personalului

Ca în orice aplicație informatică personalul implicat trebuie instruit să o folo-sească. Instruirea este ușurată de interfața prietenoasă pe care o au sistemele de management de documente, foarte apropiată de forma documentelor pe care oamenii le procesau manual (vezi studiul de caz din anexa 1).

Pentru întreținerea sistemelor de management de documente nu este necesar personal specializat în tehnologiile informației, operațiile de configurare și actua-lizarea sunt simple și pot fi realizate de un utilizator desemnat din organizație.

Opoziția la trecerea către documente gestionate electronic

Un sistem de management de documente aduce creșteri importante de efici-ență în organizație. El pretinde un spor de atenție și disciplină, ceea ce la prima vedere îl face nepopular și generează o anumită reținere, mai ales că pentru multe persoane tehnologiile digitale par inaccesibile[1].

După folosirea sistemului o perioadă scurtă de timp, personalul realizează avantajele de eficiență și la nivel personal față de gestionarea documentelor pe hârtie.

Securitatea documentelor

Nu arareori apare teama că documentul electronic este mai ușor de alterat, distrus sau furat în comparație cu documentele pe hârtie. Realitatea este că tehnologiile digitale permit un mai mare grad de protecție și securizare prin metode de asignare a drepturilor de acces, prin tehnologii de criptare și urmărire a acceselor pe persoane și în timp.

Față de securizarea documentelor pe hârtie prin folosirea de dulapuri, fișete, birouri, securizarea documentelor digitale este mult mai puternică. Este adevărat totodată că documentele digitale sunt mai vulnerabile decât cele clasice în absența unor măsuri de protecție la riscuri naturale sau provocate de om[2].

---

[1] Vezi capitolul Competențe digitale
[2] Vezi capitolul Aspecte specifice sistemelor digitale

REȚELE SOCIALE

Motto:
Rețea socială este paradigma aplicării serviciilor moderne
Larry Ellison

Web-ul a devenit în ultimele decenii platformă nu numai pentru tranzacții, dar și pentru activități care transcend întâlnirile în grupuri de discuții sau prin mesageria instantanee. Au apărut comunitățile virtuale ca structuri sociale formate din persoane care sunt legate în diferite forme de interdependență cum sunt prietenia, grup de interese, cluburi etc.

Comunitățile Internet se creează de către câțiva fondatori care apoi cer prietenilor să se alăture. Aceștia la rândul lor apelează alți prieteni sau cunoștințe și comunitatea crește. Se oferă posibilități de actualizare a adreselor, vizionare de profile, căutare de interese comune etc.

Cele mai mari rețele sociale din lume au între 100 și 900 milioane de vizitatori unici lunar (eBIZ / MBA, 2015).

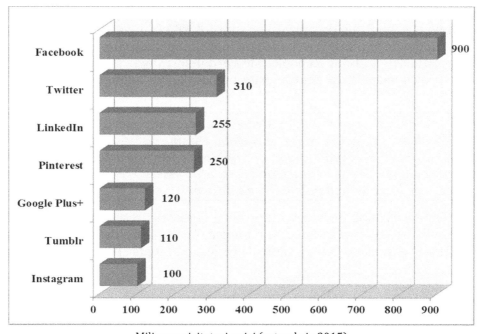

Milioane vizitatori unici (octombrie 2015)

Alegerea rețelei (rețelelor) sociale este o opțiune personală a fiecăruia. Dimensiunea poate fi factor de încurajare a participării, dar și reciproc un factor de descurajare, preferându-se rețele mai mici, dar mai apropiate de interesele participantului.

Reţele sociale sunt un fenomen de masă şi de viitor în lumea digitală. De la căutarea şi partajarea informaţiei s-a trecut la căutarea şi relaţionarea cu oameni. Dacă în media tradiţională era important să fii primul, în noua media digitală contează să fii în miezul lucrurilor.

Facebook

Cea mai mare reţea socială Facebook este fără îndoială un fenomen mondial. El inspiră şi entuziasmul celor peste 1,3 miliarde[1] de oameni care au aderat la el în numai 10 ani de la apariţie, dar şi teamă sau reţineri din partea multora. Teama şi reţinerea sunt în primul rând întâlnite în categoria numită a imigranţilor digitali[2].

Simplitatea înscrierii şi accesului la Facebook au contribuit la succesul reţelei şi popularitatea lui. Avantajele comunicării prin Facebook sunt evidente. Comunici public sau numai pentru prietenii "virtuali" fără dificultăţi şi de cele mai multe ori de pe dispozitive mobile. Informaţia ajunge instantaneu şi adesea impactul este neaşteptat de mare, unele postări devenind virale. Instituţii şi persoane publice folosesc Facebook ca mijloc de comunicare în dauna altor mijloace tradiţionale. Paginile Facebook ale organizaţiilor sunt folosite ca instrumente de marketing adesea în dauna site-urilor web care nu mai sunt actualizate.

Principala acuză adusă Facebook este că datele rămân stocate în serverele firmei şi nu se cunoaşte dacă sunt folosite numai pentru marketing sau există şi alte utilizări.

Nimeni nu garantează că odată şterse anumite date, ele sunt şterse şi din serverele Facebook sau ale altor reţele sociale. Dimpotrivă există acuzaţii că ele nu sunt şterse deloc, devin numai fără vizibilitate pentru utilizatori. Viitorul ne va aduce probabil şi alte dezvăluiri, de aceea utilizatorul trebuie să fie prudent cu datele pe care le comunică public sau chiar privat.

Postările pe Facebook formează un profil al persoanei respective care o poate afecta. Nativii digitali postează adesea informaţii, inclusiv despre familia lor, expunându-se şi expunând-o unor pericole reale. Se acceptă „prietenii" cu oricine

---

[1] În anul 2015
[2] Vezi capitolul Competenţe digitale

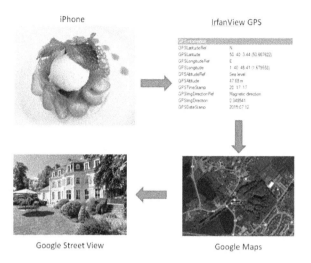

iPhone   IrfanView GPS

Google Street View   Google Maps

EXIF – de la fotografie la localizare (Google Street)

și printre noii prieteni pot fi răufăcători, se postează prea des fotografii. Facebook te îndeamnă să precizezi locația postării. Multe fotografii făcute cu telefoane inteligente au și caracteristici de geolocație determinând cu precizie locul unde a fost făcută. Integrarea diverselor aplicații duce la rezultate surprinzătoare. Figura arată cum pornind de la o simplă fotografie într-un restaurant se ajunge prin 3 aplicații să se identifice vizual clădirea restaurantului. Este adevărat că mai nou pentru protecția utilizatorilor Facebook șterge informația EXIF care conține toate datele de identificare a fotografiei, inclusiv locul unde a fost făcută.

Cu privire la Facebook, dar și a altor rețele sociale remarcăm că pot exista conturi false care nu aparțin persoanei publice cu care mulți ar dori să fie „prieteni", iar conturile de Facebook pot fi și ele sparte, mai ales dacă posesorii aleg greșit parole simple. Subiectul este dezvoltat în două postări pe blog (Baltac, Cine se teme de Facebook?, 2014) (Baltac, Cine nu se teme de Facebook?, 2014) reproduse în anexa 1.

Postarea cu titlul „Cine se teme de Facebook" era un apel la persoanele mai în vârstă să nu se teamă de Facebook, pentru că după cum am constatat din proprie experiență așa se cam întâmplă. Spre surprinderea mea în afară de multe aprecieri, mai ales sub formă de sute de „Like" pe Facebook (!!), am constatat existența unui puternic curent anti-Facebook, o oaste de comentatori toți anonimi demonizând Facebook și pe mine ca agent al acestei rețele conspiraționiste(?!). Extrase din aceste comentarii sunt și ele prezentate în anexa 1 pentru edificarea cititorului.

Twitter

Spre deosebire de Facebook unde utilizatorul are la dispoziție un spațiu considerabil pentru postare de informații, Twitter este o rețea socială unde utilizatorii pot trimite numai mesaje scurte de 140 caractere numite tweet[1]. Fondată în anul 2006 la 4 ani după Facebook, Twitter a ajuns pe locul 2 în popularitate cu peste 300 milioane vizitatori unici lunar în anul 2015.

Dacă Facebook poate fi asemănat cu trimiterea de scrisori prin poșta clasică, Twitter poate fi comparat cu trimiterea de telegrame.

Deși spațiul de 140 caractere pare insuficient, prin folosirea de linkuri la adrese web se poate transmite o informație amplă. În principiu toate mesajele sunt publice, dar un expeditor poate restricționa accesul la persoanele arondate. Arondarea sau urmărirea se face prin opțiune personală și mesajele persoanei urmărite apar pe pagina proprie a urmăritorului.

Twitter poate fi folosit de pe platforme variate, cel mai des utilizatorii folosind telefoanele inteligente. Majoritatea persoanelor publice influente au conturi Twitter și comunică prin această platformă. Recordul[2] pare a fi deținut de actrița Katy Perry cu 76,8 milioane urmăritori (Twitter Perry, 2015). Barack Obama, Președintele SUA avea 65,2 milioane de urmăritori (Twitter Obama, 2015). Pentru comparație contul primului ministru al României care este administrat de stafful premierului are numai 15,6 mii urmăritori (Twitter Ponta, 2015).

Revoluțiile Twitter

---

[1] În traducere ciripitul unei păsări mici
[2] În octombrie 2015

Folosirea Twitter pentru comunicarea între grupurile de oameni care au participat la mișcări de protest în Egipt (2011), Tunisia (2010), Iran (2009), Republica Moldova (2009) a făcut ca Twitter să fie considerat ca un catalizator de revoluții sau mișcări sociale. Din aceste motive Twitter a fost oprit temporar în câteva țări (Egipt, Irak, Turcia, Venezuela) sau este interzis complet în altele(Iran, China, Coreea de Nord). Există și opinii că această caracterizare de catalizator de revoluții sociale este oarecum exagerată, un exemplu fiind ineficiența comunicării prin Twitter în Iran în 2009 (Morozov, 2012)

LinkedIn

Rețeaua LinkedIn este destinată profesioniștilor. Lansată în anul 2003 a ajuns la peste 250 milioane vizitatori unici în anul 2015. După un început în care participanții își prezentau competențele în diverse domenii, s-a evoluat spre o platformă de sute de milioane de specialiști folosită de firme, organizații și agenții de recrutare. Din anul 2012 s-a permis și recunoașterea competențelor de către alți participanți.

Utilizatorul trebuie să fie atent ta redactarea profilului său pentru a reflecta cât mai favorabil competențele sale și prin lărgirea conexiunilor să obțină cât mai multe confirmări ale acestor competențe.

Din anul 2010 LinkedIn permite crearea de pagini ale firmelor, crearea de grupuri și postarea de articole de către participanți, punându-le mai clar în evidență competențele.

Pericole în rețelele sociale

Rețelele sociale au un impact major în societatea modernă. În afara avantajelor certe de socializare la nivele încă neatinse în istoria societății umane, există și fenomenul de infracțiuni cibernetice sau cyber–crime. Pericolele potențiale odată cunoscute pot fi evitate:

- accesul fără îndrumare și supraveghere al copiilor. În afara posibilității contactului cu infractori de felurile genuri, copii pot divulga date personale, introduce pe Internet informaţii importante pentru răufăcători etc.;

- phishing-ul este din ce în ce mai răspândit pe reţelele sociale; persoanele neavizate sau neinstruite se pot loga pe false reţele sociale unde se produce un furt de date personale, parole etc. Recent s-au făcut publice cazuri de contacte pe reţele sociale care erau generate de autorii de „scrisori nigeriene” deja amintite în alt capitol;
- spam-ul este şi el prezent pe reţele sociale sub forma unor încercări de „prietenie” (sau „urmărire” în cazul Twitter), care pot fi în fapt şi reclame mascate pentru medicamente, sau legături către furnizori de droguri sau prostituţie;
- intimitatea este adesea încălcată prin lipsa de grijă a participanţilor care încarcă fotografii, filme sau alte documente care pot fi cu acoperire de drept de autor sau cu caracter privat;
- reţelele sociale sunt teren de activitate şi pentru impostori digitali sau tentative de compromitere a unor persoane şi organizaţii;
- distragerea de la activităţile profesionale este frecventă la persoane care accesează reţele sociale în timpul de lucru. Se ignoră faptul că angajatorul prin serviciile de resurse umane sau altfel poate constata acest lucru.

Reţele sociale sunt utile pentru multe scopuri personale sau de afaceri. Ele însă pot fi deci şi periculoase, dacă nu se conştientizează riscurile folosirii lor. Datele personale sau confidenţiale nu trebuie afişate pe Internet sub niciun motiv. Reţelele sociale pot fi folosite şi pentru a găsi prieteni noi, pentru conexiuni romantice sau pentru promovarea personală. Ele pot însă folosite însă greşit sau dăunător folosite şi pot atinge grav intimitatea sau reputaţia. Mass media abundă de exemple. Un caz particular de îngrijorare este folosirea lor de către copii care pot cădea uşor victime unor răufăcători, divulgând cu uşurinţă informaţii nu numai despre ei, dar şi despre părinţi şi mediul în care trăiesc.

Reţelele sociale au şi opozanţi de valoare. Umberto Eco a afirmat recent că "Reţelele de socializare dau drept de cuvânt unor legiuni de imbecili care înainte vorbeau numai la bar după un pahar de vin, fără a dăuna colectivităţii. Erau imediat puşi sub tăcere, în timp ce acum au acelaşi drept la cuvânt ca şi un premiat cu Nobel. Este invazia imbecililor. Televiziunea a promovat idiotul satului faţă de care spectatorul se simţea superior. Drama internetului este că l-a promovat pe idiotul satului ca purtător de adevăr" De fapt el este de părere că "Ziarele ar trebui să dedice cel puțin două pagini analizei critice a site-urilor, așa cum profesorii ar trebui să-i învețe pe elevi să utilizeze site-urile pentru a-și face temele. Să știi să copiezi este o virtute, dar trebuie comparate informațiile pentru a înțelege dacă sunt credibile sau nu" (Gazeta Romaneasca, 2015)

INTERNET, STILUL DE VIAȚĂ ȘI SOCIETA-TEA

Motto:
Internetul este o binefacere și un blestem pentru adolescenți
J. K. Rowling

Folosirea Internet în scopuri personale, în special ca mod de petrecere a timpului liber, a contribuit masiv la dezvoltarea acestuia. Sunt prezente pe web jocuri, forumuri, video-uri distractive, desene animate etc. Pe web se caută și descarcă muzică, filme, cărți, aplicații de hobby, se construiesc sau se accesează bloguri personale, se află știrile zilei, orei sau minutului, se urmăresc transmisii culturale și sportive, se participă la chat cu prieteni sau parteneri de rețele sociale, se fac conexiuni de interese private, se învață limbi străine și lista poate continua. Contribuția Internet la o petrecere mai utilă a timpului liber este fără îndoială mare.

Sunt răspândite însă și pornografia, jocurile de noroc, alte activități ilicite. Mulți angajați ai firmelor sau diverselor organizații, inclusiv administrația publică, folosesc parțial timpul de lucru pentru preocupări personale, în dauna activităților pentru care sunt plătiți.

Compromiterea digitală

Oricine poate acum posta pe Internet fie că este un blog, o rețea socială sau un forum. O persoană rău voitoare poate anonim sau sub semnătură proprie să compromită o organizație sau o persoană cu informații defăimătoare sau false despre aceasta. Refacerea reputației astfel atinse se face greu pentru că informația inițială nu este ștearsă și este accesibilă motoarelor de căutare. Mass-media în căutare de senzațional contribuie din plin la amploarea acestui fenomen.

Orice organizație sau persoană atacată digital are la dispoziție tehnici pentru refacerea reputației (Wood, 2015) (Torenzano & Davis, 2011). Printre ele (Clark, 2011):
- fii demn, arată care este adevărul;
- cere scuze dacă este necesar;
- acționează pentru ștergerea informației defăimătoare;
- creează propria versiune a faptelor pe site, blog, rețea socială.

Amploarea fenomenului a făcut ca prin decizia Curții de Justiție a Uniunii Europene Google să fie obligat să respecte "Dreptul de a fi uitat" adică să șteargă la cererea celui vătămat din rezultatele căutărilor pe acelea care compromit o persoană sau instituție (European Union Right to be Forgotten, 2014).

Stresul digital

Utilizarea extinsă a dispozitivelor și aplicațiilor digitale produce omului modern sindrom de stres care este în cazuri severe asociat cu unele boli fizice și mentale. Niciodată omul nu a fost atât de interconectat ca în era digitală și supus unui bombardament informațional. Schimbările tehnologice sunt rapide și adaugă și ele un factor de stres suplimentar. Locurile de muncă sunt în prezent informatizate și competențe digitale sunt cerute în majoritatea lor (European Union ICT for jobs, 2010)[1]. Lipsa competențelor digitale induce stres

Socializare în era digitală?

și reducere de productivitate, mai ales la cei mai în vârstă. Concurența cu tinerii care sunt nativi digitali adaugă un factor de stres și alimentează un efect de respingere. Unii oameni au motive morale sau religioase pentru a respinge tehnologiile digitale. Alții se tem de reducerea intimității care este un factor real[2]. Obligativitatea folosirii acestor tehnologii la locul de muncă sau în societate le creează probleme. Un caz mediatizat este cel al cardului național de sănătate respins în anumite comunități religioase pentru că termenul "card" citit invers devine "drac"(!) (Mediafax, 2012).

Un alt factor de stres este teama de radiațiile electromagnetice ale dispozitivelor digitale mobile. Dispozitivele digitale mobile (telefoane, tablete, laptopuri) emit radiații din categoria microundelor. Temerile sunt într-o anumită măsură justificate deoarece a fost recunoscut posibilul pericol al radiațiilor electromagnetice la persoanele care folosesc excesiv telefoanele mobile (World Health Organization, 2013).

Recomandarea pare a fi evitarea ținerii îndelungate a telefonului mobil lângă capul celui care îl folosește. Telefon poate fi folosit cu cască și ținut la distanță de corp sau cu folosirea difuzorului propriu atunci când condițiile o permit.

---

[1] Vezi capitolul Competențe digitale
[2] Vezi capitolul Internet

La celălalt pol este fenomenul de dependenţă în care subiectul acceptă tehnologiile digitale şi le foloseşte excesiv. Dependenţele de fumat, alcool, droguri, jocuri de noroc şi alte similare sunt recunoscute ca fenomene negative în societate şi combaterea lor este statuată. Dependenţa digitală este mai puţin cunoscută şi nu are conotaţii negative decât în cazuri extreme, ca şi de exemplu dependenţa de citit cărţi sau de a face sport pe care nimeni nu ar avea motive de a le combate decât în forme extreme.

Folosirea generalizată a dispozitivelor mobile a creat şi un stres digital asupra persoanelor din jurul celor care le folosesc. Asistăm frecvent la convorbiri cu voce tare în săli de aşteptare, mijloace de transport în comun, spaţii publice etc. Sunt folosite dispozitivele digitale mobile contrar normelor de etichetă în reuniuni, restaurante, alte împrejurări în care atenţia ar trebui să fie concentrată pe interlocutori sau activitatea de bază, de exemplu conducerea autovehiculului.

> *Probabil că într-un viitor ceva mai îndepărtat se va ajunge la interzicerea folosirii dispozitivelor mobile în anumite spaţii publice aşa cum este interzis fumatul. Semnalizarea actuală a interzicerii folosirii telefoanelor mobile este larg ignorată.*

Detoxifierea digitală

Detoxifierea digitală este una dintre soluţiile pentru reducerea efectelor stresului digital şi constă în abţinerea de la folosirea dispozitivelor digitale şi conexiunii la Internet pentru o perioadă de timp. Se susţine că o astfel de detoxifiere măreşte puterea de concentrare, reduce anxietatea şi induce o stare de bine generală. Motivaţia unei detoxifierii digitale poate fi reducerea stresului sau vindecarea unor sindroame de dependenţă digitală. Printre avantajele unei cure de detoxifiere digitală se enumeră sănătatea mintală superioară, relaţiile interumane mai bune, productivitate personală mai bună şi chiar sănătate fizică, deoarece mulţi oameni au activităţi profesionale care îi obligă să aibă poziţii pe scaun în faţa unui monitor ore întregi ceea ce le produce dureri articulare, cefalee, lipsă de atenţie, insomnii etc.

Detoxifierea digitală nu mai este numai un concept teoretic şi a devenit o oportunitate pentru multe obiective turistice, unde se oferă condiţii de relaxare într-un mediu fără Internet, telefonie mobilă, dispozitive digitale de orice fel.

Satele românești din Transilvania par a fi un paradis al locurilor recomandate pentru cure de detoxifiere digitală (Ruscior, 2015), deși trebuie spus că penetrarea Internet, mai ales prin operatorii de mobil este mare.

Există și rezistență la detoxifiere. Oamenii renunță greu la telefoane mobile și Internet, la ruperea de interconectare.

Când ai nevoie de cură de detoxifiere digitală:

• *Lipsă de concentrare*
• *Nemulțumire la lipsa dispozitivelor digitale curent folosite*
• *Iritarea la defectarea lor sau epuizarea bateriei*
• *Citirea emailului pe telefonul inteligent dimineața înainte de celelalte activități*
• *Ignorarea oamenilor din jur în familie sau societate*
• *Folosirea telefonului mobil pentru citirea emailurilor la spectacole, concerte, manifestări sportive etc.*

Reguli de comportament online: Neticheta

Neticheta este colecția de reguli de comportament în spațiul virtual. Un decalog interesant sintetizat după mai multe opinii postate pe net stabilește 10 reguli:

- Regula 1 Amintește-ți că în spatele celuilalt ecran sunt oameni
- Regula 2 Respectă pe net regulile din viața reală
- Regula 3 Realizează că ești în spațiul virtual
- Regula 4 Respectă timpul și lățimea de bandă a altora
- Regula 5 Prezintă-te într-o lumină favorabilă
- Regula 6 Împărtășește cunoștințe utile
- Regula 7 Ajută la stingerea certurilor
- Regula 8 Respectă intimitatea altora
- Regula 9 Nu abuza de putere
- Regula 10 Iartă greșelile pe net ale altor persoane

Impactul social al Internet

Prin Internet se pot stabili noi forme de interacţiune socială, în primul rând datorită marelui număr de participanţi şi a simplităţii folosirii aplicaţiilor specifice, cum sunt ca exemplu Facebook , Twitter sau LinkedIn.

Prin reţele de acest gen oamenii află care sunt persoanele cu preocupări similare, interacţionează cu şi fără a folosi identitatea reală, se formează noi comportamente, se comunică în cazul unor cercuri de persoane care se cunosc, dar care nu-şi pot dedica suficient timp relaţiilor cu aceştia. Un experiment este *Second Life* prin crearea unei lumi virtuale în care fiecare participant primeşte o nouă identitate şi se comportă similar sau diferit decât în viaţa reală.

Interacţiunea prin Internet are şi dezavantaje şi pericole, în special în ceea ce priveşte minorii şi persoanele uşor vulnerabile la deviaţii comportamentale diverse.

O exemplificare a impactului social al noilor tehnologii a fost în 2011 comunicarea prin Internet ca factor declanşator al revoltelor populare din unele ţări din Nordul Africii. Iar în noiembrie 2015 prin Facebook s-au mobilizat în România zeci de mii de oameni la demonstraţiile cunoscute care au condus la demisia guvernului.

Twitter a fost folosit pentru transmiterea de informaţii despre ce se întâmplă în Egipt, ţară în care autorităţile anulaseră toate accesele Internet şi sms cu exteriorul, printr-o operaţie complexă care a inclus apelarea de către participanţii la demonstraţiile din Piaţa Tahrir din 2011 a unor posturi telefonice din străinătate şi conversia apelurilor primite în mesaje tweet traduse în limba engleză.

eGuvernarea

eGuvernarea este utilizarea tehnologiilor digitale pentru îmbunătăţirea activităţii sectorului public[1]. eGuvernarea este un instrument pentru dezvoltare durabilă prin sprijinirea eficienţei economice, sprijină eforturile ecologice, oferă noi

---

[1] Vezi Capitolul eGuvernare

posibilități de locuri de muncă, o educație îmbunătățită și un sistem de sănătate mai eficient.

eDemocrația

eDemocrația este combinația cuvintelor *democrație și electronică* și descrie promovarea guvernării participative democratice prin mijloace ale tehnologiei informației. Aceste tehnologii ar putea crește interesului cetățenilor pentru problemele locale și naționale prin participarea lor mai activă fie la dezbaterea problemelor de interes, fie prin sondaje, referendumuri sau vot electronic. Lipsa cronică de la vot în majoritatea țărilor face ca eDemocrația să devină o alternativă interesantă. Principala piedică în răspândirea votului electronic este incertitudinea autentificării persoanei care votează dacă nu se prezintă la centre de votare și neîncrederea în algoritmii folosiți la centralizarea votului.

eParticiparea

eParticiparea, componentă din eGuvernare și eDemocrație, presupune participarea la procesele de guvernare pe baza tehnologiilor TIC, procese ce pot include administrarea, servicii, luarea de decizii, elaborarea de politici. Printre instrumente se pot menționa rețelele sociale, dispozitivele mobile, blogurile, votul electronic, petițiile electronice, instrumentele de transparentizare. Ca factori nefavorizanți lipsa de stimulente de participare și lipsa de instruire, la care se adaugă la noi și deceniile de existență a unui stat totalitar cu influență în mentalul colectiv.

Guvernarea deschisă

Guvernarea deschisă constă în dreptul de acces al cetățenilor la documente și dezbateri ale autorităților pentru a le supraveghea. Tehnologiile digitale permit accesul larg al celor interesați la orice document sau dezbatere. Guvernarea deschisă presupune adoptarea unei legislații specifice și aplicarea ei.

Obligativitatea publicării declarațiilor de avere pentru anumite categorii de persoane este o formă de guvernare deschisă care a avut un mare impact în țara noastră

Accesul la Internet ca drept al omului

Conceptele de eGuvernare, eDemocrație, eParticipare, guvernare deschisă și altele caracteristice unei societăți democratice în era digitală nu pot fi implementate fără accesul la Internet al cetățenilor. Decalajele digitale menționate[1] fac ca mulți cetățeni să nu aibă acces la tehnologiile digitale. Aceasta a condus la o puternică presiune la Organizația Națiunilor Unite ca accesul Internet să fie declarat un drept al omului și guvernele și organizațiile internaționale să ia măsuri pentru reducerea decalajelor digitale . O primă declarație a fost adoptată în anul 2003 la Summitul Mondial privind Societatea Informațională – WSIS care a afirmat dreptul la acces la Internet. Mai multe țări printre care Estonia, Franța, Grecia, Spania și Costa Rica au proclamat deja acest drept.

Decalajul accesului de bandă largă face ca preocupările să fie nu numai pentru acces la Internet, dar acest acces să fie de bandă largă.

Internetul este pentru toți nu numai pentru elite

Neutralitatea Internet

Principiul neutralității Internet constă în faptul că nici guvernele sau organizațiile internaționale, nici providerii de Internet nu pot impun restricții în folosirea Internet. Acest principiul este subiect de dezbateri internaționale, existând atât partizani cât și adversari ai neutralității Internet. Printre sprijinitorii neutralității este și creatorul conceptului de web Tim Berners-Lee sprijinit de mari companii de profil Google, Microsoft, Yahoo!. Printre adversari state cu tendințe totalitare și unele companii de distribuire prin cablu.

---

[1] Vezi capitolul Era digitală

CUM VA EVOLUA INTERNET?

Motto:
Suntem încă în primele minute ale primei zile ale revoluției Internet
Scott Cook

Este riscant să prevezi exact cum va evolua Internet. Evoluțiile de până în prezent au depășit orice prognoză anterioară. Există dezvoltări cum sunt cloud computing, rețelele sociale, blogurile, RSS, SOA[1], griduri, platformele de colaborare, streaming media, întreprinderea viitorului[2], IPTV/Televiziunea viitorului reunite sub numele generic de Web 2.0. Prin Web 2.0 se înțelege tendința de dezvoltare viitoare a Internet pentru amplificarea creativității, partajarea informației și mai ales colaborarea. Unii autori printre care și Tim Berners-Lee[3] spun că Web 2.0 definește caracteristici care există deja.

Pentru contrast se folosește și termenul de Web 3.0 ca expresie a Internetului viitorului. Web 3.0 va însemna în plus grija pentru intimitate și contracararea pericolelor atacurilor cibernetice, proliferarea conexiunilor de mare viteză și integrarea în mediul social, schimbarea radicală a mass-media, un nou impact al tehnologiilor de căutare, rețelelor directe și blogurilor, toate frânate de rezistența la schimbare a instituțiilor.

Are loc un proces de accelerare. Duratele de timp între schimbări radicale în domeniul TI scad exponențial, fiecare schimbare vine de 2 ori mai repede ca precedenta. Ajungem la un punct de saturație[4]? Se va prăbuși Internet sub propria greutate? Puțin probabil. Fapt este că aplicațiile majore apar cu o accelerare mult redusă.

Macrotendințe în utilizarea tehnologiilor digitale

Evoluția utilizării tehnologiilor informației și comunicațiilor este caracterizată prin câteva macrotendințe:

- răspândirea dispozitivelor și aplicațiilor mobile
- comunicația de bandă largă devine regulă
- conținutul în rețele și Internet crește continuu
- web-ul (www) devine sursă primară de informație
- web-ul devine platformă de tranzacții și servicii
- Internetul devine platformă de conectare la obiectele din jurul nostru[5]

---

[1] Service Oriented Architecture
[2] Enterprise 2
[3] Sir Tim Berners-Lee a propus în 1989 conceptul de web
[4] Punctul Omega după unii autori
[5] Internet of things – Internetul lucrurilor

Se poate pune întrebarea dacă există limite tehnologice? Răspunsul este că nu se prevăd astfel de limite pentru infrastructura TIC, legea lui Moore va fi valabilă încă 10 ani, va continua miniaturizarea și vor apărea noi echipamente. Cardurile inteligente, platformele educaționale, rețelele optice, arhitecturile tolerante la erori, noile standarde multimedia, nanotehnologiile, arhitecturile sigure pentru tranzacții, întreprinderile real-time, serviciile mobile etc. sunt toate tehnologii potențatoare.

Internetul lucrurilor[1]

Internetul obiectelor sau Internetul lucrurilor este tendința de dezvoltare în Internet a conectării prin senzori a multitudinii de obiecte din jurul nostru. Evoluția este de la miliarde la zeci și sute de miliarde de obiecte conectate. Complexitatea crește enorm, dar apar și noi și noi aplicații atât de natură colectivă, cât și individuală.

Dacă la început ne bazăm pe etichete RFID pentru facilitarea inventarierii, rutarea obiectelor și protecția antiefracție, în continuare vom asista la tehnici de supraveghere evoluate, aplicații medicale, management de documente etc. Ulterior se extind facilitățile de localizarea a obiectelor și persoanelor și acționarea la distanță a celor mai variate sisteme. Cele mai multe dintre tehnologii există deja (RFID, GPS, senzori miniaturizați etc.), dar scara de folosire este greu de estimat.

Implicații sociale ale viitoarei evoluții ale Internet

Se estimează că evoluăm de la "Bogăția națiunilor" a lui Adam Smith la "Bogăția rețelelor". Se produce o democratizare a societății, se reduc decalajele digitale, apare necesitatea competențelor digitale[2] pentru toți, tindem spre o guvernare folosind și instrumente Internet.

Prezența pe Internet nu mai este numai o necesitate, lumea cu Internet va fi permanent alta.

---

[1] Internet of things
[2] eSkills

ANEXA 1. PREFERINȚELE AUTORULUI

Preferințele de mai jos au desigur o anumită subiectivitate bazată pe experiența autorului și menționarea lor are numai un caracter orientativ. Listarea lor este prezentată în ordine alfabetică și nu a importanței produsului sau instrumentului.

Produsul sau instrumentul	Preferința autorului
Acces la distanță	TeamViewer
Agenda	Google Calendar
Anti-malware	Norton 360
Blog	Blogspot.com
Căutare	Google Search Google Desktop
Convorbiri audio video	Skype FaceTime
eBook	Calibre Kindle Adobe Digital Editions
Editor PDF	Nitro PDF
eHealth	Withings
Eliminare fișiere duplicate	Easy Duplicate Finder
e-Mail	GMail
Gestiune imagini	Picasa IrfanView
Gestiune muzică	iTunes
Grupuri e-mail	Google Groups
Hărți	Google Maps
Internet Radio	TuneIn Radio Tunes
Laptop	Sony Vaio MacBook Air

Memorie Cloud	Dropbox
	OneDrive
	Google Drive
Navigatoare	Chrome
	Firefox
	Edge
Partajare fişiere	Dropbox
	Google Drive
	One Drive
PDF	Adobe Reader
	Nitro Reader
Planificare întâlniri în grup	Doodle
Relaxare digitală	Solitaire
	Duolingo
Reţele sociale	Linkedin
	Facebook
	Twitter
	Instagram
Seif digital	Keeper
Sfaturi turistice	TripAdvisor
Sincronizare foldere	SyncToy
Sondaje	Google Drive Forms
Ştiri	Feedly
Tablete	iPad
Telefoane inteligente	iPhone
To do	Apple Reminder
Viteză de acces Internet	Speedtest.net
Zipare - dezipare	7-Zip

ANEXA 2. POSTĂRI PE BLOG

În două postări pe blogul Adevărul.ro am încercat să-i conving pe cei care se feresc de Facebook să-l folosească şi pe cei care îl folosesc fără discernământ să fie prudenţi. Comentariile selectate oferă o imagine concludentă a unor stări de fapt în societatea românească.

Cine se teme de Facebook[1]

28 iunie 2014, 22:03

Facebook este fără îndoială un fenomen mondial. El inspiră entuziasmul celor peste 1,2 miliarde de oameni care au aderat la el în numai 10 ani de la apariţie, dar şi teamă sau reţineri din partea multora.

Facebook şi imigranţii digitali

Teama şi reţinerea sunt în primul rând întâlnite în categoria numită a imigranţilor digitali. Lumea se împarte în nativi digitali, acei oameni care încă din primii ani de şcoală intră în contact cu tehnologiile digitale şi le acceptă fără rezerve, şi imigranţi digitali, persoane de vârsta doua şi a treia care au luat contact cu aceste tehnologii mai târziu în viaţă, după terminarea studiilor sau înspre sfârşitul lor. Fenomenul are la bază evoluţia calculatoarelor electronice care se petrece pe durata de viaţă a unei singure generaţii umane. Evoluţie care a început în a doua parte a secolului XX şi se desfăşoară cu acceleraţie în acest secol. În anii 1940 a apărut primul calculator electronic, în 1981 primul calculator personal, primul site web în 1989, în 1992 primul telefon de tip GSM şi primele sms, în 2004 a apărut Facebook şi în 2006 Twitter. Lista poate fi completată cu multe detalii importante. Poate un fapt de amintit este accelerarea din ultimii 10 ani a apariţiei de noi dispozitive şi aplicaţii. S-au generalizat telefoanele inteligente care au pus câte un calculator evoluat în mâna a peste două treimi dintre americani şi a circa 2 miliarde de oameni în întreaga lume. Convergenţa acestor tehnologii are uneori aspecte şocante. Un smartphone este acum şi telefon şi televizor şi GPS şi player muzical şi agendă şi ce nu este. O cunoscută glumă este despre o bunică mirată când vede o emisiune TV pe o tabletă şi se întreabă unde este antena pe care o ştie de o viaţă ca accesoriu al televizorului. Nativii digitali sunt cei sub 25 ani în lume şi aş zice cam 25 ani în România. Ceilalţi peste această vârstă se confruntă cu tehnologiile noi, greu digerabile, şi denumirea de imigranţi digitali nu se vrea cât de cât peiorativă. Ea reflectă o similitudine. Imigrantul într-o altă ţară se confruntă cu o nouă lume cu care dacă nu se adaptează suferă, imi-

---

[1] (Baltac, Cine se teme de Facebook?, 2014)

grantul digital se confruntă cu lumea digitală cu tastaturi, cu ecrane tactile, dar mai ales cu aplicaţii pe care trebuie să le înveţe şi cu un vocabular plin de jargon tehnic şi cuvinte în limba engleză. Fenomenul de imigranţi digitali este temporar. Va dispărea în 60-70 ani când biologia îşi va spune cuvântul şi toţi adulţii vor intra în categoria de nativi digitali.

Teama de Facebook

Până atunci însă mai este mult şi primii care se tem de Facebook sunt cei care nu sunt nativi digitali. Respingerea Facebook se bazează cel mai des pe necunoaştere. Facebook este pentru copii şi tineri, eu nu am ce căuta eu acolo, eu nu am calculator şi nu ştiu să lucrez cu el, este periculos şi plin de răuvoitori şi criminali, află lumea totul despre mine, cum să devin eu "prieten" cu necunoscuţi etc. etc. Să mai adăugăm şi că există şi aspecte reale cu conotaţie negativă sau chiar periculoase: pe Facebook ca şi prin Internet în general se propagă idei şi comportamente antisociale, folosirea de droguri, se face racolare religioasă şi în reţele ilegale, se face proxenetism şi lista poate continua. Dar în viaţa de zi cu zi în afara Facebook nu se petrec fenomene similare? Numai că Facebook pentru mulţi pare mai periculos deoarece este în partea mai dificilă a stăpânirii fenomenului. Să mai adăugăm că în Internet şi chiar mas-media dă o mare atenţie cazurilor izolate de pervertire a unor minori , de sinucideri, dependenţe de Facebook şi nu în ultimă instanţă de teoria conspiraţiei.

Teoria conspiraţiei şi Facebook

Principala teză al teoriei conspiraţiei cu priză la mulţi ar fi că Facebook este o creaţie a CIA pentru a ne face să spunem singuri ce facem şi ce gândim şi astfel spiona mai uşor. Recentele dezvăluiri ale lui Edward Snowden despre practicile NSA nu au făcut decât să confirme multora această teorie. În realitate ca şi calculatorul, software-ul, Internet, web etc. reţelele sociale printre care Facebook are rol principal au apărut ca o consecinţă firească a dezvoltării tehnologice şi nu au apărut din obscure laboratoare secrete. Extrapolând în alte secole, oare şi tiparul lui Guttenberg a apărut ca o creaţie a unor obscure servicii secrete, un fel de CIA secolului XV, care doreau să lupte cu Biserica catolică răspândind biblia în marea masă de credincioşi? Cărţile şi filmele despre Mark Zuckerberg sunt destul de explicite, Facebook a apărut în urmă cu 10 ani într-o universitate americană ca un experiment minor, amuzant chiar prin intenţia autorului de a se răzbuna inofensiv pe prietena lui, şi s-a dezvoltat exponenţial răspunzând dorinţei oamenilor de comunicare. Se mai zice că mesajele pe Facebook nu pot şi şterse, că după ce devii dependent de reţea Facebook ţi se va cere bani să continui să postezi, că fotografiile tale sunt vândute altora, că datele tale personale sunt şi ele vândute sau predate serviciilor secrete etc.

Pericolele Facebook

Este la fel de adevărat că există şi pericole reale. Nativii digitali postează adesea orice, inclusiv despre familia lor, expunându-se şi expunând-o unor pericole reale. Se acceptă „prietenii" cu oricine şi printre noii prieteni pot fi răufăcători, se postează prea des fotografii. Fotografiile făcute cu telefoane inteligente au şi caracteristici de Geolocaţie determinând cu precizie locul unde a fost făcută. Mai mult Facebook te îndeamnă să precizezi locaţia postării. Pentru persoanele publice şi nu numai aflarea cu uşurinţă a itinerariului poate însemna şi pericol. Cele mai multe pericole rezultă din lipsa de instruire. Postările pot fi publice sau numai pentru „prieteni", sau pentru „prieteni apropiaţi" sau chiar numai pentru unul sau câţiva „prieteni" selectaţi. Mulţi însă postează totul public cu dezavantaje de rigoare. Există şi pericolul unor conturi false care nu aparţin persoanei publice cu care mulţi ar dori să fie „prieteni". Facebook nu cere act de identitate şi este uşor să deschizi cont pe orice nume, chiar dacă persoana respectivă are deja cont. Conturile de Facebook pot fi şi ele sparte, mai ales dacă posesorii aleg greşit ca parolă numele lor, 12345678, admin, iloveyou, sau altele tot atât de comune. Şi nu Facebook este de vină. Uşa casei este bine să fie încuiată. Subiect interesant şi care merită reluat în altă postare dedicată nativilor digitali. Problema pericolelor pe reţelele sociale va continua. Nativii digitali ar trebui să fie supravegheaţi de părinţi sau educatori, dar aceştia sunt imigranţi digitali şi nu stăpânesc nici ei tehnicile de protecţie.

Cine să fie pe Facebook?

Sunt întrebat adesea de persoane trecute de 50 ani, dacă să fie prezente pe Facebook. După mine oricare dintre noi ar trebui să aibă cont Facebook, indiferent de vârstă. Scopurile pot fi diferite, de la simple contacte cu prietenii sau colegii din viaţa reală, până la a comunica cu un mare număr de oameni, a face marketing personal etc. Facebook condensează instrumente Internet diverse cum ar fi blogul sau e-mail. Facebook îţi poate crea o nouă personalitate. De exemplu a unui călător sau colecţionar. Un tânăr talentat în meseria lui mă încântă cu fotografii inedite din India şi Iran unde a fost recent. Cunosc pe altcineva care publică anecdote. Foarte multe noi şi îl urmăresc cu plăcere. Şi eu am cont Facebook https://www.facebook.com/vasilebaltac şi îl folosesc pentru a comunica public părerile mele, dar şi pentru a comunica cu prieteni şi colegi. Pe el re-postez şi blogul meu de pe platforma Adevărul.ro, dar adesea şi alte informaţii care mi se par demne de a fi răspândite.

Comentarii[1]

Iulian Dumitrescu ...
Datorita manunchiului complet de informatii personale,familiale chiar intime dar si capacitatii de urmarire a comportamentului respectiv a vietii personale in "afara retelei", FB este mai mult decat toti ceilalti securisti la un loc- un hypersecurist invaziv, care nu se opreste nici cand esti logged out. Logica Dvs. se aseamana cumva cu cea a fumatorilor: "si in mancare sunt E-uri"..Ea se aliniaza insa discursului lui Zuckerberg: "cine are ceva de ascuns anyway? "- adica exact logica securistica a carei apologie o faceti in acest articol pentru naivi..

Ne luati de naivi digitali bag de seama.Inainte de Snowden puteati sa ne povestiti despre faptul ca FB este doar o companie in slujba umanitatii (comparatia cu Gutenberg este chiar suspecta), care ne vrea doar dezinteresat binele si atat.Introducerea treptata a softurilor gen recunoastere faciala, inregistrarea zgomoturilor ambientale si alte "minunatii" este doar spre binele nostru, nu-i asa? Sau cum spunea un director Apple: si gradinarul este grijuliu cu capatanile de salata,pana la recolta..Poate ca scepticismul bunicii are in spate intelepciunea acumulata dea lungul deceniilor, in orice caz serverele NSA cat un oras sunt cat se poate de reale

Vasile Baltac
 Există şi naivi digitali, ei sunt mai ales în rândul nativilor digitali. Imigranţii digitali sunt mai precauţi, folosesc FB mai cu grijă sau deloc. Ani buni înainte de Snowden, sute de studenţi m-au auzit vorbind despre NSA si proiectul Echelon şi despre faptul că

---

[1] Ortografia autorilor este păstrată

se înregistrează în masă convorbirile și mesajele electronice. S-a vorbit de ani buni în mass-media despre acest subiect inclusiv despre folosirea Echelon împotriva Airbus. Snowden a confirmat doar amploarea monitorizării și aspectele ei ilicite. Recunoaște-rea facială și ultimele evoluții în „big data" sunt și spre binele nostru și spre răul nostru. Depinde de cine și cum le folosește. Postarea mea a fost despre Facebook și fenomenul de respingere a lui. Lumea digitală oferă din păcate și instrumente cu caracter evident negativ, virușii de tip troian, phishing-ul și keylogger-ele ca exemple, care sunt în mâna răufăcătorilor care abundă în Internet și implicit în Facebook. PS Comparația cu Gutenberg nu este chiar suspectă. Biserica catolică a fost nemulțumită că s-au putut multiplica bibliile și distribui credincioșilor de rând și sparge un monopol al ei. Gutenberg este autorul primei explozii informaționale din istorie, rupând un baraj mi-lenar în calea propagării informației.

Vasile Baltac

Atunci când am postat articolul „Cine se teme de Facebook?" m-a gândit la mulți dintre colegii și prietenii mei de peste 65 ani care au rezerve față de FB și de ce nu o oarecare teamă pe care am vrut să o risipesc. Comentariile postate m-au lămurit însă că există foarte mulți opozanți (oare au cont FB?) care au o aversiune fățișă față de rețea și implicit față de oricine care nu o critică. Fenomen normal, dar nu îi știam am-ploarea. Este un mare ajutor pentru mine deoarece înțeleg mai bine cât de greu pătrun-de noul în societate și cât de adânc suntem cufundați în prăpastia digitală. Constat cu lipsă de satisfacție și că există un singur caz de persoană ce comentează care își spune numele, restul folosesc pseudonime. Oare de ce? Lipsă de siguranță asupra ideilor pe care le propagă, nihilism, atacuri patologice pe la spate? Eu public numai sub numele meu și îmi asum responsabilitatea celor ce le spun. Pot dacă greșesc să corectez. În vii-tor însă nu voi mai răspunde anonimilor. A bon entendeur salut!

Gruia Novac

Facebook este un site si atat. La fel ca Yahoo sau Google. A folosi Facebook ca etalon e o mare eroare. Eu si in ziua de azi ies la picnic cu radio portabil si nu sunt "imigrant digi-tal". Pur si simplu mi se face greata de atata tehnologie. Prefer sa citesc o carte tiparita pe hartie si sa ascult radio (nu online, ci radio cu unde radio), sa am telefon fix, sa ascult vinyl pe pick-up, caseta audio pe casetofon, CD in CD player pe combina, televizor CRT, computer retro si fara net. Si cand zic de carti tiparite, prima Carte este Biblia. Internetul faciliteaza pacatele, nu ne mantuieste sufletele.

Cine nu se teme de Facebook?[1]

8 septembrie 2014, 16:52

Nu de mult am postat sub titlul „Cine se teme de Facebook" un apel la persoanele mai în vârstă să nu se teamă de Facebook, așa cum am constatat din proprie experiență că se cam întâmplă. Spre surprinderea mea în afară de multe aprecieri, mai ales sub formă de sute de „Like" pe Facebook (!!), am constatat existența unui puternic curent anti-Facebook, o oaste de comentatori toți anonimi demonizând Facebook și pe mine ca agent al acestei rețele.

Cine nu se teme totuși de Facebook?

Desigur cei peste 1,3 miliarde utilizatori ai Facebook, cam jumătate din cei care accesează Internet. Entuziasmat creatorul Facebook Mark Zuckerberg a anunțat recent că va investi sume uriașe pentru a face disponibile Internet, Facebook și aplicația de comunicare WhatsApp la peste 3 miliarde persoane. Care persoane? Desigur în primul rând tinerii. Adevărul.ro a realizat recent un prim film documentar și documentat Facebook: Rețeaua care ne-a schimbat viața. Sunt intervievați și tineri entuziaști și persoane sau personalități mai puțin entuziaste. Tinerii sunt însă ce care sunt cei care acceptă rețeaua uneori fără minime măsuri de precauție. Măsuri necesare deoarece există în mod real pericole

Pericolele folosirii Facebook

Pericolele sunt omniprezente în viața noastră. Suntem instruiți cum să folosim un fierăstrău, un aparat electric, un mijloc de transport. Și Facebook instruiește, există și multe cărți, dar cine le citește?! Simplitatea accesului și postării pe Facebook face ca prea puțini să se preocupe care informație este publică și care nu, care prieteni sunt prieteni adevărați și care numai virtuali, care fotografie să fie postată și care nu etc. etc. Tot tinerii sunt campioni la neatenția la pericole. Bârfa prietenească sau colegială existentă de când lumea se transformă prin Facebook în informație reală sau nereală accesibilă în lumea întreagă. A ajuns celebru cazul unei inocente școlărițe dintr-un mic oraș din SUA care a postat puiblic pe Facebook că Bin Laden în loc să omoare 3000 oameni la New York, ar fi făcut mai bine să omoare numai pe ... profesoara ei de matematici, producând o

---

[1] (Baltac, Cine nu se teme de Facebook?, 2014)

anchetă poliţienească în final inutilă. Nu dezvolt aici subiectul. Pericole sunt numeroase şi le-am mai menţionat:

• Accesul fără îndrumare şi supraveghere al copiilor. În afara posibilităţii contactului cu infractori de felurile genuri, copii pot divulga date personale, introduce pe Internet informaţii importante pentru răufăcători etc.

• Phishing-ul este din ce în ce mai răspândit pe reţelele sociale; persoanele neavizate sau neinstruite se pot loga pe false reţele sociale unde se produce un furt de date personale, parole etc.

• Spam-ul este şi el prezent pe reţele sociale sub forma unor încercări de „prietenie" (sau „urmărire" în cazul Twitter), care pot fi în fapt şi reclame mascate pentru diverse produse, sau legături către furnizori de droguri sau prostituţie.

• Intimitatea este adesea încălcată prin lipsa de grijă a participanţilor care încarcă fotografii, filme sau alte documente care pot fi cu acoperire de drept de autor sau cu caracter privat

• Distragerea de la activităţile profesionale este frecventă la persoane care accesează reţele sociale în timpul de lucru. Se ignoră faptul că angajatorul prin serviciile de resurse umane sau altfel poate constata acest lucru. Destul de grav este că dreptul la uitare pe Internet nu există decât teoretic şi numai în Uniunea Europeană. Angajatorii accesează reţelele sociale înainte de angajare şi postări inocente din studenţie sau alte situaţii pot deveni motive de eliminare a unei candidaturi, profilele psihologice actuale ţinând cont şi de Facebook sau Twitter. Orice subliniere a pericolelor folosirii Facebook este bine venită atât timp cât are aspect de prevenire, nu de interzicere sau negare.

Neîncrederea în Facebook, teoria conspiraţiei

Oponenţii Facebook consideră reţeaua ca un instrument de urmărire în masă, instrument al diavolului etc. Sute de mii de pagini pe Internet descriu în stil catastrofic geneza şi rolul Facebook, legăturile presupuse guverne, servicii secrete sau diverse organizaţii subversive. Încă acum mai mult de 4 ani am primit pe e-mail un "manifest", ATENŢIE LA FACEBOOK, desigur anonim, în care pe lângă sfaturi utile cum ar fi :

Fiţi atenţi! Greşelile Dvs. de tinereţe nu trebuie sa devina imposibil de şters! Evitaţi orice fel de fotografii compromiţătoare (cu alcool, ţigarete, droguri, fotografii tendenţioase, intime, vulgare etc.), insulte (caci acestea pot servi ca probe in justiţie), informaţii / date personale sau private, chiar in relaţiile cu prieteni apropiaţi... Prietenii de azi pot deveni duşmanii de mâine! Cereţi totdeauna consimţământul persoanei a cărei fotografie o postaţi pe FACEBOOK! Nimeni nu poate invoca necunoaşterea legii, nu puteţi spune in instanţă „nu am ştiut"! conţine şi exagerări de genul FACEBOOK este o CAPCANĂ!, De unde ia FACEBOOK banii pe care ii consuma pentru remunerarea celor angajaţi sau a colaboratorilor, pentru plata brevetelor pe care le înregistrează Un număr foarte mare de firme cumpăra dreptul de a consulta arhivele FACEBOOK, de unde pot obţine date care ii interesează. Chiar şi serviciile de apărare sau poliţia apelează la aceasta arhiva in cursul anchetelor pe care le întreprind.

Recentele dezvăluiri ale lui Eduard Snowden au scos la iveală multe adevăruri în sensul celor de mai sus, dar pentru moment nu s-a putut demonstra ca Facebook, Google, Microsoft au colaborat voluntar cu NSA. Aşa că pentru moment Facebook şi-a găsit locul alături de alte subiecte ale teoriei conspiraţiei ca guvernul mondial, Bilderberg, sionismul, masoneria, CIA, OZN, asasinarea lui Kennedy, ajungerea omului pe lună etc. Să nu uităm că înaintea apariţiei Facebook acum 10 ani, subiectul de teoria conspiraţiei era chiar Internet.

Nimic nou sub soare

Noile tehnologii au inspirat în cursul istoriei teama, aversiunea de a le folosi, deposedarea unor grupuri de monopoluri de care dispuneau. Tiparul lui Gutenberg a deranjat biserica. Biblia a ajuns în masă la credincioşi şi a dispărut monopolul interpretării ei. Dar sunt multe exemple. Cu umor Sebastien Schnoy în a sa "Istorie pentru cei care se tem de istorie" descrie reacţia aceleaşi societăţii în faţa dragonului de foc, respectiva locomotiva şi trenul. Oamenii erau sfătuiţi să nu se urce în tren, se afirma că trenurile distrug natura, oamenii vor suferi de depresie şi anxietate din cauza vitezei ridicate şi multe alte nenorociri. Parcă sună cunoscut?! Nu folosiţi Facebook că vi se fură datele, sunt vândute unor firme etc. Şi radioul şi televiziunea au avut oponenţii lor. Uneori pe bună dreptate. În anul 1938 transmisia piesei radiofonice a „War of the Worlds" a lui H. G. Welles a provocat panică în SUA lumea chiar crezând că a început un război. Parcă îi aud pe înaintaşii actualilor adversari ai Facebook spunându-le vecinilor că ei nu cumpără aparate de radio şi nu ascultă radioul care este... periculos.

Epilog

Nu insist asupra pericolelor Facebook. Este subiect de cărţi. Mă aştept însă ca rândurile de mai sus să îi supere din nou pe adversarii Facebook. Este dreptul lor să stea departe de Facebook, este dreptul meu de a crede în reţelele de socializare ca noi forme de comunicare. Un pionier al bloggingului spunea undeva că probabil cel mai neplăcut lucru ce ţi se poate întâmpla este să citeşti dimineaţa comentariile la postarea ta de ieri. Am reţinut aceasta şi voi citi comentariile numai seara, dar de răspuns numai celor care nu se ascund sub pseudonime dubioase. Aceasta pentru că nu pot ignora un comentariu al lui Mircea Sârbu, la o postare a mea din ianuarie 2012 http://bit.ly/VB_atentie_la_FB: *Adevărul este că şi identităţile reale sunt adesea tratate ca nicknames. Exagerând puţin, n-am nicio garanţie că sunteţi profesorul Baltac şi nu cumva cineva care-şi asumă acest brand. Căci despre branding este (în esenţă) vorba. Când e vorba de sfera mea de expertiză, semnez întotdeauna cu identitatea reală şi mă feresc de replici foarte tăioase sau de diverse altele care mi-ar putea afecta (acum sau în viitor) mărunta mea reputaţie. Dar dacă particip la un forum despre câini de rasă (sau despre trenuleţe, sau acvaristică sau cine ştie ce alt hobby mă loveşte, ba chiar şi în zona politică sau oricare alta în care sunt un biet amator) prefer un pseudonim. Nu vreau să amestec competenţa mea dintr-un domeniu (atâta câtă este) cu incompetenţa dintr-un alt domeniu. Sunt sfere diferite ale vieţii mele şi mă bucur că am posibilitatea să mă "multiplic" :-).* La care i-am răspuns:

Mulţumesc si desigur sunt de acord cu ce spuneţi, daca sunteţi Mircea Sârbu, dar si chiar daca nu sunteţi! :-))

Comentarii[1]

Stan Toma

Fcebook-ul este singurul mod(cunoscut de mine)de a fi in permanenta in legatura cu prietenii si familia.Articolele care-mi par mai interesante le comentam si ne spunem parerea despre ele.Chiar acum articolul acesta ajunge in Australia la Nicoleta Mustatea care si-a facut ieri o masa de gradina in noua curte,la „mecatronicul"colegul al meu Pasceanu Viorel care este cu familia si mama in Irlanda ,la Marote din Germania care se

---

[1] Ortografia autorilor este păstrată

va casatori in curand si cand a fost la Slobozia nu am avut timp sa vorbim,la Costel din Anglia (londra) care a luat permisul de conducere (felicitari Costele si sa fii fericit),la fata mea Aura din Bucuresti care azi lucreaza pana tarziu si o sa citeasca articolul mai tarziu ,cand vine acasa etc etc. Cred ca Faebookul este ceva bun care uneste oamenii si-i tin mai aproape ca niciodata in istoria omenirii.

Clontz Cotorontz

În contrast cu Stan Toma, Facebook pentru mine e complet inutil, in sensul ca nu exista un dram de productivitate cistigata daca folosesc Facebook. Google, spre exemplu, ofera ceva folositor - spatiu de storare, un calendar, un cont de email, un motor de cautare samd. E drept ca toate astea nu sint gratis - google imi scaneaza emailurile, retine ceea ce caut si vinde informatia asta alora care-ar vrea sa-mi vinda ceva legat ce apar a fi interesat. Pus mai simplu, Google ma ajuta sa fiu mai productiv si vinde informatie lagata de cit de productiv sint. Daca vreti, e o tranzactie de afaceri. Facebook e si ea o tranzactie de afacere insa ceea ce se tranzactioneaza e familia. Desigur, nu e un lucru nou - regii isi maritau fetele din interes, nu? - dar mi-ar place sa nu amestec familia cu afacerile ... si mi-ar place sa cred ca familia e ceva diferit, foarte specific mie, imposibil de trivializat sau cuantificat. Poate ca parerea mea e o teorie falsa, insa, ca sa o sustin, nu folosesc facebook. Deloc. La nimic.

R. Farmer

Dle Baltac, Sint de meserie. În 1997 (Google abia aparuse) am lucrat la un proiect de interceptare a traficului, a INTREGULUI trafic, care tranziteaza un server internet. Nu pot sa va spun de cine era finantat proiectul (era, oricum, o entitate statala legitima) si a fost livrat in mai putin de 12 luni de o echipa de 4 programatori. Nu in Romania, nici in Europa. Imi amintesc ca mi-am zis: "daca astia (entitatea statala respectiva) vor asa ceva acum, pai ceilalti (entitati statale mult mai susceptibile de a fi interesate de ce vorbeste lumea) trebuie sa aiba unealta asta de ani de zile".

Facebook? Let's not forget what Facebook's Mark Zuckerberg famously texted his friend: Zuck: Yeah so if you ever need info about anyone at Harvard, just ask. Zuck: I have over 4,000 emails, pictures, addresses, SNS Friend: What? How'd you manage that one? Zuck: People just submitted it. I don't know why. They "trust me" Zuck: Dumb f*cks

Deocamdata, serviciile gratuite fac legea in internet. Yahoo, Facebook, Google, Twitter, Instagram si toate celelalte... modelul lor de afaceri implica permisiunea oferita publicului de a se folosi de sistemele lor in mod gratuit. Dar, daca te folosesti de ceva in mod gratuit, tu NU esti clientul. Aceste companii AU clienti care le platesc bani, dar tu nu esti dintre acestia... ceea ce inseamna ca tu esti marfa. Tot ceea ce faci prin intermediul unui serviciu gratuit scapa controlului tau in mod imediat si permanent. Aceste companii monetizeaza viata ta,...

Stan Toma

Ce sa spioneze domnule ?Ce as avea eu Stan Toma de ascuns ?Ce secrete afla facebookul despre mine si imi pot face probleme? „Somnul ratiunii naste monstrii"

CARMEN PRODAN

Pentru cei peste 50 ani e o noua provocare! Si eu sunt un utilizator reticent dar am observat ca: -poti fi discret /nu in a-ti etala viata acolo -poti fi discret in a intra/nu pe paginile prietenilor -poti da /nu "like" cu masura! -poti posta/nu diverse articole si prietenii isi vor da seama ce fel de om esti -poti / nu - pierde timpul deschizand pagini in facebook. Ce cred cu putere este ca profesorii ar trebui sa acceseze si utilizeze aceasta poarta de intrare in firea elevilor! pot indrepta cu tact anumite greseli...pot face multe daca vor! daca au chemare spre pedagogie! Daca nu, mereu vor spune " nu ma platesc astia sa fac asa!"

 rolari

as putea spune ca sunt pionier in informatica si soft in special. Deci un batran cum zici tu dar cu alta tenta! Nu permiteam jocurile in atelierul pe care-l conduceam decat pentru exersarea digitatiei - utilizata apoi . Am fost si lector - prin anii 1976 tineam cursuri elevilor de informatica din Bucuresti - din placerea de a da din ce stiam eu si altora. Am plecat dintr-un Centru de calcul si am revenit fara nicio obligatie sa predau din chichitele programarii fostilor colegi - azi la INS ! Cu toate acestea nu am cont pe facebook! Ma simt prost si pentru ca o ard pe aici pe forum can sunt multe altele de facut. Zic ca ma deconectez dar ma fura uneori peisajul! Prefer dezbateri in grupuri mici in direct ! Apoi prefer sa raspund cand am chef si nu sa-mi clipoceasca ecranul - nu vreau sa stiu de nimeni decat atunci cand doresc eu. Cultura mi-o fac din studiu nu din barfele cu necunoscutii !

BIBLIOGRAFIE

AICA. (2009). *The cost of ignorance*. Retrieved 2015, from www.aicanet.it: http://www.aicanet.it/attivita/pubblicazioni/Cost%20of%20Ignorance-June-2009.pdf

Amazon Mechanical Turk. (2015). *A marketplace for work*. Retrieved Octombrie 28, 2015, from Mechanical Turk: https://www.mturk.com/mturk/welcome

Asociatia pentru Tehnologia Informatiei si Comunicatiilor din Romania. (2015). *ATIC*. Retrieved 2015, from www.atic,org.ro

Baltac, V. (2001). Vulnerabilitatea sistemelor în contextul Internet. *Revista Română de Informatică şi Automatică, vol. 11*(nr. 4).

Baltac, V. (2005). *Digital Divide: The Four Basic Pillars*. Retrieved from www.vasilebaltac.ro: https://sites.google.com/site/vasilebaltac/lucrari-stiintifice

Baltac, V. (2005). The Digital Divide: Inhibitor of Growth? . *Global Public Policy Conference 2005*. Kuala Lumpur: WITSA.

Baltac, V. (2008). From the invention of transitor to the Internet: What is next? *Proceedings of ICCCC*. Oradea: Agora University.

Baltac, V. (2010). *CEPIS President Speech at the ECDL Forum 2010, Bonn*. Retrieved 2015, from Despre tehnologia informaţiei şi ... nu numai: http://bit.ly/Baltac_ECDL_Forum_2010

Baltac, V. (2014, Septembrie 8). *Cine nu se teme de Facebook?* Retrieved octombrie 20, 2015, from Blog Adevarul.ro: http://adevarul.ro/news/societate/cine-nu-teme-facebook-1_540daf990d133766a8f625c4/index.html

Baltac, V. (2014, iunie 28). *Cine se teme de Facebook?* Retrieved octombrie 20, 2015, from Blog Adevărul.ro: http://adevarul.ro/news/societate/cine-teme-facebook-1_53af10330d133766a8f9b657/index.html#

Baltac, V. (2015). *Test privind decalajul digital*. Retrieved 2015, from https://sites.google.com/site/vasilebaltac/teste-si-resurse-web/test-privind-decalajul-digital

Benkler, Y. (2006). *The Wealth of Networks: How Social Production Transforms Markets and Freedom*. Yale University Press .

CEPIS . (2015). *Council of European Professional Informatics Societies*. Retrieved 2015, from www.cepis.org

Clark, D. (2011, Ianuarie 19). *How to Repair a Damaged Online Reputation*. Retrieved Octombrie 24, 2015, from The Huffington Post: http://www.huffingtonpost.com/dorie-clark/how-to-repair-a-damaged-o_b_811000.html

eBIZ / MBA. (2015, October). *Top 15 Most Popular Social Networking Sites | October 2015*. Retrieved Octombrie 2015, from http://www.ebizmba.com: http://www.ebizmba.com/articles/social-networking-websites

ECDL Foundation Digital Proficiency. (2011). *Digital Proficiency White_Paper*. Retrieved 2015, from www.ecdl.org: http://www.ecdl.org/media/Digital_Proficiency_White_Paper1.pdf

ECDL Foundation New ECDL. (2015). Retrieved 2015, from : www.ecdl.org

ECDL Romania. (2015). Retrieved 2015, from www.ecdl.org,ro

Einstein@Home. (2015). *Catch a Wave from Space*. Retrieved Octombrie 28, 2015, from Einstein@Home: http://www.einsteinathome.org/

European e-Competence Framework. (2015). *The what, how and why guide to the e-CF*. Retrieved 2015, from European e-Competence Framework: http://www.ecompetences.eu/

European Union - DESI. (2015). *The Digital Economy and Society Index (DESI)*. Retrieved 2015, from Digital Agenda: http://ec.europa.eu/digital-agenda/en/digital-economy-and-society-index-desi

European Union Digital Agenda 2020. (2015). *DIGITAL AGENDA FOR EUROPE: A Europe 2020 Initiative*. Retrieved 2015, from European Comission: http://ec.europa.eu/digital-agenda/en

European Union Digital Single Market. (2015). *Digital Single Market - country sheet Romania*. Retrieved 2015, from Digital Single Market: http://ec.europa.eu/priorities/digital-single-market/docs/factsheets/romania_en.pdf

European Union ICT for jobs. (2010). *Digital Agenda: ICT for jobs*. Retrieved 2015, from http://ec.europa.eu/europe2020/pdf/themes/12_digital_agenda_ict.pdf

European Union Measuring Digital Skills. (2014, Mai). *Measuring Digital Skills across the EU:*. Retrieved Octombrie 25, 2015, from European Union Information Society: http://ec.europa.eu/information_society/newsroom/cf/dae/document.cfm?doc_id=5406

European Union Right to be Forgotten. (2014). *Factsheet on Right to be Forgotten Ruling (C131/12)*. Retrieved Octombrie 24, 2015, from European Commission: http://ec.europa.eu/justice/data-protection/files/factsheets/factsheet_data_protection_en.pdf

Executive Office of the President of the United States. (2010). *E-Governement Strategy*.

Fry, S. (2000). *C > Quotes > Quotable Quote*. Retrieved 2015, from Goodreads: http://www.goodreads.com/quotes/220508-books-are-no-more-threatened-by-kindle-than-stairs-by

Gazeta Romaneasca. (2015, Iulie 17). *Umberto Eco: «Reţelele de socializare dau cuvântul unor legiuni de imbecili»*. Retrieved Octombrie 20, 2015, from http://www.gazetaromaneasca.com/: http://www.gazetaromaneasca.com/societate/societate/web/umberto-eco-lreelele-de-socializare-dau-cuvantul-unor-legiuni-de-imbecilir.html

Internet Live Stats. (2015). *Google Search Statistics*. Retrieved 2015, from Internet Live Stats website: http://www.internetlivestats.com/google-search-statistics/

Internet World Stats. (2015). *Internet World Stats - Usage and Population Statistics*. Retrieved 2015, from http://www.internetworldstats.com/stats.htm

MCSI. (2015). *Agenda digitală pentru Europa*. Retrieved 2015, from MCSI: www.mcsi.ro/Minister/Agenda-Digitala/Agenda_Digitala

Merrill, D. C., & Martin, J. A. (2011). *Getting Organized in the Google Era*. New York: Crown Business.

Morozov, E. (2012). *The Net Delusion*. Penguin Books.

O'Sullivan, D. (2014). *Report to ECDL Forum*. Retrieved 2015

Smith, A. (Editia 2011). *Avuţia naţiunilor*. Bucureşti: Publica.

The Huffington Post. (2008). *Complete Guide to Bolgging*. Simon and Schuster Paperbacks.

The Independent. (2014, 10 7). *There are officially more mobile devices than people in the world*. Retrieved 2015, from http://www.independent.co.uk/: http://www.independent.co.uk/life-style/gadgets-and-tech/news/there-are-officially-more-mobile-devices-than-people-in-the-world-9780518.html

Torenzano, R., & Davis, M. (2011). *Digiatl assassination Protect Your Reputation Against Online Attacks*. New York: St. Martin's Press.

Twitter Obama. (2015, Octombrie 25). *Barack Obama*. Retrieved Octombrie 25, 2015, from Twitter.com: https://twitter.com/BarackObama

Twitter Perry. (2015, Octombrie 25). *Katy Perry*. Retrieved Octombrie 25, 2015, from Twitter.com: https://twitter.com/katyperry

Twitter Ponta. (2015, Octombrie 25). *Victor Ponta*. Retrieved Octombrie 25, 2015, from Twitter.com: https://twitter.com/Victor_Ponta

Wikimedia Commons. (n.d.). *Wikimedia Commons Home*. Retrieved 2015, from https://commons.wikimedia.org/wiki/Main_Page

Wikipedia. (n.d.). *Stop Online Piracy Act*. Retrieved 2015, from Wikipedia: https://en.wikipedia.org/wiki/Stop_Online_Piracy_Act

Wikipedia.ro. (2015). *MECIPT*. Retrieved Octombrie 28, 2015, from Wikipedia.ro: https://ro.wikipedia.org/wiki/MECIPT

Wood, T. C. (2015). *Depistarea impostorilor virtuali*. Bucuresti: Lyfe Style Publishing.

World Factbook. (2015). *World Factbook*. Retrieved 07 30, 2015, from http://bit.ly/anuarmondial

World Health Organization. (2013, Septembrie 20). *What are the health risks associated with mobile phones and their base stations?* Retrieved Octombrie 25, 2015, from World Health Organization: http://www.who.int/features/qa/30/en/

YouTube. (2009). *What is a browser*. Retrieved from YouTube: https://www.youtube.com/watch?v=04MwTvtyrUQ

INDEX

CUPRINS

www.ingramcontent.com/pod-product-compliance
Lightning Source LLC
Chambersburg PA
CBHW062111050326
40690CB00016B/3287